本丛书得到何东先生独资赞助

This series of books is financially supported exclusively
by Mr. Eric Hotung.

20世纪中国文物考古发现与研究丛书

# 古代壁画墓

罗世平 廖 旸／著

文物出版社

一 河南洛阳卜
千秋墓升仙
图（局部）

二 河南偃师杏园
村汉墓壁画骑
吏

六 内蒙古巴林右旗庆东陵壁画春（局部）

*20世纪中国文物考古发现与研究丛书*

# 序 / 张文彬

俗称"锄头考古学"的田野考古学的诞生以及中国考古学学科体系的基本完善，由此而引起的古物鉴玩观赏著录向科学的文物学的转变，是20世纪中国学术与文化界的大事。它从材料与方法两个方面彻底刷新了持续了数千年之久的中国古代史学传统，不但为中国学术界和文化界开拓出更加广阔的研究天地，也为一切关心中华民族悠久历史和灿烂文明的人们不断地提供了可贵的精神滋养和力量源泉。

仰古、述古、探古，进而考古，向来为我国传统文化中一个明显的学术特点。先秦时期诸子百家发其端，汉代司马迁撰写《史记》，北魏郦道元作注《水经》。他们对相关的遗迹遗物，尽可能地做到亲自考察和调查，既能辨史又可补史。这种寻根追源的治学态度，为后世学术上的探古、考古树立了榜样。此后，山河间的访古和书斋式的究古相继开展，特别是对古器物的研究，成了唐、宋时期的文化时尚。不少学者热衷于青铜铭文、碑刻、陶文、印章等古文字的考释，进而有了对器物的辨伪鉴定、时代判断、分类命名等，逐渐兴起了一门新的学问——金石学，涌现出许多著名的古器物鉴赏家和收藏家。只是囿于当时的历史条件，金石学家们无法了解所见文物的出土地点和情况，也难以涉及史前时代漫长的演进历程，因而长期以来始终脱离不了考证文字和证经补史的窠臼。即使如此，他们的艰辛努力和取得的成绩，还是为推动我国传统文化的发展起到了积极作用，并且在事实上也为中国考古学和中国文物学的起步铺设了最早的一段道路。

20世纪初，近代考古学由西方传入。中国学者继承金石学的研究成果，学习并运用西方考古学方法，开始从事田野考古，通过历史物质文化遗存，探寻和认识古代社会，揭示人类社会发展规律。早在1926年，中国学者就自行主持山西南部汾河流域的调查和夏县西阴村史前遗址的发掘。随后，我国学者同美国研究机构合作，有计划地发掘周口店遗址，发现了北京猿人。从1928年起至1937年，连续十五次发掘安阳殷墟遗址，取得了较大收获，引起了国内外学术界的重视。自20世纪50年代以后，随着国家大规模经济建设的进行，田野考古勘探、调查和科学发掘工作在全国范围内蓬勃有序地开展，许多重要的典型遗址和墓地被揭露出来，重大发现举世瞩目。它们脉络清晰，层位分明，文化相连，不仅弥补了某些地域上的空白，而且衔接了年代上的缺环，为研究中国古代史、文化史、科学史以及其他学科领域，提供了珍贵、丰富的实物资料，极大地影响着人文社会科学诸多学科专业的研究与发展。这段时间被学术界称为中国考古学的黄金时代。在马列主义理论指导下，具有中国特色的考古学理论体系和方法论逐渐形成。有关研究成果不仅极大地改变和丰富了人们对中国文明起源、中国古史发展等重大问题的认识，同时也扩展了中国文物的研究领域和研究方式。可以说，考古学的发展与进步，直接影响到文物学的形成与发展，而且影响到全社会对文化遗产重要作用的认识以及世界学术界对中国古代文明的重新认识。

从20世纪80年代开始，文物界就中国文物学的创立，逐渐取得共识，在共同探讨的基础上，初步形成了学科体系。不少学者发表了有关论文，出版了专著，就文物的历史价值、科学价值、艺术价值以及在社会主义的物质文明与精神文明建设中如何对文物进行有效保护、合理利用发表意见。这些研究成果已获得学术界的赞同。

在这世纪之交和千年更替之际，对中国考古学和中国文物事业作一次世纪性的回顾和反思，给了科学的总结，是许多学者正在思考和研究的问题。如果能通过梳理20世纪以来重大发现和研究成果，透视学科自身成长的历程，从而展望未来发展的方向，以激励后来者继续攀登科学高峰，无疑是一件很有意义的事。为此，经过酝酿、商讨和广泛征求意见，我们约请一批学者（其中有相当多的中青年学者）就自己的专长选择一个专题，独立成篇，由文物出版社编辑出版一套《20世纪中国文物考古发现与研究丛书》，并以此作为向新世纪的献礼。

从某种意义上说，《20世纪中国文物考古发现与研究丛书》是一套学科发展史和学术研究史丛书。其内容包括对20世纪考古与文物工作概况的综合阐述；对一些重要的考古学文化和古代区域文化研究情况的叙述；对文物考古的专题研究；对重要的文物考古发现、发掘及研究的个例纪实。

此套丛书的内容面广，而且彼此关联。考虑到各选题在某些内容上难免会有重叠或复述，因此在编撰之初，我们要求各选题之间互有侧重，彼此补充，以期为读者了解 20 世纪中国考古学和文物学的发展提供更多的视角。

我国的文物与考古工作，虽在 20 世纪得到了迅速发展，但仍有许多重大学术问题需要进一步探索。我们主持编辑这套丛书，除了强调材料真实，考释有据，写作态度严谨求实外，也不回避以往在工作或研究上曾经产生的纰漏差错和不足之处，以便为今后的工作和研究提供借鉴。虽然我们尽了很大努力，但限于水平，各篇仍很难整齐划一。由于组稿和作者方面的困难和变化，一些计划之中的题目也未能成书。这些不周之处，敬请专家、学者和广大读者批评指正。

在丛书编印过程中，我们得到了文物、考古界的广泛支持。何东先生在出版经费上给予了热情帮助。在此，一并深表感谢。

2000 年 6 月于北京

# 目　录

# 插 图 目 录

引
论

　　甲午战争的硝烟刚刚散去，在中国的边疆田野上就开始游荡着外国的探险家和考察队。他们进入东北和西北地区，对古代遗迹、城址、墓葬进行调查和发掘，不少珍贵文物因此而被劫掠，流失海外。我国的东北和西北地区也成为海外考古学界特别关注的两个地区。在西北，因有敦煌藏经洞和新疆地区古代遗址、墓葬的惊人发现，吸引欧美考古学者纷至沓来。在东北，因日军强占旅大地区而为日本考古学者调查辽东地区壁画墓提供了特权和便利。以田野调查和发掘为基础的中国田野考古的序幕，实际是在外国列强侵略和瓜分中国的硝烟中拉开的。如果追寻 20 世纪中国古代壁画墓发现和研究的学术起点，其发端也是在这一历史背景下呈现出来的。

　　20 世纪中国古代壁画墓的发现，可以粗略地分为两个阶段，以 1949 年中华人民共和国的建立作为分界，前后各有近五十年。

　　在前五十年里，中国经历着巨大的社会变革，随着中国历史上的最后一个封建王朝——清王朝的覆亡，帝国主义列强加紧瓜分中国。中国逐渐沦为半殖民地和半封建的社会。这期间，在中国进行田野考古调查和发掘的主要是外国人或者是由外国出资、有部分中国考古学者参加的调查项目。就壁画墓的调查和发掘而言，系统的重要田野考察有三次。最先进入中国的是日本人鸟居龙藏，他从 1895 年首次在辽东半岛对汉魏墓进行踏查，到1941年最后一次在东北三省和内蒙古地区的调查，前后五次进入中国，历时四十余年。他所考察的范围，大体是随后日本在中国做重点考古发掘的地区。日本考古学者在中国东北地区的考古发掘持续到40年代中期，收获最大的是壁画墓。其中具有学术影响的是辽阳汉魏壁画墓的系统发掘和整理，集安通沟高句丽壁画墓的调查和清理，以及辽庆陵壁画的考察和介绍。稍晚于日本人进入中国调查发掘壁画墓的是英籍匈牙利人 A. 斯坦因。他从1900年起先后四次到中国新疆和田、吐鲁番和甘肃敦煌等地考察，在1913年至1915年第三次考察时，重点调查了吐鲁番阿斯塔那晋唐墓地，发掘了六座西晋十六国时期的墓葬，获得了部分壁画墓的资料。第三次调查发掘壁画墓是1928年至1933年间中瑞西北科学考察团在吐鲁番阿斯塔那墓地的考古发掘。中国学者黄文弼参与并主持了晋唐壁画墓的发掘整理工作，初步掌握了麹氏高昌墓地的大致情况。这是中国学者首次参与壁画墓的考古发掘，但仍不是中国自主进行的考古调查。前五十年中国古代壁画墓的调查和发掘工作，主要集中在东北和西北的部分地区，虽然为中国古代壁画墓的科学调查打下了基础，但对于了解中国古代壁画墓的整体面貌而言，还仅仅是一个序幕。

中华人民共和国成立以后，人民政府颁布了关于保护古代文物的法令，恢复了战争期间中断了的考古发掘工作，全国各省、市成立博物馆和专门的考古机构进行文物的保护和清理发掘工作。原已发现的东北辽阳地区的壁画墓群、集安高句丽壁画墓群和吐鲁番阿斯塔那晋唐壁画墓群被定为第一批全国重点文物保护单位。在这些地区，中国自主进行的考古调查和发掘又有新的收获。例如在东北辽阳新发现了棒台子、三道壕、北园壁画墓群，极大地丰富了辽阳汉魏壁画墓的考古学资料，改变了日本人对汉魏壁画墓不进行区分的状况，推进了辽阳地区壁画墓的分期研究。在经过早期的考古调查后，70年代在新疆吐鲁番又陆续发现了十六国和唐代的多座壁画墓，探明了阿斯塔那—哈拉和卓晋唐墓的范围、壁画墓的性质和年代关系。20世纪50年代以来，壁画墓的考古新发现形成了以下几个中心区：一，以洛阳为中心的河南和河北地区汉代壁画墓；二，以磁县和太原为中心区的北朝壁画墓；三，以西安为中心的隋唐壁画墓；四，以辽五京为中心的辽代壁画墓。

　　第一，以洛阳为中心的河南和河北地区汉代壁画墓

　　以洛阳为中心的河南、河北，地处历史上的中原腹地，洛阳又为九朝故都，因此历史文化遗存十分丰厚。早在20世纪初，这里就是国内外古董商主要的活动地，盗掘古墓成风，文物大量流失海外，壁画墓破坏严重。50年代以后，盗掘古墓之风受到遏制，壁画墓的科学调查和发掘有了重大收获。1952年发现的河北望都壁画墓，1957年发现的洛阳烧沟61号壁画墓群，1960年发现的河南密县打虎亭壁画墓，1971年发现的河北安平逯家庄壁画墓，1976年发现的洛阳卜千秋壁画墓，1978年发现的洛阳金谷园村新莽壁画墓等，成为新中国田野考古上的闪光点。这些壁画墓不仅为考古学提供了两汉壁画墓的标型资料，填补了早期壁画墓的空白，而且引发了学术史上空前规模的一次大讨论。意见的分歧虽是集中在烧沟61号墓壁画题材的解释上，但因郭沫若的"鸿门宴"说与孙作云的"傩仪图"说在争论过程中吸引了中外学术界的特别关注，参与讨论的人数增多，衍生出了不少新的成果。更重要的是，讨论的问题逐渐由题材的考释扩展到了读解图像的方法。应该

说，这是自中国古代壁画墓发现以来，国内学者首次利用考古学的材料所进行的有关美术图像方面最具有学术价值的一次讨论，它在方法论上的意义对后来墓室壁画图像的研究启发良多。

第二，以磁县和太原为中心区的北朝壁画墓

磁县曾是东魏、北齐首都邺城的所在地，存有民间传说的曹操七十二疑冢。1957 年考古发掘的讲武城 1 号墓和 56 号壁画墓属于其中的两座，结果证明是北齐的壁画墓。70 年代以后，在磁县又先后发现了东魏、北齐皇室及贵胄的高规格墓葬，重要的如 1974 年发现的北齐骠骑大将军、赵州刺史尧峻墓，1975 年发现的北齐文昭王高润墓，1978 年发掘的东魏茹茹公主墓，1987 年发现的湾漳北齐大墓等等，逐一揭开了“曹操疑冢”的神秘面纱，确定了东魏、北齐陵墓区的范围，获得了邺城及周边地区高齐时期壁画墓的系统资料。与邺城高齐政权息息相关的山西太原，原是高欢的发迹地，北齐的第二个政治中心。从 70 年代开始，在这里也陆续发现了一批高规格的北齐壁画墓，如 1973 年发现的定州刺史、顺阳王库狄迴洛墓，1979 年清理发掘的右丞相、东安郡王娄叡墓，1987 年在太原南郊金胜村发现的北齐后期的壁画墓。近年又在太原市东郊的王家峰发现了徐显秀壁画墓等。壁画墓的形制和壁画风格表现出与磁县壁画墓相同的时代特征。东魏、北齐国祚都短，文献所记关于北齐的文化艺术品，因没有更多的实物保存流传，长期以来对其面貌的认识并不十分清楚。以磁县、太原为中心区的东魏、北齐壁画墓的系统发现，不仅填补了东魏、北齐艺术的空白，而且为观察隋唐文物制度和艺术来源提供了重要的线索。

第三，以西安为中心的隋唐壁画墓

西安作为隋唐的都城，前后长达三百二十余年。唐朝国力强盛，帝王崇尚厚葬，自唐太宗李世民"因山为陵"营建昭陵之后，唐朝各代帝王的陵寝多依山构筑。在今陕西的乾县、礼县、泾阳、三原、富平、蒲城等东西绵延100余公里的范围内，分布着唐朝十八座帝王的陵墓。早在20世纪初年，日本考古学者关野贞和法国汉学家沙畹就曾对该地区的汉唐陵墓进行过调查。50年代开始，陕西文物部门开始着手调查勘测唐代的帝王陵和陪葬墓，掌握了陕西地区帝王陵和陪葬墓的详细资料。从1960年乾县发现永泰公主陪葬墓开始到1995年发掘唐僖宗的靖陵时为止，唐朝的帝王陵及陪葬墓的考古学成果成了壁画墓中最为丰富的部分。

靖陵是唐十八陵中年代最晚的一座，也是进行科学考古发掘的第一座唐陵。由于该陵多次被盗，破坏严重，墓内保存的壁画已不足原来的三分之一，壁画的艺术水平远不能和盛唐时期的相比。陪葬墓的清理发掘工作主要集中在献陵、昭陵和乾陵范围内。据考古调查，唐高祖李渊的献陵陪葬墓为三十座，墓主大多是唐皇室宗亲。经考古发掘的墓葬有高祖第十五子李凤墓和第六女房陵公主墓等。唐太宗李世民的昭陵陪葬墓据统计有一百八十五座，从70年代以来发掘的三十多座陪葬墓的情况来看，墓主既有皇室宗亲，也有文武功臣。代表性的壁画墓有李勣墓、郑仁泰墓、阿史那忠墓、安元寿夫妇墓、杨恭仁墓、段简璧墓、杨温墓、长乐公主墓、韦妃墓、新城长公主墓等等。这些壁画墓主人的入葬时间从贞观十一年（公元637年）到开元二十九年（公元741年），形成一个长达百年的系列，为整理唐代壁画墓提供了较为系统的考古学资料。唐高宗和武则天合葬的乾陵现知陪葬墓有十七座，考古发掘的永泰公主李仙蕙墓、懿德太子李重润墓、章怀太子李贤墓的墓主人都是李唐与武周政治斗争中的牺牲品。中宗复位后，特将李重润和李仙蕙从洛阳迁来陪葬于乾陵。又将原来以雍王身份陪葬乾陵的李贤追封为章怀太子。这三座壁画墓的规格高于普通的陪葬墓，其中的原因之一或是出于李唐皇室与武周集团之间政治斗争的需要。墓中的壁画艺术造诣很高，反映了初唐人物画的水平。在蒲城县坡头乡的唐睿宗桥陵，1995 年新发现开元十二年（公元 724 年）惠庄太子李㧑陪葬墓，墓中保存了车马人物、文武侍从等内容的壁画。

在西安地区，唐代壁画墓从 50 年代起就屡有发现。半个世纪中，除上述的帝王陵及陪葬墓外，在西安市郊和毗邻的咸阳等京畿地区还发现了大量的唐壁画墓。在西安市郊，有天宝四年（公元 745 年）苏思勖墓，开元十七年（公元 729 年）高力士之父冯君衡墓，大中元年（公元 847 年）高克从墓，会昌四年（公元 844 年）梁元瀚墓，开元十六年（公元 728 年）薛莫墓，天宝四年（公元 745 年）雷府君夫人宋氏墓，太和九年（公元 835 年）姚存古墓，天宝十五年（公元 756 年）高元珪墓，兴元元年（公元 784 年）唐安公主墓，金乡县主与其夫于隐合葬墓等。在长安县，有显庆三年（公元 658 年）执失奉节墓，景龙二年（公元 708 年）韦浩墓，景龙四年（公元 710 年）韦泂墓，天宝元年（公元 742 年）韦君夫人胡氏墓，中唐时的韦氏墓等。在咸阳，唐壁画墓有武德四年（公元 621 年）贺若氏墓，贞观（公元 627～649 年）初年窦诞墓，景云元年（公元 710 年）太平长公主之次女万泉县主薛氏墓，天宝六年（公元 747 年）张去奢墓，天宝七年（公元 748 年）张去逸墓，贞元三年（公元787年）剡国大长公主李氏墓，以及西突厥可汗阿史那怀道（公元670～727年）及其夫人安氏墓等。三原有贞观四年（公元630年）淮安王李寿墓。蓝田有邓温墓。泾阳有天宝十二年（公元753年）张仲晖墓。富平有景云元年（公元710年）节愍太子李重俊墓等。唐代帝王陵陪葬墓和西安地区的唐墓集中体现了唐代壁画墓的时代特点和绘画水准。这些系统的壁画墓不仅是唐代考古学排年分析的主要依据，而且为唐史和美术史研究提供了珍贵的图像资料。

第四，以辽五京为中心的辽代壁画墓

兴起于漠北草原的契丹族，以骁勇善战而据有北部中国的大片土地，建国后分别设上京于临潢府（治今内蒙古巴林左旗林东镇），设中京于大定府（治今内蒙古宁城），设东京于辽阳（治今辽宁辽阳），设西京于大同（治今山西大同），设南京于北京（治今北京）。这五京之地，大体也是辽代壁画墓的集中分布地区。从考古调查的统计来看，分布于这些地区的辽壁画墓可以分为两种类型：一类是契丹贵族墓，主要见于辽上京、中京和东京腹地，并呈聚族而葬的特点；另一类是汉人墓，主要发现在辽南京、西京附近和东京的部分地区。契丹贵族壁画墓从50年代起相继在内蒙古昭乌达盟、哲里木盟和赤峰地区发现。在昭乌达盟，有阿鲁科尔沁旗水泉沟辽墓，翁牛特旗解放营子壁画墓，克什克腾旗热水二八地1、2号石棺壁画墓，翁牛特旗北大庙广德公木棺壁画墓，巴林右旗白彦尔登辽墓，敖汉旗康营子墓，敖汉旗北三家1号墓，巴林左旗白音敖包墓，喀喇沁旗娄子店1号墓，翁牛特旗山嘴子3号墓，敖汉旗丰收白塔子墓，敖汉旗宝国吐乡丰山村皮匠沟辽壁画墓，巴林左旗滴水壶辽壁画墓等。在哲里木盟，有库伦旗奈林稿契丹贵族墓群、木头营子辽墓（1号墓）、奈曼旗青龙山镇开泰七年（公元1018年）陈国公主与驸马萧绍矩合葬墓。近年，在内蒙古赤峰阿鲁科尔沁旗发现有会同五年（公元942年）耶律羽之墓和有天赞二年（公元923年）题记的宝山壁画墓等。在以辽阳为中心的辽东京辖地，先后发现有辽宁义县萧慎微家族墓，建平张家营子墓，法库叶茂台辽墓群，朝阳姑营子耿氏墓、木头城子"检校国子祭酒兼监察御使武骑尉"墓、双塔区墓、凌河小学墓，北票季杖子墓、耶律仁先家族墓，彰武平安乡马家村1号墓，岫岩新甸乡壁画墓。这些辽代壁画墓不仅为我们提供了丰富的壁画资料，而且还出土了极有研究价值的绢画《深山会棋图》与《竹雀双兔图》。

辽代的汉人壁画墓主要分布在辽西京和南京的大同、北京和河北宣化等地。由于民族成分、文化传统、历史渊源和地理位置的关系，这些地方的辽墓壁画中的衣冠服饰、起居器用及绘画样式风格等与北宋壁画墓有较多的一致之处。北京地区发现的辽代壁画墓有应历八年（公元958年）赵德钧夫妇墓、门头沟斋堂辽墓、统和十五年（公元997年）韩佚夫妻合葬墓、重熙二十二年（公元1053年）王泽墓等。大同一地在20世纪五六十年代已发现为数众多的辽代壁画墓，80年代以后仍有发现，主要分布在北郊的卧虎湾、城东的马家堡、西南的十里铺和新添堡等地，如卧虎湾1、2号墓，十里铺村东27、28号辽墓，新添堡天庆九年（公元1119年）壁画墓，新添堡乾亨四年（公元982年）辽大同军节度使许从赟夫妇合葬墓，马家堡单室砖砌壁画墓，卧虎湾壁画墓群等。在大同以南的朔州，90年代发现市府街21号壁画墓。大同地区的壁画墓保存好坏的程度不一，壁画内容、布局、风格则类似，并带有明显的地方特色。此外，墓葬材料尚未发表的壁画墓，还有大同城南纸箱厂、经济管理干部学校、铁十七局院、煤气公司气源厂等地的辽墓。综合所得，大同发现的辽壁画墓数量已达到二十余座。辽西京道境内壁画墓发现最多的是河北宣化下八里辽晚期张氏和韩氏墓群，重要的有张世卿墓、张文藻墓和韩师训墓等。下八里辽墓的时代集中在辽末大安和天庆年间，均采用砖砌仿木结构，用真人偶像充以骨灰埋葬，系佛教的荼毗礼结合中国传统土葬的葬制。壁画风格则带有明显的汉地特征，代表了燕云地区辽墓壁画艺术的面貌。契丹族于晚唐、五代时崛起于北方，建国后又长期与宋朝发生关系，在文化上前接晚唐五代，后与宋代融合，因此壁画墓所提供的内容丰富的图像材料，就成为观察和研究中古时期中原文化与北方民族交流互动的重要线索。

中国古代壁画墓在 20 世纪一百年间的发现，几乎汇集成了一部中国历史。这部历史是用物质和图像写成的，虽被埋藏于地下，但真实而准确，每一页都是那样具有吸引力。当考古学家打开墓室的那一刻，呈现在眼前的是一部足以和二十四史媲美的地下历史画卷。当研究者循着这部历史画卷去探究图像演变的线索、绘画样式的源流及艺术风格的时代特征的时候，呈现在美术史家眼前的是一部地下埋葬的中国绘画史。它的生动和直观，足以让任何一部文字书写的中国绘画史黯然失色。

# 一 汉魏壁画墓

## （一）东北地区汉魏壁画墓的发掘者

中国东北地区是最先进行壁画墓考古学调查并有重要发现的地区之一。在考察中国壁画墓发现历史时，东北，更确切地说辽东地区，通常被看作是发现的起点。其原因之一是因为辽东地区丰富的汉魏壁画墓遗存为田野调查提供了基本的条件。

### 1. 日本人的早期调查

东汉末年，因中原战乱，辽东太守公孙度割据一方。初平元年（公元 190 年），公孙度自立为辽东侯、平州牧，直至曹魏景初二年（公元 238 年）为司马氏所灭，统治辽东凡五十年。辽阳作为辽东郡首府，自然成为公孙氏割据政权统治的中心，是当时未经战争劫难，经济文化持续发展的地区之一。辽阳汉魏壁画墓主要分布在辽阳北郊太子河两岸的北园、棒台子、三道壕等地，前后共发现壁画墓十四座。墓葬较集中地反映了汉魏时期的文化特点。

最早进入东北地区对辽阳汉魏墓进行考古学调查的，是日本考古学家鸟居龙藏（1870～1953 年）[1]。甲午战争后，鸟居龙藏即于 1895 年受东京人类学会派遣在辽东半岛进行调查，首次明确了辽阳汉墓的性质。日俄战争以后，他又曾于 1905、

1909、1928、1941 年四赴东北，从旅大地区深入到整个辽东半岛以至东北三省，还将调查的范围扩展到内蒙古东部地区[2]。

1918 年，滨田耕作主持旅顺刁家屯汉墓的发掘。八木奘三郎、塚本靖等人在辽阳太子河畔迎水寺发掘了一座大型石室壁画墓[3]，后拆运至旅顺博物馆，惜壁画已不存[4]。这是辽阳地区首次发现的壁画墓，也是在中国发现的第一座古代壁画墓。1941 年至 1944 年，原田淑人、驹井和爱等日本学者相继发掘了南林子、玉皇庙和北园壁画墓，其中壁画内容最丰富的属北园 1 号墓[5]。原墓在发掘过后即被日本人拆毁，壁画摹本部分留存在东北博物馆（即今辽宁省博物馆)[6]。北园 1 号墓在门柱上画有镇墓辟邪的怪兽，墓室内为乐舞百戏、墓主大妇宴饮、车骑出行、宅第建筑、庖厨劳作、日月以及属吏、斗鸡、仓廪等。按制度，墓主人当为辽东郡守一级的官吏。南林子墓[7]壁画曾发表在日本杂志《宝云》上。日本人在发掘后，曾对该墓做了相应的保护修缮，后被国民党军队作为地堡，终致完全破坏。另在玉皇庙墓[8]中也发现有少量的彩绘几何纹装饰图案。

1931 年，日本人在今辽宁大连金州前牧城驿发掘了营城子汉墓[9]（图一）。考古报告由发掘者内藤宽、森修于 1934 年整理发表。该墓室为穹隆顶结构，带套室。墓门内外上部存有怪兽壁画，面目狰狞。有学者推测，室内者为魖头，室外者为疆良[10]。墓门左右各画一持棨门吏。墓室中最重要的画面位于北壁，上方画云气、羽人、青龙、仙鹤交织相会，方士回首顾盼。在他身后是一位高冠长袍、佩带长剑的男性，可能是墓主。再后有一名侍者。主题是方士导引墓主升仙。同壁下方绘

图一 辽宁营城子汉墓壁画

祈祷场面，或释为祭奠，在一个供奉有耳杯等物品的几案前，
从左至右有三人，一为伏地叩首，一是直身膝跪，一作肃然恭
立之状。壁画以墨线勾成，仅极少部分加绘颜色，风格质朴。
日本人在辽阳的考古调查揭开了东北地区汉魏壁画墓发现的序
幕。

**2.1949 年后的继续发掘**

抗日战争胜利之后，东北博物馆及辽阳市博物馆又陆续发掘了多座壁画墓。同时，年代的研究也日趋深化，改变了最初将汉魏墓不作区分，一概视为汉墓的状况。这在当时的艰苦条件下是难能可贵的，也使得辽阳壁画墓的发现与研究在汉魏墓中有先声夺人的势头。辽阳壁画墓群的发现主要是在 50 年代以后，重点集中在棒台子、三道壕、北园等地。

棒台子古墓群 1 号墓原在 1944 年棒台子村民取土时已露出石室，知为古墓。1949 年后进行了保护、发掘，编为棒台子 1 号墓（棒台子屯古壁画墓）[11]。主要壁面皆绘有壁画，包括门卒、杂技、饮食、出行、宅第、庖厨、云气等等。它与北园 1 号墓的图像、风格、水平大致相同，二者是辽阳汉魏墓中规模较大的，约与中原地区的中型墓相当。1957 年，辽宁省博物馆在 1 号墓东南约 1 公里处发掘清理了 2 号墓[12]，并组织专业画家对全部壁画进行了摹绘，然后将壁画墓石迁回该馆保存。2 号墓平面呈工字形，墓门左右两小室前壁画门卒，右小室右壁为墓主夫妇对坐宴饮图，后壁画"主簿"和"议曹掾"，车骑图绵延在左小室后壁和左壁上，后室后壁画楼宅车骑。

三道壕一带的壁画墓比较密集，大多是在窑厂的取土场发现的，如 1951 年发现的车骑墓（窑业第四现场墓）、1953 年发现的令支令张君墓、1955 年东北博物馆文物工作队发现的 1 号墓和 2 号墓以及 1974 年沈阳市文物管理所清理的 3 号墓等。

车骑墓[13]左右小室各壁、右棺室右壁、前廊藻井均有壁画，左小室四壁描绘的是家居饮食，右小室右壁后半段及后壁表现庖厨，右小室前壁、右壁前半段和右棺室右壁为车马出行图。墓门右壁画门卒，前廊藻井绘日月云气。

令支令张君墓[14]右小室前壁绘人马，后壁与右壁表现家居生活场面，墓门左侧则是庖厨图。家居图中有三人坐床，分别榜题"囗令支令张囗囗"、"囗夫人"、"公孙夫人"。令支令张氏或是魏人，而公孙夫人或许是出身于辽东的大族公孙氏。

三道壕 1、2 号墓[15]东距令支令张氏墓不足 50 米。清理、摄影等工作进行了两个月，由东北美术专科学校教师摹绘，完成后回填封土，就地保存。1 号墓平面呈凸字形。壁画是直接描画在石壁上，构图较为随意，画风于粗犷中透出自然明快。右小室三壁各描绘一幅对坐饮食图，可能与四棺室的族葬制相适应。左小室三壁为庖厨及车马图，或许是男骑马女坐牛车。墓门左柱右侧面上部画一只守门犬。2 号墓壁画因渗水损坏严重，仅右小室右壁残存部分画面，描绘墓主夫妇对坐。此外，还残存牛车、日月流云图像。3 号墓[16]平面呈工字形。壁画是在石板壁面上经白粉铺地后直接敷色。因墓内泥水侵蚀，壁画或脱落，或模糊。大略为前室右耳室画饮食图，墓主夫妇分别绘在西、北两壁上；前室左耳室东壁画牵马图，北壁画家居情景；后室北壁墨勾一座两层楼阁。

1958 年，清理了上王家村晋墓[17]。墓室全用石板支筑，墓门东向，分前廊、左右两个小室和两个棺室。壁画以朱色为主，构图简单，线条粗放。右小室正壁绘主人宴饮，男主人端坐于方榻上，右手执麈尾，前有方案，背后有屏风。榻右绘黑帻长袍捧笏的"书佐"。左小室绘车骑出行，主车为牛车。棺前柱石上绘流云纹样。

北园也已发现多座壁画墓。2 号墓[18]发现于 1959 年，位于 1 号墓南约 100 米处。在前室左右耳室和墓门左右两侧的石壁上，用朱、白、黑三色画门卒、门犬、房屋、武器架、鹤、日月等形象。1986 年发掘 3 号墓[19]，壁画门卒、属吏等。

南雪梅村壁画墓[20]发现较早，1957 年发掘清理，编为 1 号墓。该墓早已遭到盗掘破坏，清理时对残存部分壁画进行了简单摹绘，清理后固封填土就地保存。壁画墓平面呈 T 字形。壁画遭水浸泡冲刷后大多褪色，图像漫漶。墓门左右两壁各画一间形式相同的房舍，左棺室后壁残存帷帐宴饮人物画像。此外，还有云纹之类的装饰图案。

1975 年，清理了鹅房 1 号墓[21]。该墓平面呈工字形。壁画保存情况不佳，所存部分为属吏谒见、宴饮、楼阁、拴马一类内容，分绘在前、后室。1983 年，他们还在旧城东门里发掘了一座未经盗扰的壁画墓[22]。墓为石板支筑，内画门卒、小史、出行、宴居图、日月星象及勾连、流云等纹样。发掘者认为在辽阳地区同类墓中当属年代最早的，大约在东汉中期略晚。1995 年，在香港花园基建工地发掘了一座平面略呈凸字形的石室墓，壁画能辨识出赤乌、家居、饮食、云气等图像。

## （二）洛阳地区的汉代壁画墓

河南洛阳地区科学考古发掘的两汉壁画墓有十余座（不包括无法写报告者），分布在东西约 50 公里的偃师、洛阳和新安范围内，亦即汉河南郡、洛阳县、河南县及东汉都城洛阳境内。洛阳汉代壁画墓堪称汉代壁画墓的典型代表，墓室构造精良，壁画布局合理，技法纯熟，有极佳的视觉效果和丰富的内涵，充分展示了当时的社会风气和丧葬习俗，是研究汉代墓葬建筑艺术和壁画内容风格演变的重要资料，也是衡量汉代绘画艺术成就的一把标尺。

**1. 洛阳被盗掘的壁画墓**

有"九朝古都"之称的洛阳，在 20 世纪初，曾是国内外古董商的频繁出入之地，古墓盗掘成风。据当时人的估计，洛阳地区被盗的古墓不下十万余座，其中也包括汉代的壁画墓，确知的就有八里台西汉墓。关于该墓的被盗经过，开封古董商人刘鼎方（音）称，在 1916 年前后，他监督土夫子拆卸出一堵由五块空心砖拼砌成的梯形壁画山墙，卖给了上海商人，后又辗转盗卖出国。1924 年，经巴黎卢芹斋（C. T. Loo）拍卖给了美国波士顿美术博物馆。据称，出土地点是"在洛阳西边八里地，瀍水对过"的"八里台"或"八阵里"附近[23]。洛阳近郊并无这样的地名，有学者认为可能是八里窑[24]，也有人认为当指汉壁画墓群集的今洛阳老城以西八里处[25]。

据刘鼎方回忆，该墓有四个长方形墓室，每个入口均有山墙。现藏波士顿美术博物馆的山墙两侧三角形空心砖，主要画的是执斧戚与棨戟的人物，六人之外尚有一熊、一虎，其题材旧释为上林斗兽[26]，或谓傩戏驱鬼[27]。长条形楣额右端画五个人物，常任侠认为表现的是贵族生活[28]，苏健则认为其场面与汉代上陵或会陵仪式相合，从人物动态看，又可称为"迎宾拜谒图"，并推断其年代当在西汉元成之间（公元前48~前8年）或稍前[29]。

**2. 接踵而至的考古成果**

洛阳烧沟村、金谷园村（火车站）附近的陇海铁路两侧几公里范围内，是汉代壁画墓分布较为集中的地方。这里先后曾发现了烧沟61号墓、卜千秋墓、金谷园新莽墓、石油站墓等。此外，还发现盗掘严重致使损毁的两座西汉壁画墓。其中，烧沟 61 号墓和卜千秋墓引起的反响最大，曾经是考古学界和美术史界讨论研究的热门课题。

1957 年，在洛阳老城西北的烧沟发掘了一百八十余座墓葬，61 号汉墓[30]即在其中，当时移至洛阳市王城公园内复原保存，因此又称王城公园西汉壁画墓。年代约为汉元帝至成帝时期。壁画分布在墓顶中脊、门额、隔墙和后壁上。围绕门额、隔墙横楣与后壁上几幅壁画的内容，学界争论已有三十余年，对此将在后文中再行介绍。前室顶部中脊的星象图也颇受关注[31]。其由画满日、月、星、云的十二块砖面构成。有研究者认为，所绘星辰是从汉代天官家所区分的五宫中，每宫选取几个星宿代表天体，是研究我国天文学史的珍贵资料[32]。

卜千秋墓[33]在烧沟村西，东距 61 号墓约 1 公里，1976 年发掘。简报认为，其年代约为西汉中期稍后的昭宣时期（公元前 86～前 49 年）。墓用长方形空心砖砌筑，墓顶为平脊斜坡。壁画分布于主室后壁、脊顶和墓门内额上方（图二）。脊顶上由二十块砖构成长卷式画面，从西向东依次绘有黄蛇、日、伏羲、乘凤乘蛇之墓主、九尾狐、蟾蜍、玉兔、仙人、白虎、朱雀、飞廉、青龙、持节羽人、月和女娲，中间穿插流云纹。图像的这种结构和序列是当时人们的阴阳五行思想在丧葬中的反映。孙作云指出，61 号墓着重表现打鬼，此墓主要是升仙图，二者相辅相成。壁画表现的诸母题上接春秋楚国宗庙壁画，下连南北朝初期壁画，为二者之间的桥梁[34]。在艺术方面，卜千秋墓壁画以生动、奇异著称，很好地体现了汉代美术沉雄博大的时代风格，艺术形象雄健朴厚、奔放有力[35]。绘制步骤可能是先在地面上将砖排列编号、粉刷绘制之后，再依序砌筑到墓室里去的，故能充分发挥作者的技能。

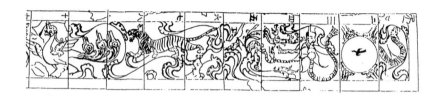

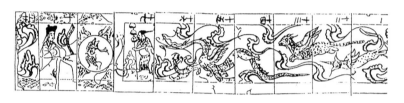

图二　河南洛阳卜千秋墓壁画升仙图（线描图）

继这两座轰动全国的壁画墓之后，洛阳又发现了多座重要的壁画墓，年代从西汉到曹魏，包括浅井头西汉墓、金谷园新莽墓、石油站东汉墓、唐宫路玻璃厂东汉墓[36]、第3850号东汉墓、金谷园东汉墓[37]、机车工厂东汉墓、朱村曹魏墓等。

1978年，在金谷园村东、洛阳火车站前广场西侧发现一座石门砖室墓[38]，时代定在新莽地皇年间（公元20～23年）。甬道两壁的墨勾图像已损毁。前室为穹隆顶结构，四壁影作柱、梁等建筑结构，并饰以兽面和勾连云纹。顶部满绘云纹并画出角梁和藻井，南、北藻井内分绘日、月。前后室门窗隔墙为空心砖砌筑，上有彩绘云纹。后室平面呈长方形，仿木结构。室顶为平脊斜坡，由空心砖构筑成平基式脊顶。壁画主要集中在后室，分布于平基和东、西、北三壁上方栱眼壁位置，一砖一画。脊顶平基内由南向北依次分布日象、太乙图（二龙穿壁）、天地图、月象。三面栱眼壁上共计绘神怪图十二幅，发掘者根据神怪的形象特征，结合《山海经》等古籍记载，考订东壁由南向北依次是句芒、蓐收、风鸟、凰鸟，西壁为太白星和白虎、岁星和青龙、飞廉、荧惑与轩辕二星（或考为"荧惑黄龙图"），北壁由东向西依次为祝融、玄冥、玄武、辰星和天马。

1987年，在北郊石油站家属院发现东汉初期（公元25～40年）墓[39]。该墓为小砖砌筑的多室墓，前室至中室的甬道两壁依稀可见门吏或门奴之类形象。中室西壁西耳室北侧绘门吏，相对的东壁东耳室北侧为弓韣，一说弧旌[40]。中室墓顶东西两侧中央分绘伏羲擎日与女娲擎月[41]，南北分别绘乘车御龙、乘车御鹿，御者当是引导墓主灵魂升天的仙人。

1990年至1991年，在东郊机车工厂发掘的汉墓[42]是这一地区东汉晚期壁画墓中规模较大的一座，为横中室砖石混筑多室墓，壁画毁坏比较严重。前室南壁甬道口两侧画执棨戟门吏，东、西耳室甬道口南侧均画属吏，西耳室甬道口券拱正面还画有乘骑。中甬道东西两壁下层都绘祥云纹样，中层绘辟邪、天鹿一类灵兽。中室南壁南耳室甬道口两侧绘杂耍人物，北壁后甬道口东侧为舞伎，东壁东侧室甬道口有侍女形象。

1991年，洛阳市第二文物工作队调查发掘了东北郊的朱村墓[43]。该墓为砖券横主室，附带一耳室，规模较小。但画面比较清晰，色彩保留尚好，构图完整，技法多样，达到了较高的艺术水平。主室北壁西部壁画中的墓主夫妇坐于帐内榻上，前置二几，身后设折角屏风，旁立男女侍，其中一男侍右手举麈尾，左手执金吾。人物造型摆脱了此前汉墓壁画中略带夸张的表现方式，形象真实，姿态自然。主室南壁中下部表现车马出行，行列工整有致，马的造型具有明显的程式化倾向。东壁东耳室券门上绘鹿。发掘者原定该墓的年代在东汉至曹魏之际，目前一般的看法倾向于曹魏。曹魏时期的壁画墓在中原地区还不多见。

1992 年有两大重要发现，即位于西工汉墓西北约 240 米处的第 3850 号东汉晚期墓[44]，以及浅井头村南发现的西汉墓。浅井头墓[45]的年代略晚于卜千秋墓，空心砖构筑，有主室和二耳室。脊顶壁画绘在二十一块空心砖上。靠近墓门的前段画朱雀、伏羲、日、怪兽（原报告称为白虎）、应龙、羽人乘龙、朱雀、蟾蜍、龙蛇穿璧、蓐收（原报告称为神人）、月、女娲。后段与女娲相接的七块空心砖上全绘祥云。另外，斜坡砖上也绘有祥云。从图像展开的逻辑看，脊顶壁画南段表现的是东方、南方神灵，象征阳，北段是西方、北方神灵，代表着阴，中间的龙蛇穿璧则具有阴阳交合、生命化育的寓意。整个情节是由墓室内（北）向外（南）、由阴向阳发展推进，表达了灵魂升天、生命不死的内涵。其图像体系与卜千秋墓基本类似，对于阅读、理解和阐释卜千秋墓壁画具有很高的参考价值。

在洛阳市周边的偃师和新安也发现有重要的壁画墓。1984年发现的偃师杏园村东汉墓[46]为前堂后室砖券墓，前室的南、西、北三壁壁画因封砌于夹墙中的缘故保存较好，画面前后衔接，共同构成一幅长达 12 米的车骑出行图。其中绘安车九乘、人七十余名、奔马五十余匹，颇具气魄。大致可分为前导属吏、墓主、眷属随从三组。壁画中人、马、车均以墨、色直接平涂或渲染，局部勾勒。北壁东段出行图下还发现一小幅庖厨宴饮图，但画面漫漶难辨。根据墓葬特征和壁画内容，报告推断该墓年代为东汉晚期，有人进一步判断它与附近的建宁元年（公元 168 年）墓在年代上相去不远[47]。1991 年，偃师高龙乡辛村发现了一座新莽时期（公元 9～23 年）的壁画墓[48]，洛阳市第二文物工作队会同偃师县文物管理委员会进行了抢救性清理。辛村壁画墓为斜坡脊顶空心砖墓，图像除画有天堂仙界、镇墓辟邪的内容之外，在中室东西两壁还出现了庖厨宴饮、观舞博弈的内容，前室东西耳室旁绘出门吏形象。这些都是不见于西汉壁画墓的新内容，体现出新的时代面貌。

1984 年发现的新安铁塔山东汉壁画墓[49]，为长方形小砖券砌单室墓。壁画直接绘于裸砖上，前壁在墓门两侧画门吏，券顶以南北为轴线，正中画天象图，右侧绘四神，左侧绘鹿、山羊，满壁流云环绕。后壁画墓主及侍者。墓主像居于正中，拱手跽坐，身前置几，形象端庄。墓主人左为一执金吾男侍，右为一承盘女侍。左右两壁分别绘陶罐和车骑出行等图像。

## (三) 中原其他地区的考古收获

河南洛阳地区汉墓壁画的发掘与研究成果，受到学术界的广泛关注，也极大地推动了中原其他地区田野考古工作，与之相邻的河北、洛阳周边地区以及陕西、山东等地陆续发现汉魏壁画墓，为整体观察中原地区汉魏壁画墓提供了充分的考古学材料。

### 1. 河北

1952 年至 1955 年间，河北省文化局文物工作队先后发掘了望都 1、2 号汉墓，1971 年又清理了安平逯家庄汉墓。无论是在等级规模上，还是在壁画水平上，河北发现的这三座壁画墓都十分引人注目，其重要性均不下于洛阳汉墓。

望都 1[50]、2 号汉墓[51]东西并列，相距仅 30 米。1 号墓由墓道、甬道、前室、中室、后室、四耳室和后室后壁的一个小龛组成（图三）。从壁画内容看，墓主曾由河南尹升任三公。2号墓的形制相同而规模更大，出土有"光和五年（公元182年）"与"太原太守中山蒲阳县博成里刘公"字样的买地券及玉衣残片，有研究者推测墓主为延熹九年（公元166年）被弃市的太原太守刘瓆[52]。由2号墓墓主刘姓，有人认为1号墓主应与之同族，因而推测为浮阳侯刘歆[53]或刘祐[54]。另有一种意见认为是浮阳侯孙程[55]。1号墓壁画保存较好，分两层分布于前室四壁和前中两室间的甬道中，上层绘"门亭长"、"寺门卒"、"仁恕掾"等25名属吏，下层绘"羊酒"、"芝草"等九幅祥瑞图。前室、中室间的甬道顶部在流云中绘神禽异兽。2号墓的壁画内容、造型及风格与1号墓相近，但由于墓壁

图三　河北望都1号墓前室壁画位置分布图

塌毁，保存的画面很少。望都1、2号墓壁画布局疏朗，技艺上乘。论者着眼于壁画的内容和布局，认为前室壁画内容可能为夸耀墓主生前的地位，甬道券顶的云气则寓意墓主升仙。人物不加背景，面部采用四分之三的侧面造型，形象生动，洒脱传神，动作神态的刻画简洁而充分，反映出当时人物画的新进展。

安平汉墓[56]有"唯熹平五年"（公元176年）的榜题，是纪年明确的大型砖室墓，由前、中、后室及耳室、侧室共十室二龛组成，规模宏大，结构严整，纪年明确。原报告怀疑墓主可能同家在安平、灵帝时封列侯的宦官赵忠有关，亦有人认为当是安平王。墓室内壁画分布在中室、前室右侧室和中室右侧室这三个相通的墓室中。中室周壁绘出行图，用格线分为上下四层，首尾衔接。主车及导从的车骑步卒安排得井然有序，前呼后拥、阵势煊赫。整幅车马出行图描绘了一百多名步骑导从、七十二辆车，死者地位之尊贵、声势之显耀一望可知。前室右侧室与中室右侧室的壁画共同表现属吏等候墓主召见的情景。中右侧室南壁居中绘墓主人端坐帐内，帐右与帐后绘男女侍。墓主面部丰圆，身着褒衣大裙，头戴巾帻，右手执便面。图中榻、屏风、帐、几的组合可以视为东汉家具设置的典型。汉墓壁画中代表墓主形象的画面虽多，但此幅最具肖像特征，开启了魏晋南北朝时期墓主坐帐像之先河。墓主像旁边北壁西侧以鸟瞰视点绘制了一处府第，规模庞大，结构复杂，布局规整，界画工致，尤其是以熟练的透视技法绘出的空间深度感，成为观察中国绘画建筑空间表现的早期实例。

河北景县大代庄也曾发现东汉中早期的壁画墓[57]，在墓室和甬道绘菱形、卷草等纹样和星象，是以单个砖面为单位组成的装饰壁画。

## 2．洛阳周边和黄河中游地区

在黄河中游地区发现汉壁画墓的地点，除洛阳一带外，还有河南的密县（今新密）、荥阳，以及山西的平陆、夏县和永济等地。

密县发现的几座有壁画的汉墓同时又都是画像石墓，可见南阳的画像石墓风气对靠南的密县有所影响。1960 年至 1961 年，河南省文化局文物工作队发掘了打虎亭 1、2 号汉墓[58]。二墓东西毗邻，结构近似。发掘者认为可能是夫妇异穴合葬墓，年代应属东汉晚期，不会晚于曹魏。经与《水经注》等有关文献记载对照，初步认为西侧的 1 号墓墓主为弘农太守张伯雅[59]（图四）。1 号墓以画像石为主，2 号墓以壁画为主，采用的造型装饰技法虽不同，但装饰的题材内容及分布却无大异。

2 号墓为石门砖室墓，由二前室、二中室、二后室、一侧室和二耳室组成，除西后室和侧室外均绘壁画。由于曾多次遭到严重盗掘，加之长期受淤土侵蚀，造成壁画变色，脱落损坏之处触目皆是。但从残存画面看，仍不失为题材丰富多样、技艺炉火纯青的经典之作。中室壁画内容多姿多彩，保存面积也最大。顶部与东、南、北三壁砖面上都粉刷白灰面墙皮，打磨光滑后用笔勾勒轮廓，敷色瑰丽华美。中室横券顶，中央东西向对称排列七幅藻井图案，有的仿木结构绘成斗四，其他则画莲花或菱格纹。藻井之间和其周围加以云纹为主的饰带，藻井两侧又各绘异兽奇禽。另外，山东沂南汉画像石墓顶部也有类似的斗四和莲花藻井，排列方式、套叠重数、岔角上的图案以及井心的菱格纹都与打虎亭汉墓相仿。有人认为，莲花与藻井应是佛教传入的形象标识。南北两壁各有长约 7.5、宽 0.7 米

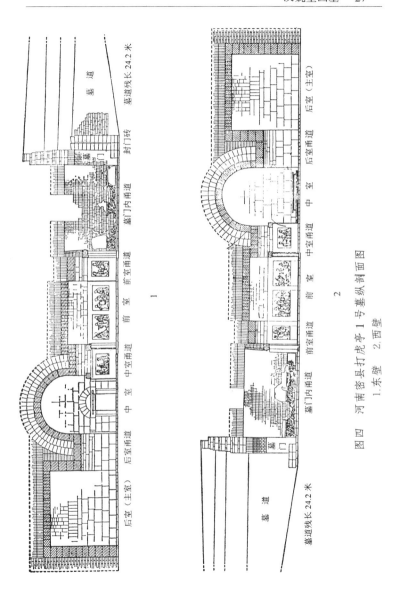

图四 河南密县打虎亭 1 号墓纵剖面图

1. 东壁 2. 西壁

的长卷式巨大画幅，分别绘出车骑出行图和宴饮百戏图[60]，最为精致。北壁的宴乐图横贯东西，上接券顶，下为侍女图，在 2 号墓彩色壁画中保存最好，规模之大在迄今为止所知的汉墓壁画中鲜见。其场面宏大，人物众多，气氛热烈，构图严谨，造型千姿百态。画面平涂设色，色彩浓丽鲜艳。甬道和前室绘迎宾图，南耳室描绘家畜饲养，东耳室表现庖厨。

密县后土郭 1、2、3 号墓亦均为画像石壁画多室墓，砖石混筑，以画像石为主，局部壁面、个别砖上绘少量壁画。1963年至 1964 年，河南省文物工作队发掘了 1、2 号墓[61]。1 号墓画像石主要在墓门、门柱、门额和栌斗上。壁画多已剥落，有五幅保存较好，分别是墓门门楣背面的龙、中室北壁西部的窗棂及人物、北壁中部的斗鸡图及虎首和交颈鸟、东端的云气、窗棂和斗鸡图。2 号墓紧邻 1 号墓，壁画主要绘于中室四壁和券顶。根据残迹推断，中室顶部绘云气，四壁中上部可能是车马出行，甬道券顶及左右两壁上部似绘云气纹之类的图案。发掘者认为，2 号墓年代属东汉晚期，下限不晚于献帝初平元年（公元 190 年）董卓的劫难。1970 年，文物工作者于 1号墓东侧又发现了一座画像石兼壁画墓（3 号墓）[62]，墓室内残存彩绘乐舞百戏与表现墓主生前生活的画面。

1995 年，荥阳市文物保护管理所、郑州市文物处与郑州市文物考古研究所调查了荥阳苌村壁画墓[63]。其结构类似打虎亭 2 号墓，而规模略大，具甬道、前室、三后室及一耳室，甬道、前室的券顶和周壁绘满壁画（图五）。壁画以起券处为界，分成上下两部分，上为天界、祥瑞，下为墓主生活场景。甬道券顶中间绘菱格纹藻井，图案类似窗棂。此类壁画题材又见于打虎亭 2 号汉墓和后土郭，可能是象征性给灵魂提供自由

图五　河南荥阳苌村汉墓前室侧壁壁画斧车图

飞升的通道。两旁绘楼阙庭院，东西壁绘门卒属吏，形象旁均有榜题。前室券顶在构思和布局上与打虎亭 2 号汉墓中室券顶的设计完全相同，但不如后者丰富、繁密。前室下部四壁分层表现车马出行，完整地反映了墓主由郎中迁任北陵令、长水校尉、巴郡太守、济阴太守乃至齐相的仕途经历，安排类似安平汉墓。南壁部分墙面绘有伎乐人物形象。

山西发现汉壁画墓的地点均在山西省南端的黄河北岸。平陆枣园村汉墓[64]时代在新莽时期（公元 9～23 年）前后，为券顶砖室墓，墓门向东，规模较小。主室内绘满壁画，券顶上所绘日月星辰、云气和龙、虎、玄武保存稍好，四壁的车马、人物、坞壁和农耕图脱落严重。夏县王村墓[65]的年代相当于桓、灵之际，1989 年，由山西省考古研究所会同运城地区文

化局、夏县文化局博物馆清理。墓向面西，为多室砖券墓，除
北耳室外均分布有壁画。甬道顶部为二骑射猎，两侧壁分三层
绘步卒骑吏行列。前室券顶描绘仙界，北端墙在起券部位以上
似表现宴饮观舞，西壁分四层绘车马出行，东壁上两层为车骑
步卒出行，下两层为属吏侍从与华帐中的"安定大守裴将军"
夫妇像。人物造型有程式化之嫌，但马的形象千姿百态，足堪
称道。壁画先用木棍起稿，大笔敷色后再勾勒轮廓。1992 年，
永济常青乡上村发现东汉壁画墓[66]。墓向正东，画迹有后室
顶部的朱红八瓣垂莲与四壁中上部的星象等。

### 3. 鲁南、苏北、皖北、豫东

在鲁南、苏北、皖北与豫东四省交界之地，分布着一些汉
代壁画墓。鲁南、苏北等地发现的汉墓极多，只是壁画墓的数
量绝难与画像石墓匹敌，不过是凤毛麟角而已。可见，以洛阳
地区为代表的壁画墓的作风虽波及到这些地区，却因种种的阻
碍，全然不足以撼动凿刻为像的当地传统。而河南东界永城芒
砀山柿园西汉梁王陵是目前所知时代最早的壁画墓，它的发现
动摇了前此汉墓壁画分期研究的基石，需格外加以关注。

1953 年，山东省文物管理委员会清理了梁山后银山汉
墓[67]，并进行了摹绘。墓分前、后室，壁画集中在前室。藻
井绘日月天象，东壁绘大树，北壁绘流云、龙与联璧图案，西
壁上层绘天界、下层绘车马出行行列，南壁上层绘楼阁人物，
下层绘一躬身持戟、形象高大的人物"怒太"。后银山墓属东
汉前期偏晚，当地有数座汉墓在抗日战争时期就曾被盗掘过，
一般都有壁画。1986 年，在济南青龙山还发现一座东汉晚期
的画像石壁画墓[68]。

江苏汉代壁画墓有徐州黄山陇东汉墓[69]。1960 年，壁画

加固后运抵云龙山保存。此墓为石结构多室墓，券顶无壁画，前室壁画多已脱落，西壁和南壁尚存门卒、车马出行及乐舞。

距徐州不远的安徽亳县（今亳州）东汉时是沛国谯郡，曹操的宗族在当地是个大家族。1974 年至 1977 年间，亳县博物馆在县城南郊清理了若干座曹氏墓，其中相距不足 100 米的董园村 1、2 号墓[70]为画像石壁画墓，1 号墓砖上有阴刻铭文"为曹侯作壁"和"延熹七□元月"（公元 164 年）等字样。

在叙述芒砀山梁王陵之前，应先交代一下广州象岗南越王墓[71]。它很可能是赵佗之孙、第二代南越王赵眜的墓葬[72]，时代在汉武帝元朔末至元狩初年（公元前 122 年前后）。在石门、前室四壁及顶石上，发现了朱、墨两色绘出的云纹图案。这虽是仅具装饰功能而非具有主题内容的壁画，但其装饰母题与西汉中原地区的壁画应有联系。真正起到填补西汉前期壁画遗存空白的壁画墓，当数 1990 年全国十大考古新发现之一的柿园梁王陵。

芒砀山位于河南商丘市东约 90 公里处，是西汉梁国的王陵区[73]，这里的陵墓与徐州楚王陵一样，均系"斩山为郭，穿石为藏"的大型多室崖墓。柿园梁王陵[74]因开山炸石而发现，1987 年和 1988 年进行抢救性发掘，壁画现存河南省博物院[75]。墓主为梁恭王刘买的可能性最大，也有认为是梁王刘贞。墓向西偏北，主室顶部绘一条蜿蜒长达 5 米、首南尾北的巨龙。左右有朱雀、白虎，龙舌衔一怪兽，当为四灵的早期形式。南壁西段和西壁南段画面连贯，表现猛豹、仙山、朱鸟、神树和灵芝等内容。西壁北段仅存若干几何纹样片断。从梁王陵看，西汉前期的墓室壁画在图像内容和形式风格方面都深深受到来自楚地的影响。

### 4. 陕西

西安曾是西汉王朝和新莽时期的都城，以及当时的政治和文化中心。在渭水两岸的京畿陵区分布有这个时期高规格的墓葬，目前已发现的西汉至新莽时期的壁画墓，重要的有西汉晚期的西安交通大学墓和西安南郊曲江池 1 号墓[76]，王莽时期的千阳汉墓和咸阳龚家湾 1 号墓。

1972 年清理的千阳汉墓[77]，墓的东西两壁绘天象及四神。龚家湾 1 号汉墓[78]系砖石结构的大型积石、积沙墓，墓主为侯或略低于侯的三公九卿一级官吏。1983 年至 1984 年进行了抢救性清理。第三重石门楣正面有一横幅，正中绘羊头，周围环绕流云。下面左右两侧对应画正面端坐的人物和树，全用墨线造型，因此清理者称之为"摹线画"。左侧人物是西王母似无争议，但对应的是否是东王公尚有不同意见。

1987 年，在西安交通大学校园东部发现汉墓[79]。墓室为小砖券砌，年代在西汉晚期宣平之间（公元前 73 ～ 公元 5 年）。主室内券顶及东、西、北三壁绘壁画，表现天堂仙界的景象。券顶天象图[80]是迄今发现的最早的天象图壁画之一，圆心绘日月，圆环中二十八宿和四象相配，附带用人物、动物形象来说明各宿的名称，圆环外满绘彩云翔鹤。后壁绘羽人持灵芝引导墓主灵魂升天，下有鹿鹤。三壁下部在勾连云纹中点缀种种奇禽异兽。绘制方法是在砖面上直接刷白粉，再刷赭石，然后勾廓填色。构图饱满，色彩明丽斑斓。据专家研究和仪器分析，此墓所用颜料颗粒非常细腻，绿色和白色极为纯净，而青莲色在当时还不多见，系用当地出产的天然矿物调制而成[81]。

## （四）河西边疆地区的汉魏壁画墓

自张骞凿空西域后，河西地区就成为西汉王朝经略西域和文化交流的重要通道。河西走廊地区在军事和文化上的位置都十分显要，河西设郡以后，中原文化及丧葬习俗随之传到河西及其周边地区，因此河西等边疆地区的壁画墓也呈现出较浓厚的中原文化特点。

### 1. 河西地区

河西地区魏晋十六国时期的壁画墓较多，而汉魏壁画墓发现较少，目前相对确定的汉代壁画墓主要分布在武威一地。自汉武帝设郡以来，武威有"凉州之蓄为天下饶"（《汉书·地理志》）之称，后汉时仍库有蓄粮，民庶殷富。此地的历史文化遗迹较为丰富，但墓室壁画绘制水平较内地尚有很大差距。

以出土铜奔马而闻名四海的武威雷台汉墓[82]是一座大型穹隆顶砖室墓，1969 年发现。墓门照壁正中绘门、柱、梁、枋、斗栱，顶部藻井为红、白、黑三色绘成的莲花图案。此外，装饰还有树纹、花纹以及几何纹样。关于墓主，陈直等多据随葬铜马上所刻铭文认为是东汉晚期的"守左骑千人张掖长张君"（县级官吏，秩比六百石），简报和报告则按墓制判断为二千石以上秩别的张姓将军。有人疑为曹操之名将、武威郡人张绣[83]，亦有学者认为是前凉忠成公张骏（公元 324～346 年在位）[84]。武威西门乱葬岗古墓墓顶方砖上绘重瓣莲花，墓壁画菱形图案，年代可能较雷台墓稍晚。同样在墓顶画莲花的还有皇娘娘台墓[85]。

1984 年发掘的韩佐乡红花村五坝山 7 号墓[86]，年代为新莽至东汉早期。墓葬为土洞墓，壁面的处理和画风都较简单粗率。壁画包括宴饮、舞蹈、狩猎等生活内容以及开明兽与不死树等题材。

武威磨嘴子一带密集地分布着汉代墓葬，与五坝山墓群隔河相望。1989 年，这里清理了一座已暴露的横前室双后室土洞墓[87]，年代属东汉晚期的桓帝至献帝时期（公元 147～220 年）。壁画绘制在前室，构图较为简单。顶部为日月、流云构成的天象，西壁为杂技，南壁为羽人戏羊，北壁可能是仙人骑象。

**2．内蒙古**

截至目前，内蒙古在托克托与和林格尔两地发现有汉代壁画墓，两墓相去不远，其中和林格尔汉墓壁画特别受到学术界的关注。托克托闵氏墓[88]是东汉末年的砖结构多室墓，1956 年发现。壁画直接画在略经粉刷的砖墙上，主要分布在中室及东、西耳室，残存有人物车马、奴婢庖厨、家禽家畜等形象。后室券门外侧画二门奴和一从婢。

1972 年至 1973 年发掘清理了和林格尔新店子 1 号墓[89]。该墓为大型穹隆顶砖室墓，坐西朝东，由墓道、前室、中室、后室和三个耳室组成。壁画保存较好，榜题多至二百五十条左右，内容丰富，序列完整（图六）。墓葬的年代不早于永和五年（公元 140 年），大约是桓帝或灵帝初年的墓葬[90]。至于墓主尚无法确指，有人认为是公綦（箕）稠[91]，有人则认为是不见史籍记载的人物[92]。

和林格尔墓前室的壁画内容，包括表现墓主生前升迁历程的出行图和表现墓主执掌的使持节护乌桓校尉幕府。前室南耳室表现牧马和牧牛，北耳室表现碓舂、谷仓和炊厨，大力表现的畜牧场面当是具有地方特色的题材。从前室靠近中室处到中

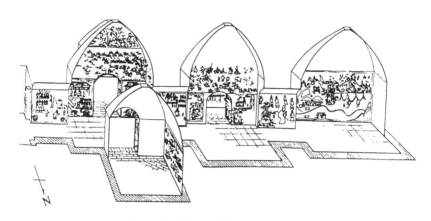

图六　内蒙古和林格尔汉墓纵剖面图

室的东壁和南壁，逐一展示墓主治理过的各座城市。中室西壁和北壁则在上部借历史人物和祥瑞来颂扬墓主的政绩，下部是墓主燕居宴饮的优裕生活以及为主人服务的厨炊和乐舞百戏。后室主要表现墓主晚年的生活场所和情景。全部壁画组织成一个相互联系的有机整体，重点各不相同，但都围绕着墓主展开。

最值得注意的画面之一是出行图。随着墓主官职不断升迁，所占的篇幅不断扩大，车马随从的行列不断增多，车辆的等级也不断提高，蔚为壮观。另一个特别重要的内容是分栏排列的孝子、圣贤、列女等历史人物和祥瑞，数量之多在汉墓壁画中首屈一指，这是汉武帝之后独尊儒术、东汉谶纬学说占据统治地位的明证。前室顶部的"仙人骑白象"被有的学者认为是中国最早的佛教图像之一[93]。和林格尔汉墓壁画的珍贵还在于反映了当时东汉王朝与东胡民族交往的情况。从和林格尔汉墓壁画出发，学者讨论了属吏图涌现的原因，即东汉时期察举辟除制度渐趋强化，成为网罗朋党、扶植羽翼、把持权力、巩固家族地位的有力手段[94]。

和林格尔汉墓壁画是全面了解东汉社会的重要资料，围绕它展开了大量的争论和探索[95]，这里不一一引述。其中有一些认识难免囿于当时的社会和历史条件，但也引发了一些积极的、有建设性意义的探讨。该墓壁画场面开阔，构思设计周密，造型生动洗练，表现富于变化等等。这些艺术特点不应被历史价值和社会意义所掩盖。

## （五）汉魏壁画墓年代序列的建立

墓室壁画兴起于西汉早期，流行于东汉，墓主多为高官显贵或地方豪强。由于统治者提倡孝道和厚葬，遂使"事死如事生"。东汉实行的察举孝廉制度更推动厚葬之风越演越烈，墓室装饰壁画的做法也随之盛行。汉代墓室壁画对于了解汉代社会的经济文化及审美思想和绘画的发展，具有重要的意义。

1934年，贺昌群发表在《文学季刊》创刊号上的《三种汉画之发现》一文，可谓开中国学者研究汉墓壁画之先河。在考古研究工作中，年代是首要问题，壁画墓研究也不例外。辽阳汉魏墓群和洛阳地区的汉墓发现较早，年代序列也较早确立。

1953年，由文化部文物局、中国科学院考古所和洛阳文物管理委员会人员组成的洛阳地区考古发掘队，在裴文中、夏鼐的领导下，发掘了位于洛阳邙山南麓烧沟的二百二十五座汉墓[96]。在发掘报告中，根据墓室结构和随葬陶器、铜器等的组合，将墓葬分为六期，其中西汉三期、东汉三期，这为中原地区汉墓，包括汉壁画墓的编年提供了可资借鉴的标尺。

辽阳汉魏壁画墓最重要的标本是北园1号墓和令支令张氏墓，前者题有"季春之月，汉……"字样，后者在墓主名前有"魏"字样，年代相对确定。上王家村墓的年代应在汉魏壁画墓和朝鲜安岳东晋永和十二年（公元356年）冬寿墓[97]之间，这对于探讨汉墓和高句丽墓的关系是不可忽视的材料。发掘者认为其年代不早于西晋，但也不会晚于东晋。这三座墓年代的确定，有助于辽阳其他壁画墓的断代排年。经比较，鹅房1号墓等时代接近北园1号墓，三道壕3号、北园2号、香港花园诸墓接近令支令张氏墓，而三道壕1、2号墓也应为晋墓。至此，辽阳占墓基本确立了年代序列[98]（表一）。

表一　　　　辽阳东汉至晋壁画墓的分期与特点

| | 东汉末年 | 曹　魏 | 晋　代 |
|---|---|---|---|
| 墓葬形制 | 中部建棺室，四周绕以回廊，回廊左右和后部设小室，前端两侧加筑耳室 | 前端廊道扩成横前室，侧面廊道与棺室合并为三至四个棺室，前室左右各有一耳室，不再流行回廊 | 前室近方形，顶部采用抹角叠砌形成方形天井，后接若干纵长方形棺室，前室左右有耳室 |
| 壁画题材 | 家居宴饮以男墓主为中心 | 家居宴饮多为男女对坐，妇女头饰日趋繁杂，出行队列中出现牛车 | 榻上张带莲花和龙衔流苏的覆斗帐，榻后设曲尺屏风，墓主持麈尾 |

汉代壁画墓首先出现在当时经济、文化最发达的关中、豫西和晋南，以后逐渐扩张，西到陇中和河西，东到山东，北到河北、山西、内蒙古东部、辽宁和吉林等地。南方由于潮湿、多雨水，不宜在墓内绘制壁画，向南仅扩大到豫鄂交界之

地[99]。年代既初步确定，交织在一起的分期与分区就成为研究的首要课题。

到 1966 年止，汉代壁画墓的分布及区域特点初露端倪。自 70 年代到 80 年代中期，随着考古发现的逐步积累和研究探索的渐趋深入，墓葬壁画的区域与时代特点逐步明朗，能够从单纯的记录和孤立的题材考证上升到从整体上进行考察[100]，如杨泓以考古学材料为依据，选择有代表性的汉壁画墓做了大致的年代划分。西汉晚期壁画墓集中在洛阳，平陆枣园村墓可能要晚到王莽时期。东汉时期的壁画墓以后银山年代稍早，将属吏和车马导从结合在一起表现，而西汉流行的墓主死后升仙的题材已不见。东汉晚期的壁画墓分布在华北地区，主要是河北和内蒙古，大致可分为两组，一组以表现衬托墓主身份的属吏为主，如望都 1、2 号墓；另一组的主旨是用车马出行行列及衙署、宅第等来体现墓主身份地位，属吏只作为衙署中的一个组成部分。这个时期出现了墓主人正面端坐的形象以及祥瑞、忠臣、孝子、列女等题材，内容显得更加丰富。辽阳的壁画墓也部分地反映出上述分期的特点。

以墓室壁画为依据，按布局、内容和风格变化所作的排年分析，有人主张将汉壁画墓分为四个阶段。如张合荣认为，第一阶段为西汉中期，以卜千秋墓为代表，壁画重点在墓顶，分墓主人升仙与吉祥驱邪上下两个独立的单元，布局安排受阴阳学说影响；第二阶段为西汉晚期，包括曲江池、烧沟 61 号、洛阳八里台和西安交大墓，墓顶转而绘日月星象，新出现历史故事题材；第三阶段为王莽时期至东汉早期，承上启下；第四阶段为东汉中晚期，分布范围大大拓宽，可分为中原、内蒙古、辽阳、甘青四个地区。共同之处是以现实生活题材为主，主要描绘墓主生前的属吏、出行车马仪卫、享乐生活，神怪为祥瑞所取代。壁画重心下移，各室壁画分工明确，主室画车马出行、家居宴饮，耳室画庖厨劳作、庄园活动[101]。贺西林在赞成张合荣分期的同时，对壁画的形式特点进行了概括性描述。他认为西汉前期为继承与借鉴期，芒砀山梁王陵代表了丧葬文化的全新尝试；西汉后期为整饬与定型期，壁画墓分布在洛阳和西安，图像的构成和布局已定型，观念趋于明确，形式风格愈加奔放；新莽至东汉前期为延续与滋衍期，画幅、气势、场面都在扩大，构思、布局更灵活，图像更加系统规范，寓意更加丰富深厚，分布区域扩展到甘肃、辽宁这样的边远地区；东汉后期至汉魏之际为拓展与刷新期，题材全面拓展，分布更加广阔，可分为四个区域，即以河南为中心的中原及其周边地区、北方内蒙古南部和陕西北部长城沿线地区、河西地区以及辽阳地区，边远地区文化相对滞后[102]。

也有研究者将汉代壁画墓分为二期、六区，前期为西汉早期到东汉早期，后期为东汉中晚期，并将题材内容划分为七类，对区域类型特点进行了归纳，亦为一说[103]。

对于汉魏墓最集中的洛阳和辽阳地区[104]，当地考古工作者提出了基于区域研究的分期意见。如将洛阳两汉壁画墓分为六期，第一期以卜千秋和浅井头墓为代表；第二期有烧沟61号墓和八里台汉墓，即西汉晚期；第三期是新莽时期；第四期即东汉早期，石油站墓是典型代表；第五期是东汉中晚期，有新安铁塔山、偃师杏园村、洛阳西工汉墓和机车工厂墓四座之多；第六期晚到曹魏，目前仅朱村墓一座[105]。

洛阳诸墓是迄今已发现的汉壁画墓中分量最重、研究成果也最丰硕的部分。与学术研究的优势地位相呼应，洛阳兴建了古墓博物馆。该馆坐落在北郊邙山乡冢头村（北魏世宗宣武帝景陵），1985年破土动工，1986年至1987年基本完成了古墓的搬迁复原工作。在二十二座颇具典型性的古墓中，有著名的烧沟61号墓、卜千秋墓、偃师杏园村汉墓、金谷园新莽墓、金谷园东汉墓和新安铁塔山汉墓。古墓博物馆的建成对于系统挖掘洛阳悠久深厚的中原文化底蕴，对于今天的人们了解古代的墓葬文化，对于壁画墓的系统整理和研究，都具有重要的意义。

## （六）"鸿门宴"与"傩仪图"
### ——汉墓壁画图像考释之争

　　墓室壁画是丧葬文化的一部分，又是考察某一特定历史时期人们的世界观、宇宙观以及社会生活、文化面貌的重要材料。通过分析墓室结构的空间安排与壁画内容的整体设计，可以把附着在具体物象上的汉代人的精神架构一点点剥离出来。汉代是中国哲学思想、礼乐制度、文化艺术走向全面成熟和兴盛的历史时期，墓室壁画也显得格外瑰奇。西汉晚期到东汉前期的壁画墓具有浓厚的神仙色彩和深刻的思想寓意，与升仙辟邪有关的神祇体系吸引的关注最多，对烧沟61号墓和卜千秋墓的个案研究尤其深入。换个角度来说，壁画墓研究还有太多的工作要做，研究现状尚跟不上层出不穷的新发现。在两汉墓室壁画研究中，东汉后期墓中的壁画因往往有榜题，加之大量绘制的车马、属吏、衙署等画面可与这个时期画像石进行比较，题材和造型出现了程式化的趋势，因此较易判别，争议不大。

　　对于西汉墓壁画的研究，研究者的注意力较多地放在题材内容的考订上。讨论最为激烈的是烧沟61号墓的壁画题材之争，其中以郭沫若[106]和孙作云[107]两位先生的影响最大。他们的争论代表了对汉墓壁画图像研究的两个方向。61号墓后壁的梯形画面上山峦起伏，前景共绘八人和一怪物。左三人带兵器；右边为一兽首人身怪物，睁目张口，盘腿而坐，一手按剑，一手执牛角形杯；怪物右一人拱手而立；画面右端为踞坐对饮的两人和炉前烤肉的两侍者。画面上部用白粉书"恐、恐、恐"三字。对其内容目前有两种解释，郭沫若认为是"鸿门宴"，怪兽是门上所画虎像；孙作云认为是打鬼前的飨事，怪兽应为傩仪中的方相氏。

　　前后室隔墙正面楣额之上中为长方形透雕彩绘花砖，左上角绘一红底黑斑豹，右上角为一绿色蟾蜍，中间是一只卷尾凤凰，其下有九尾狐一只。画面上端中为朱雀，两旁为青龙、白虎，两角为蟾蜍和枭羊。画面下半部突出描绘一系红裙的怪物，其头上方左右分别有一人一熊，臂上各立一人。长方形砖的两侧为对称的两块三角形透雕彩绘花砖，画面构图和内容基本一致，有神人、熊、谷纹璧、翼马等各种祥瑞。郭沫若的意见是，画面中央的方砖表现的是天地四方、日月阴阳、飞禽走兽，怪物肩上的二人持日月，代表阴阳。美国学者查维斯认为，方砖上的怪物应当是汉代的战神蚩尤，他能保护墓室[108]。孙作云依据《周礼·夏官·方相氏》等古籍中的记载，考证三块砖共同构成完整的傩仪场面，中间系红裙的怪物就是方相氏，左臂上举盘状物的为打鼓的侲子。孙作云将墓室壁画及其图像按整体逻辑来解读的方法，对后来的研究者具有方法论的意义。

隔墙正面楣额由两块长方形空心砖对接而成，画面呈长方形横向展开式构图，共绘有十三个人物。郭沫若考证认为是一个完整的故事情节，即出自《晏子春秋·内篇谏下》的二桃杀三士。有的则认为应分三段，各表现一个历史故事。左段五人为孔子见老子，中段五人似为晏子谏净，右段三武士表现的才是二桃杀三士。孙作云认为右边八人描绘二桃杀三士，左段五人系孔丘拊掌师项橐。左段图像还有赵氏孤儿、吴公子季札、周公辅成王等诸说。

61号墓门额内上方山墙正中彩绘高浮雕羊头，右侧绘大树，有鸟飞过树梢，羊头下方有翼虎作吞噬树下的裸身女子状。郭沫若认为表现的是"苛政猛于虎"，怀疑大树可能是桃树。大多学者同意是"虎吃旱魃"。查维斯认为，该树是太阳初升之地的扶桑树[109]。他将该画面与脊顶天象图联系起来考虑，同时还提出神虎驱邪信物与扶桑神话的融合。其观点也具有相当的说服力。

自发现以来，卜千秋墓壁画的图像考释问题也一直为学术界所关注。国内外众多专家学者先后发表意见，从不同的角度对这座内容丰富的壁画墓提出自己的观点。争议集中在以下几个方面：

第一，主室后壁山墙上方的人身猪首怪物，孙作云考为方相氏[110]。此说目前在学界比较流行。其他观点，如认为是天神豕韦[111]、雷雨神封豨[112]，或认为是秋神、金神、西方主刑杀之神蓐收[113]。陈昌远提出不能把神仙思想与大傩仪式混同，后者在年关时进行，性质是大扫除，旨在消毒祛病，而墓中画猪头主要是为了辟邪厌胜[114]。

第二，女子乘三头凤的画面，多数学者认同表现的是墓主灵魂升天[115]。林巳奈夫独树一帜，提出是以玄冥为代表的一组北方神灵[116]。

第三，两只前后尾随的怪兽，前者鹿身豹首，后者独角，目前多取孙作云山神枭羊之说[117]。也有学者持反对意见[118]。另有一种看法认为究其位置看应属天界神灵，当是风神飞廉[119]。

第四，墓门内额上方绘人身鸟首神，面目清秀，翼羽华美，展翅欲飞。或以为是仙人王子乔[120]，或以为是已升仙的墓主人像[121]，或以为是玄女[122]，或以为是辟邪神千秋万岁[123]，或以为主生之神句芒[124]，意见尚有较大的分歧。

离开具体、局部的题材考释，进入墓室壁画整体的考虑，对于整个墓葬壁画的内在逻辑，研究者们也见仁见智。发掘者认为，图像情节应是从东（外）向西（里）展开[125]。另有学者提出的观点恰恰相反，认为应表现背阴向阳的运动[126]。也有研究者注意到卜千秋墓图像表现的阴阳关系混乱，缺乏严密的逻辑性，不如浅井头和烧沟 61 号汉墓清晰明确，推测有可能是画工或建墓的工匠缺乏相应的知识所致[127]。

## 注　释

[1] 安志敏《日人在华之考古事业》，《益世报史地周刊》1946 年 9 月 3 日；安志敏《九一八以来日人在东北各省考古工作记略》，《益世报史地周刊》1947 年 3 月 11 日。

[2] [日] 鸟居龍藏《南满洲調查報告》，1910 年版；安志敏《追怀鸟居龙藏先生》，《文物天地》1993 年第 1 期。

[3] [日] 八木奘三郎《遼陽発見の壁画古墳》，《東洋學報》第 11 卷第 1 号，1921 年 1 月；[日] 塚本靖《遼陽太子河附近の壁画する古墳》，《考古學雜

志》第 11 卷第 7 号，1921 年 3 月；［日］濱田耕作《遼陽附近の壁画古墳》，《東亜考古學研究》，岡書院，1930 年版。

［4］［日］八木奘三郎《滿洲考古學》，荻原星文館，1944 年增补改订版。

［5］［日］駒井和愛《最近発見にかつる遼陽の漢代壁画古墳》，《國華》第 54 编第 10 册，1944 年 10 月；［日］駒井和愛《遼陽発見の漢代墳墓》，东京大學文學部考古學研究室，1950 年 12 月，《考古學研究》第一册。

［6］参见李文信《辽阳北园壁画古墓纪略》，《国立沈阳博物院筹备委员会汇刊》第 1 期，1947 年 10 月。

［7］［日］駒井和愛《南滿洲遼陽に於ける古蹟調査》（一、二），《考古學雜志》第 32 卷第 2、7 号，1942 年；［日］原田淑人《遼陽南林子の壁画古墳》，《國華》第 53 编第 4 册，1943 年 4 月；［日］駒井和愛《遼陽発見の漢代墳墓》，东京大學文學部考古學研究室，《考古學研究》第 1 册，1950 年 12 月。

［8］［日］駒井和愛《南滿洲遼陽に於ける古蹟調査》（二），《考古學雜志》第 32 卷第 7 号，1942 年 7 月；［日］駒井和愛《遼陽発見の漢代墳墓》，东京大學文學部考古學研究室，《考古學研究》第 1 册，1950 年 12 月。

［9］［日］内藤寛、森修《营城子——前牧城驛附近の漢代壁画塼墓》，刀江書院，1934 年版；吴青云《营城子汉代壁画墓散记》，《中国文物报》1989 年 2 月 3 日第 3 版。

［10］汤池《汉魏南北朝的墓室壁画》，中国美术全集编辑委员会编《中国美术全集·绘画编 12·墓室壁画》，文物出版社，1989 年版。

［11］李文信《辽阳发现的三座壁画古墓》，《文物参考资料》1955 年第 5 期。

［12］王增新《辽阳市棒台子二号壁画墓》，《考古》1960 年第 1 期；李文信《辽阳市棒台子二号壁画墓》，《艺苑掇英》1978 年第 3 期。

［13］同［11］。

［14］同［11］。

［15］沈新《辽阳市北郊新发现两座壁画古墓》，《文物参考资料》1955 年第 7 期；东北博物馆《辽阳三道壕两座壁画墓的清理工作简报》，《文物参考资料》1955 年第 12 期。

［16］辽阳市文物管理所《辽阳发现三座壁画墓》，《考古》1980 年第 1 期。

［17］李庆发《辽阳上王家村晋代壁画墓清理简报》，《文物》1959 年第 7 期。

［18］辽阳市文物管理所《辽阳发现三座壁画墓》，《考古》1980 年第 1 期。

［19］《中国美术全集·绘画编 12·墓室壁画》图版二八、二九，文物出版社，1989 年版。

[20] 王增新《辽宁辽阳县南雪梅村壁画墓及石墓》,《考古》1960 年第 1 期。

[21] 同〔16〕。

[22] 冯永谦、韩宝兴、刘忠诚、邹宝库、柳川、肖世星《辽阳旧城东门里东汉壁画墓发掘报告》,《文物》1985 年第 6 期。

[23] 参见〔美〕吉·福廷、滕务著, 汤池译《今藏美国波士顿的洛阳汉墓壁画》,《当代美术家》第 3 期, 1986 年。

[24] 苏健《美国波士顿美术馆藏洛阳汉墓壁画考略》,《中原文物》1984 年第 2 期。

[25] 洛阳市第二文物工作队黄明兰、郭引强编著《洛阳汉墓壁画》, 文物出版社, 1996 年版, 第 8~9 页。

[26] 贺昌群《三种汉画之发现》,《文学季刊》创刊号 1934 年 1 月; 朱杰勤《秦汉美术史》, 商务印书馆, 1936 年版; Jan Fontein and Wu Tung, *Unearthing China Past Museum of Fine Arts*, Boston, 1973.

[27] 同〔24〕。

[28] 常任侠《汉画艺术研究》, 上海出版公司, 1955 年版; 常任侠编《汉代绘画选集》, 朝花美术出版社, 1955 年版。

[29] 同〔24〕。

[30] 河南省文物局文物工作队《洛阳西汉壁画墓发掘报告》,《考古学报》1964 年第 2 期。

[31] 孙常叙《洛阳西汉壁画墓星象图考证》,《吉林师大学报》1965 年第 1 期;《关于"洛阳西汉壁画墓中的星象图"的讨论》(来稿综述),《考古》1965 年第 9 期; 李发林《洛阳西汉壁画墓星象图新探》,《洛阳古墓博物馆》创刊号 (即《中原文物》1987 年特刊)。

[32] 夏鼐《洛阳西汉壁画墓中的星象图》,《考古》1965 年第 2 期。

[33] 洛阳博物馆《洛阳西汉卜千秋壁画墓发掘简报》,《文物》1977 年第 6 期;《文物》编辑部《关于西汉卜千秋墓壁画中一些问题》,《文物》1979 年第 11 期。

[34] 孙作云《洛阳西汉卜千秋墓壁画考释》,《文物》1977 年第 6 期。

[35] 陈少丰、宫大中《洛阳西汉卜千秋墓壁画艺术》,《文物》1977 年第 6 期。

[36] 洛阳市文物工作队《洛阳西工东汉壁画墓》,《中原文物》1982 年第 3 期。

[37]《东汉天象神兽壁画墓》, 洛阳古墓博物馆编《洛阳古墓博物馆》, 朝华出版社, 1987 年版。

[38] 洛阳博物馆《洛阳金谷园新莽时期壁画墓》, 文物编辑委员会编《文物资料丛刊》(9), 文物出版社, 1985 年版。

[39] 洛阳市文物工作队《河南洛阳北郊东汉壁画墓》，《考古》1991 年第 8 期。

[40] 贺西林《古墓丹青——汉代墓室壁画的发现与研究》，陕西人民美术出版社，2001 年版。

[41] 原报告如此，亦有定为常羲与羲和的，如叶万松《近 10 年洛阳市文物工作队考古工作概述》，《文物》1992 年第 3 期，第 43 页。

[42] 洛阳市文物工作队《洛阳机车工厂东汉壁画墓》，《文物》1992 年第 3 期。

[43] 洛阳市第二文物工作队《洛阳市朱村东汉壁画墓发掘简报》，《文物》1992 年第 12 期。

[44] 洛阳市文物工作队《河南洛阳市第 3850 号东汉墓》，《考古》1997 年第 8 期。

[45] 洛阳市第二文物工作队《洛阳浅井头西汉壁画墓发掘简报》，《文物》1993 年第 5 期。

[46] 中国社会科学院考古研究所河南第二工作队《河南偃师杏园村东汉壁画墓》，《考古》1985 年第 1 期；中国社会科学院考古研究所《杏园东汉墓壁画》，辽宁美术出版社，1995 年版，考古学专刊乙种第三十一号。

[47] 徐殿魁、曹国鉴《偃师杏园东汉壁画墓的清理与临摹札记》，《考古》1987 年第 10 期。

[48] 洛阳市第二文物工作队《洛阳偃师县新莽壁画墓清理简报》，《文物》1992 年第 12 期。

[49] 材料未发表，参见洛阳市第二文物工作队黄明兰、郭引强编著《洛阳汉墓壁画》，文物出版社，1996 年版。

[50] 姚鉴《河北望都县汉墓的墓室结构和壁画》，《文物参考资料》1954 年第 12 期；北京历史博物馆、河北省文物管理委员会《望都汉墓壁画》，中国古典艺术出版社，1955 年版；李文信《对望都汉墓壁画内容说明的两点不同看法》，《文物参考资料》1956 年第 2 期。

[51] 河北省文物局文物工作队编《望都二号汉墓》，文物出版社，1959 年版；唐捷《望都二号汉墓》，《考古》1959 年第 11 期。

[52] 金维诺《关于望都汉墓的墓主》，《中国美术史论集》，人民美术出版社，1981 年版。

[53] 何直刚《望都汉墓年代及墓主人考订》，《考古》1959 年第 4 期。

[54] 同 [52]。

[55] 安志敏《评"望都汉墓壁画"》，《考古通讯》1957 年第 2 期；林树中《望都汉墓壁画的年代》，《考古通讯》1958 年第 4 期。

[56] 河北省文物研究所《安平东汉壁画墓发掘简报》,《文物春秋》创刊号（1989年）；河北省文物研究所《安平东汉壁画墓》,文物出版社,1990年版。

[57] 衡水地区文物管理所《河北景县大代庄东汉壁画墓》,《文物春秋》1995年第1期。

[58] 河南省文化局文物工作队《河南密县打虎亭发现大型汉代壁画墓和画像石墓》,《文物》1960年第4期；安金槐、王与刚《密县打虎亭汉代画像石墓和壁画墓》,《文物》1972年第10期；河南省文物研究所《密县打虎亭汉墓》,文物出版社,1993年版。

[59] 安金槐、王与刚《密县打虎亭汉代画像石墓和壁画墓》,《文物》1972年第10期。

[60] 侯晓红《浅谈密县汉墓的〈舞乐百戏〉壁画》,《中原文物》1987年第2期。

[61] 河南省文物研究所《密县后土郭汉画像石墓发掘报告》,《华夏考古》1987年第2期。

[62] 安金槐《河南密县后土郭三号汉墓调查记》,《华夏考古》1994年第3期。

[63] 王芹《荥阳发现一大型东汉壁画墓》,《中国文物报》1995年1月15日；郑州市文物考古研究所、荥阳市文物保护管理所《河南荥阳苌村汉代壁画墓调查》,《文物》1996年第3期。

[64] 山西省文物管理委员会《山西平陆枣园村壁画汉墓》,《考古》1959年第9期。

[65] 山西省考古研究所、运城地区文化局、夏县文化局博物馆《山西夏县王村东汉壁画墓》,《文物》1994年第8期。

[66] 运城行署文化局、永济市博物馆《山西永济上村东汉壁画墓清理简报》,《文物季刊》1997年第2期。

[67] 杨子范《山东梁山县后银山村发现带彩绘的古墓》,《文物参考资料》1954年第3期；关天相、冀刚《梁山汉墓》,《文物参考资料》1955年第5期；章毅然《谈梁山汉墓壁画的摹绘》,《文物参考资料》1955年第5期。

[68] 济南市文化局文物处《山东济南青龙山汉画像石壁画墓》,《考古》1989年第11期。

[69] 葛治功《徐州黄山陇发现汉代壁画墓》,《文物》1961年第1期。

[70] 安徽省亳县博物馆《亳县曹操宗族墓葬》,《文物》1978年第8期。

[71] 广州象岗汉墓发掘队《西汉南越王墓发掘初步报告》,《考古》1984年第3期；吕烈丹《南越王墓与南越王国》,广州文化出版社,1990年版；广州市文物管理委员会、中国社会科学院考古研究所、广东省博物馆《西汉南越王

墓》，文物出版社，1991年版。

[72] 麦英豪、黎金《广州象岗南越王墓墓主考》，《考古与文物》1986年第6期。

[73] 安金槐《芒砀山西汉时期梁国王陵墓群考察记》，《文物天地》1991年第5期；河南省文物考古研究所《永城西汉梁国王陵与寝园》，中州古籍出版社，1996年版。

[74] 阎道衡《永城芒山柿园发现梁国国王壁画墓》，《中原文物》1990年第1期；河南省商丘市文物管理委员会、河南省文物考古研究所、河南省永城市文物管理委员会《芒砀山西汉梁国王陵》，文物出版社，2001年版。

[75] 郑清森《永城汉墓壁画揭取记》，《文物天地》1996年第4期。

[76] 徐进、张蕴《西安南郊曲江池汉唐墓葬清理简报》，《考古与文物》1987年第6期；徐进、张蕴《西安曲江池汉墓白垩线描壁画探析》，《庆祝武伯纶先生九十华诞文集》。

[77] 宝鸡市博物馆、千阳县文化馆《陕西省千阳县汉墓发掘简报》，《考古》1975年第3期。

[78] 孙德润、贺雅宜《龚家湾一号墓葬清理简报》，《考古与文物》1987年第1期。

[79] 陕西省考古研究所、西安交通大学《西安交通大学西汉壁画墓发掘简报》，《考古与文物》1990年第4期；陕西省考古研究所、西安交通大学《西安交通大学西汉壁画墓》，西安交通大学出版社，1991年版。

[80] 呼林贵《西安交大西汉墓二十八宿星图与〈史记·天官书〉》，《人文杂志》1989年第2期；雒启坤《西安交通大学西汉墓葬壁画二十八宿星图考释》，《自然科学史研究》1991年10卷第3期。

[81] 呼林贵《西安交通大学西汉墓壁画》，《文物天地》1990年第6期。

[82] 甘博文《甘肃武威雷台东汉墓清理简报》，《文物》1972年第2期；甘肃省博物馆《武威雷台汉墓》，《考古学报》1974年第2期。

[83] 初师宾、张朋川《雷台东汉墓的车马组合和墓主人初探》，《考古与文物》1982年第2期。

[84] 辛敏《武威雷台墓主人再探》，《兰州学刊》1985年第6期。

[85] 据张朋川《河西出土的汉晋绘画简述》，《文物》1978年第6期，第66页注1。

[86] 何双全《武威县韩佐五坝山汉墓群》，中国考古学会编《中国考古学年鉴》(1985)，文物出版社，1985年版；《中国美术全集·绘画编12·墓室壁画》图版八，文物出版社，1989年版。

[87] 党寿山《甘肃武威磨嘴子发现一座东汉壁画墓》，《考古》1995年第11期。

[88] 罗福颐《内蒙古自治区托克托县新发现的汉墓壁画》，《文物参考资料》1956年第9期。

[89] 内蒙古文物工作队、内蒙古博物馆《和林格尔发现一座重要的东汉壁画墓》，《文物》1974年第1期；内蒙古自治区博物馆文物工作队《和林格尔汉墓壁画》，文物出版社，1978年版。

[90] 黄盛璋《和林格尔汉墓壁画与历史地理问题》，《文物》1974年第1期。

[91] 金维诺《和林格尔东汉壁画墓年代的探索》，《文物》1974年第1期。

[92] 同[90]。

[93] 俞伟超《东汉佛教图像考》，《文物》1980年第5期。

[94] 夏超雄《和林格尔汉墓壁画庄园图和属吏图探讨》，《北京大学学报》1980年第2期。

[95] 吴荣曾《和林格尔汉墓壁画中反映的东汉社会生活》，《文物》1974年第1期；吴荣曾《从和林格尔汉墓壁画看东汉尊儒的反动性》，《文物》1974年第11期；盖山林《和林格尔汉墓壁画宣扬的孔孟之道的反动实质》，《文物》1974年第11期；黄盛璋《再论和林格尔汉墓壁画的地理与年代问题——兼评〈和林格尔汉墓壁画〉》，《考古与文物》1982年第1期；李逸友《和林格尔壁画墓所反映的东汉定襄郡武成县城的地望》，《考古与文物》1985年第1期。

[96] 中国科学院考古研究所《洛阳烧沟汉墓》，科学出版社，1959年版。

[97] 宿白《朝鲜安岳所发现的冬寿墓》，《文物参考资料》1952年第1期；〔朝鲜〕金瑢俊《关于安岳三号壁画坟的墓主及其年代》，《美术研究》1958年第4期；洪晴玉《关于冬寿墓的发现和研究》，《考古》1959年第1期。

[98] 据杨泓《汉代的壁画墓》，中国社会科学院考古研究所编著《新中国的考古发现和研究》，文物出版社，1984年版，《考古学专刊》甲种第十七号。另参见刘晓路"辽阳墓室壁画"条目，中国大百科全书总编辑委员会《美术》编辑委员会、中国大百科全书出版社编辑部编《中国大百科全书·美术Ⅰ》，中国大百科全书出版社，1990年版。

[99] 俞伟超《中国古墓壁画内容变化的阶段性——在"河北古代墓葬壁画精粹展"座谈会上的发言提纲》，《文物》1996年第9期。

[100] 杨泓《汉代的壁画墓》，《新中国的考古发现和研究》，文物出版社，1984年版。

[101] 张合荣《汉墓壁画的布局、内容和风格》，《华夏考古》1995年第2期。

[102] 同[40]。

[103] 刘晓路 "汉代墓室壁画"条目，《中国大百科全书·美术Ⅰ》，中国大百科全书出版社，1990 年版。

[104]《汉末魏晋辽阳地区壁画墓的分期》，《辽宁经济文化研究》1994 年。

[105] 黄吉军《洛阳两汉壁画墓简说》，《中原文物》1996 年第 2 期。

[106] 郭沫若《洛阳汉墓壁画试探》，《考古学报》1964 年第 2 期。

[107] 孙作云《洛阳西汉壁画墓中的傩仪图——打鬼迷信、打鬼图的阶级分析》，《郑州大学学报》1977 年第 4 期。

[108] Jonathan Chave, "A Han Painted Tomb at Loyang," *Artibus Asiae* vol. XXX (1968).

[109] 同 [108]。

[110] 同 [34]。

[111] 傅朗云观点，参见《文物》编辑部《关于西汉卜千秋墓壁画中一些问题》，《文物》1979 年第 11 期。

[112] 萧兵《卜千秋墓猪头神试说》，《中原文物》1981 年第 3 期。

[113] 同 [40]。

[114] 陈昌远《关于洛阳西汉卜千秋墓室壁画的几个问题》，《洛阳古墓博物馆》创刊号（即《中原文物》1987 年特刊）。

[115] 孙作云《洛阳西汉卜千秋墓壁画考释》，《文物》1977 年 6 月；陈昌远《关于洛阳西汉卜千秋墓室壁画的几个问题》，《洛阳古墓博物馆》创刊号（即《中原文物》1987 年特刊）；曾布川宽《崑崙山と昇仙図》，《東方學報》（京都版）第 51 卷（1979 年）。

[116]〔日〕林巳奈夫著、蔡凤书译《对洛阳卜千秋墓壁画的注释》，《华夏考古》1999 年第 4 期。

[117] 同 [34]。

[118] 同 [114]。作者未表明自己的看法。

[119] 同 [40]。

[120] 同 [34]。

[121] 同 [114]。

[122] 王恺《"人面鸟"考》，《考古与文物》1985 年第 6 期；王恺、孔香莲《洛阳西汉"卜千秋"墓人面鸟及其它》，黄明兰等编《河洛文明论文集》，中州古籍出版社，1993 年版。

[123] 同 [116]。

[124] 同 [40]。

［125］洛阳博物馆《洛阳西汉卜千秋壁画墓发掘简报》，《文物》1977 年第 6 期。

［126］王元化《卜千秋墓壁画试探》，《文学沉思录》，上海文艺出版社，1983 年版，第 165 页；王昆吾《论古神话中的黑水、昆仑与蓬莱》，《中国早期艺术与宗教》，东方出版社，1998 年版，第 95 页插图解说。

［127］同［40］。

二 两晋南北朝壁画墓

## （一）高句丽墓

鸭绿江中游、浑江流域是高句丽的发祥地。吉林集安（旧作辑安）位于太白山南麓、鸭绿江右岸的丘陵地带，山峦环抱，附近多古坟。纵贯南北的老岭山脉将集安划分为岭前（东）和岭后（西），高句丽墓多集中在岭前，尤以集安城附近的洞沟（旧作通沟）河畔最多，有墓逾万座，习称洞沟墓群。中国和朝鲜境内迄今发现的高句丽壁画墓共计七十余座，集安就有三十座[1]，是研究高句丽自身历史文化及其与中原文化交流的宝贵资料。

### 1. 日本人的著录

清初，清统治者把满族发祥地长白山辟为禁区，不准擅自开发，因而这一带长期人迹罕至，杂草丛生。清末在集安发现好大王碑（又称"广开土王碑"），拓片传出，金石文字学者珍若拱璧。日人从好大王碑入手接触高句丽遗物遗迹。光绪三十一年（1905 年），鸟居龙藏首入集安考察。1907 年法国汉学家沙畹[2]，1913 年关野贞和今西龙都曾来到通沟，对高句丽墓群进行考古调查。关野贞将集安和平壤附近的高句丽古坟的调查发掘编入《朝鲜古蹟图谱》、《高句麗時代の遺蹟》二书。梅原末治[3]1921 年任"朝鲜总督府"古迹调查委员。1935 年，"满

图七　吉林集安舞踊冢壁画歌舞图

日文化协会"组织调查团前往通沟，当年滨田耕作先行，翌年池内宏、梅原末治、水野清一和三上次男[4]也加入其中，先后出版了调查记录和正式的发掘报告《通沟》[5]。早在20世纪40年代，已有中国学者对通沟墓所提供的壁画资料表现出兴趣[6]，考古学家李文信曾到集安调查，惜未见文字资料发表。

　　早期日本人发现清理的壁画墓共十一座，即角觝冢、舞踊冢（图七）、环纹冢、冉牟冢、马槽冢（洞沟12号墓）、散莲花冢、龟甲冢、美人冢、三室冢、四神冢和四页冢（五盔坟5号墓）。《朝鲜古蹟图譜》第1册收录了散莲花冢和龟甲冢，角觝冢、舞踊冢、三室冢和四神冢等刊录于《通沟》卷下。

### 2．60 年代以后的新发现

1962 年春，吉林省博物馆组成辑安考古工作队，对辑安县进行了第一期考古调查[7]，调查了榆林河流域、鸭绿江西岸的高句丽时代古墓群 19 处、810 余座，统计入册 12358 座。对黑田源次发掘而未著录[8]的五盔坟 5 号墓[9]、洞沟 17 号墓、洞沟 12 号墓[10]等重新清理，并进行拍照、临摹、测绘和著录。1945 年，17 号墓曾略有损坏，后由辽宁省重新封闭保护[11]。在重新清理五盔坟 5 号墓的同时，还对其西侧的 4 号墓[12]进行了正式清理。该墓壁画构思缜密，布局严谨，技法娴熟，形象生动，线条遒劲，色彩华丽，应是高句丽绘画艺术巅峰时期的代表作。在石板表面直接施彩绘，四壁绘大幅四神，背景是忍冬、莲花和火焰纹构成的华美的网纹。墓顶画龙虎交缠，叠砌的抹角石上绘交龙、飞天、伎乐、仙人、神鸟、日月星象等。中原神话传说中的伏羲、女娲、神农氏形象的出现，尤其值得重视。他们多着褒衣博带、笼冠大履，明显有别于高句丽传统服饰，足见高句丽与中原的文化联系更趋密切。五盔坟 5 号墓壁画的内容与 4 号墓大体相同，藻井第一重抹角石上所绘的图像，有学者考证分别为伏羲女娲（东北方）、神农炎帝（东南方）、奚仲作车（西南方）和黄帝巡天（西北方），并认为这些神话人物图解了人类社会向文明的发展[13]。麻线沟 1 号墓[14]的清理是 1962 年高句丽考古的又一重大收获，其中壁画夫妻对坐、舞蹈、狩猎等生活题材。披铠武士和甲马的图像引人注目，与洞沟 12 号墓一样反映了公元 4 世纪中叶以后高句丽战争频仍的局势。

1966 年，发掘者对洞沟墓群进行了测绘、记录和统一编号。洞沟墓群可分为下解放（原名下羊鱼头）、禹山下、山城下、万宝汀、七星山和麻线沟六个墓区。角觝冢、舞踊冢、洞沟12号墓、三室冢、四神冢、五盔坟分布于禹山下墓区，这是洞沟墓群最大的墓区。其次是麻线沟墓区，1号墓有壁画。龟甲冢位于山城下墓区，下解放墓区有冉牟墓和环纹冢。

1966年清理了三座封土石室壁画墓[15]。万宝汀墓区1368号墓规模较小，壁画简陋，仅以黑墨在四壁和藻井上绘制简单的影作梁架，清理者推断应为早期形态，时代可能在公元3世纪中叶至4世纪中叶。山城下墓区332号墓（"王"字墓）墓室四壁满绘模仿云纹织锦的图案两千余组，云纹中夹隶书"王"字，整体效果颇为奢华富丽。二耳室通往墓室的甬道两壁绘骑射。山城下墓区983号墓（莲花墓）墓室壁面白灰剥落较为严重，藻井的平行叠涩侧面绘侧视莲花及卷云纹，抹角叠涩底下的三角平面上画莲花和卷云，侧面画朱雀等。同年，又发现了下解放31号壁画墓。

1970年，清理了长川1号墓[16]。这是一座封土的石筑双室墓，坐东面西。石壁用谷糠掺和石灰找平后涂抹白灰，少部分灰皮脱落。总体说来，壁画形象清晰，色泽鲜丽，图案精美，内容独特（图八）。在总体设计上，大致是将后室和前室按照居室和厅堂的格局进行安排。前室西壁靠近墓道口的两侧各绘一武士，东壁甬道口两侧各绘一门吏，甬道口之上莲花火焰与莲花化生相间。前室四隅影作楹柱。南壁被界格划分为四栏，表现男女歌手、侍从、群舞、进馔等场面。北壁主要描绘伎乐百戏和山林逐猎。藻井底下画四神，上为佛像、菩萨和男女墓主礼佛图，再上为伎乐天人。其礼佛图在已发现的高句丽壁画墓中独一无二，样式与中原北魏的佛教造像艺术如出一辙，对研究佛教在高句丽的流传及对高句丽文化的浸润和影

图八　吉林集安长川 1 号墓壁画（线描图）

响，探寻高句丽佛教思想与艺术的渊源，提供了十分珍贵的形
象资料。后室石门外甬道两侧各绘一女侍，石门正面绘大朵莲
花，盖顶石上绘日月星辰，四壁及藻井布满莲花图案，类似织
锦壁衣。

　　1972 年在 1 号墓西北方清理出 2 号墓[17]。该墓是长川墓

群封土墓中规模最大的一座，曾遭火焚，壁画多被损坏。题材以图案为主，主室四壁和顶部满绘莲花，南北耳室绘带"王"字纹的织锦图案，仅在北扇石扉的正背两面分别彩绘门卒与侍女。1985年调查的4号墓[18]，同坟异穴，两墓室白灰面脱落殆尽，仅在南室南壁中见两朵用朱磦勾勒的莲花，北室在墓道上部、北壁和南壁依稀可见用朱磦勾勒的人物形象。

1974年清理的禹山下41号墓[19]首次揭示高句丽壁画古墓也包括石坟。以前发现的高句丽壁画墓都是封土石室墓，而该墓则为有方形基坛的积石墓，白灰涂抹壁面后彩绘影作木结构梁柱、屋帐、树木、人物等。过去日本学者在《通沟》一书中曾断定，以公元427年迁都为界，高句丽可分为石坟时代和土坟时代两个阶段，壁画只保存在土坟中。此墓的发现表明，该看法并不符合实际。与之形制相同的还有山城下墓区的折天井墓，其因藻井盖顶石状若折尺而得名，1935年日人首次著录并测绘[20]，1985年始发现有壁画残片[21]。

1914年关野贞首次著录了三室墓[22]，当时从第一室揭开盖顶石、搭梯子入室，未做科学发掘。1935年和1936年，日本人对其重新著录并编入《通沟》卷下。1949年后，对该墓进行了修缮。1975年，在维修、保护壁画的同时又做了清理[23]，发现原著录不够完备，并有讹误。该墓墓道、过道和三个墓室四壁及藻井皆绘有壁画，以社会生活风俗为主题。第一室平行叠涩藻井绘四神和卷云纹，影作斗栱和幔帐使墓室宛若屋宇，四壁绘墓主家居对坐、出行、狩猎、攻城、门卒等。第二、三室壁画内容相仿，四壁绘托梁力士、武士，藻井绘莲花、飞禽、异兽、祥云、仙人、星宿等，第三室藻井并绘四神。双四神、出行、攻城、鸬鹚啄鱼、牛首人身像等题材比较特殊，推断墓主人为一夫、一妻、一妾，墓主很可能是一名武将[24]。

1997年清理了国内城北山麓台地上的禹山下3319号墓，发现该墓是阶坛积石砖室壁画墓。墓室西北角有壁画残迹，初步认定年代在公元4世纪中期，对于探寻高句丽壁画墓的起源具有重大意义[25]。

### 3. 桓仁的高句丽壁画墓

汉元帝建昭二年（公元前37年），高句丽建都卒本川（今辽宁桓仁），汉平帝元始三年（公元3年）迁都国内城（今吉林集安）。高句丽早期政治中心桓仁是中国高句丽考古的另一个重要地区。1991年，辽宁省文物考古研究所会同本溪市博物馆发掘桓仁米仓沟"将军墓"[26]，这也是桓仁目前发现的唯一一座壁画墓。该墓在清咸丰四年（1854年）被盗掘。1944年，三上次男也曾现场调查过将军墓，记载了墓顶的盗掘孔[27]。该墓为封土石室墓，耳室彩绘"王"字流云纹，主室主要壁面画莲花。这些特点均与集安长川2号墓相同，壁画"王"字流云纹又见于山城下332号墓。这些模拟织锦壁衣的壁画的原型应来自江南地区，证明高句丽与南朝政权有一定的交往与联系[28]。据文献记载，汉献帝建安十四年（公元209年）高句丽被公孙康击败，一大部分国人从集安迁回桓仁休养生息，墓主或许与这支人有一定关系。

### 4. 高句丽壁画墓的分期

由于其特殊的地理位置和历史背景，高句丽壁画墓理所当然地成为东亚学者共同关注的课题。目前讨论比较深入的是时代问题，存在多种意见。国外学者关野贞、内藤湖南、池内宏、高浴燮、李如星、金瑢俊等曾经发表过自己的看法[29]。《通沟》一书的作者认为通沟壁画石墓均为高句丽晚期墓葬，即高句丽长寿五十五年（公元427年）迁都平壤、以集安为陪都之后。从题材入手，可划分为三个阶段：舞踊冢、角觝冢的壁画完全反映的是现实生活；三室冢转为以现实生活为主、四神为辅；四神冢以四神为主要内容，是发展的最终阶段。

杨泓结合新发现，查考壁画墓的形制，参照与高句丽有密切文化联系的中原墓葬材料，将包含集安在内的高句丽壁画墓分为三期。第一期人物的衣冠器用等表现出强烈的民族特点，年代晚于东北的壁画汉墓但不晚于魏晋。第二期为过渡时期，年代相当于北朝早期，生活题材的壁画渐有被兴起的四神题材取而代之的倾向。第三期画四神为主，绝不见生活题材，以四神冢和通沟17号墓为代表，年代相当于北魏中期至北朝末年[30]。这一在全面分析考古学材料基础上所进行的年代分期，为中国学者进一步研究高句丽壁画打下了良好的基础。

70年代中，曾多次参加集安地区考古工作的李殿福对集安高句丽墓的分布、类型及各种类型墓葬的相对年代，进行了专门研究。早期补充了万宝汀1368号墓一例，年代大体相当于西晋时期（即公元3世纪中叶～4世纪中叶）。中期有洞沟12号墓、山城下332号与983号墓、龟甲冢、环纹冢、麻线沟1号墓、长川1号与2号墓和三室冢，抹角叠涩的做法出现，佛教题材显著增加，相对年代大约在公元4世纪中叶至5世纪中叶。晚期的典型是四神冢和五盔坟4、5号墓，在光滑平整的石面上直接作画，四隅的影作斗栱不见，代之以饕餮面怪兽托龙顶梁，年代相当于北朝末年（公元5世纪中叶～6世纪中叶）[31]。此说在杨泓分期的基础上又深化了一步。

方启东提出四期说。以舞踊、角觝二冢为代表的第一期约当公元4世纪末至5世纪初（东晋十六国后期）；第二期有洞沟 12 号墓、麻线沟 1 号墓和环纹冢，约当公元 5 世纪中叶；
第三期的典型是三室冢和长川 1 号墓，约当公元 5 世纪末至 6
世纪初；第四期以四神冢为代表，约相当于公元 6 世纪中叶。
前两期壁画多画在墓室的粉白壁面上，主要描绘贵族生活与社
会风俗。后两期则直接在平整的石面上作画，四壁以四神为主
题，藻井绘有伏羲女娲、日月星辰和飞仙等[32]。有研究者提
出，不同时期的莲花图案在布局、位置、绘画技法、花形变
化、色彩运用及装饰效果方面都有所不同，以此作为四期说的
佐证，并认为莲花图案在墓室壁画中的出现和发展与佛教传入
高句丽有着密切的联系[33]。汤池在分期上与李殿福基本相同，
分为三期，但在时代归属方面倾向于方说，可以视为将方说的
第二期和第三期合二为一[34]。

赵东艳在获得更多材料的基础上，对墓葬结构重新予以关
注，认为壁画内容随墓葬形制的变化而变化。从墓葬形制看，
可分为甬道两侧有龛或耳室的单室墓、多室墓和单室墓三种。
从壁画内容看则可分为五种，在此前诸说的基础上区分出图案
装饰、图案和四神相结合这两种形式，有独到之处。进而重拾
三期说，禹山下 41 号墓、折天井墓这两座积石墓，山城下
983 号墓和 332 号墓、通沟 12 号墓、长川 2 号墓、麻线沟 1
号墓、角觝冢这些封土墓属第一期，在公元 4 世纪中叶至 5 世
纪初；舞踊冢、龟甲冢、散莲花冢、冉牟冢、三室冢、下解放
31 号墓、长川 1 号墓、万宝汀 1368 号墓、长川 4 号墓、美人
冢、环纹冢属第二期，年代在公元 5 世纪上半叶至 6 世纪上半
叶；第三期从公元 6 世纪中叶到 7 世纪中叶，主要包括四神
冢、东大坡 365 号墓[35]、五盔坟 4 号墓和 5 号墓[36]。

对高句丽壁画墓的年代、时期问题进行过深入研究的，还

有宿白[37]、王承礼[38]、魏存成[39]以及朝鲜的朱荣宪[40]等专家学者。要解决分期断代，不能不面对其起源问题。高句丽壁画墓受到中原文化影响，这一点为国内外学界所公认。在韩国有两种观点，一种认为集安的高句丽壁画墓直接受到辽东的影响，而朝鲜的高句丽墓影响的源头是山东半岛[41]；另一种意见在综合研究集安和朝鲜古坟的基础上提出，辽东和朝鲜在汉魏六朝初期的中国系统封土坟的刺激下，产生了高句丽壁画墓的母体封土石室坟，绘事也来自中国传统。朝鲜安岳3号墓作为连接中国壁画墓与高句丽壁画墓之过渡例子，说明了高句丽壁画墓的渊源[42]。

对于排年的方法问题，有学者进行了反思，提出要进行更细致的分区研究。由于高句丽各地的历史背景、文化传统等因素的差异，高句丽全境内墓葬文化的形态、过程并不一致，所以不能把所有墓纳入一个简单的序列模式中去进行统一的断代和研究，分区、分族、分文化传统进行研究对揭开壁画墓起源的秘密、展示文化的交融十分关键[43]。

此外，学者对壁画所反映的社会风尚与意识形态，诸如宗教信仰[44]、社会经济[45]、贵族生活[46]、军事战争[47]和乐舞[48]，以及绘画风格和艺术价值等，进行了初步的探索，打破了编年研究的单一格局[49]。总的说来，丰富而瑰丽的高句丽墓壁画，仍旧是一个充满神秘魅力、有待深入研究的领域。

## （二）河西走廊的新收获

魏晋时期，中原战乱，祸患接踵，大量人口向河西和辽东迁徙。曹魏以后提倡俭葬，中原地区的厚葬之风有所收敛，但对边远地区的约束力不大。所以这一时期的壁画墓在东北和西北发现得比较多，西北沿着河西走廊直抵吐鲁番。

**1. 吐鲁番**

1913年至1915年，英国著名探险家斯坦因第三次来到西北活动，吐鲁番的阿斯塔那墓地是此次探险工作的重点之一。据已发表的资料看，他在这里大约盗掘了六座西晋、十六国时期的墓葬，其中一座有前凉升平八年（公元364年）题记。这些墓中也有壁画墓，据文字记载有阿斯塔那第二区2号墓，墓室后壁绘壁画，纵向分为五列，画夫妇跪坐、鞍马、牛车和植物等内容；第六区1号墓，绘墓主一男二女、牛车和骆驼；第六区4号墓，墓室后壁绘夫妇跪坐及三名持物侍女，左壁绘庖厨和牛、羊、马、驼等家畜，右壁绘树木、牛车和骆驼，前壁墓门两侧各绘一头狮子状的镇墓兽[50]。

1975年，新疆博物馆考古队在吐鲁番哈拉和卓墓地发掘了若干座北凉墓[51]。其中，75TKM94～98号墓存有壁画[52]，只有95号墓模糊不清（图九）。壁画绘于白灰涂抹的砂砾石墙

图九　新疆吐鲁番哈拉和卓98号墓壁画庄园生活图

面上，内容、形式、表现手法均相近，时代约在公元 5 世纪初至中叶。94 号墓画牛耕；96 号墓墓室后壁分别绘舂臼和钵、田地、男主人持扇而坐及长案、磨等；97、98 号墓壁画题材与构图类似，墓室后壁分列绘厨炊、弓与弓囊、墓主夫妇对坐、鞍马、骆驼、牛车等。其中，96 号墓主一男二女，男墓主为宋泮，女性分别是其前妻隗仪容和续弦翟氏[53]，均属敦煌和天水大姓。然而壁画中未出现女墓主形象。隗氏死于真兴七年（公元 425 年），翟氏死于龙兴年中（约公元 432～442 年间）。上述诸墓中，除阿斯塔那第六区 4 号墓外，其余主要在墓室后壁作画，不同题材分列，同一题材的不同内容上下分栏，形成了独特的构图布局，实际上将河西地区大致同期墓葬壁画的题材及有关画面浓缩到一幅壁画上，主要是再现墓主生前庄园生活情景。

除壁画外，吐鲁番十六国时期墓葬中还出土过纸画，斯坦因探险队发现的纸画出自阿斯塔那第二区 1 号墓[54]和第六区 3 号墓[55]，现藏大英博物馆。1964 年，在阿斯塔那墓地 13 号墓[56]也有发现。有意见认为，纸画内容与墓室壁画相近，是壁画的粉本[57]。持反对意见者认为，纸画和壁画的构图有别，前者的艺术水平高于后者，似代表了当时绘画艺术的最高水平，应该是有别于壁画的另一种随葬品[58]。

### 2．从河西走廊东部至酒泉、嘉峪关

河西走廊魏晋墓壁装饰以砖画为特色。所谓"砖画"与南朝的"拼镶砖画"不同，也不宜称为"画像砖"，它们采用的造型语言和表达方式迥异，视觉效果和观看方式也有天壤之别。砖画大多数为一砖一画，是在砖面上用白土粉涂底，然后用墨线勾出轮廓，再填入赭石、朱红和石黄等色，用笔迅疾，

色调明快，造型奔放，气势豪纵，不拘泥于细节。就目前的考古收获和研究成果看，魏晋时期的壁画墓以河西走廊中西部最为集中，东起永昌，西抵敦煌，目前发现的有永昌东四沟、民乐八卦营、高台骆驼城、高台许三湾、酒泉石庙子滩、酒泉崔家南湾、酒泉下河清、酒泉西沟、嘉峪关牌坊梁、嘉峪关新城、敦煌佛爷庙湾等处。

1957年，在永昌县双湾东四沟打井时发现一些墓室壁画砖[59]，尚存两块。砖呈方形，中用土红色线划分为二，一块画若干妇女立像，可能是少数民族妇女；另一块画青龙、白虎。1993年发现张掖民乐县永固乡八挂营1～3号墓[60]，白墙墨线，丹砂赋色，线条飞动。初定为汉墓，目前一般认为属于魏晋时期。1号墓为三室覆斗顶土洞墓，前室四壁上部绘四神，东、西壁下部分别绘狩猎图和兵器，中、后室顶东西分绘日月。2号墓前室四壁有鸟兽、流云、兵器、器皿之类图像。3号墓为穹隆顶，前室绘天象图。高台骆驼城墓[61]为三室砖墓，每壁嵌一层或两层画砖，大部分画砖被盗掘或破坏，共发现五十八块，现收藏于张掖县博物馆。以表现世俗生活为主，有反映农业生产、畜牧渔猎、饲养屠宰的画面，有表现墓主生活的车马、家居，有山石、树木，也有伏羲、女娲、东王公、西王母等神话人物形象和云气。

酒泉、嘉峪关地区的砖画墓数量多，时间跨度大，从曹魏一直到十六国时期。它们集中于酒泉市西北、嘉峪关市东北的一片戈壁上，分布在南北长约20公里、东西宽3公里的狭长范围内。酒泉境内的有1956年清理的下河清1号墓，1971年清理的下河清五坝河墓[62]和1973年清理的崔家南湾1、2号墓，1974年发现的石庙子滩墓，1977年发掘的丁家闸5号墓，

1993 年发掘清理的西沟魏晋墓等。其中丁家闸 5 号墓时代略晚，其绘制大幅壁画的做法与其他砖画墓迥然不同。

下河清 1 号墓[63]砖画仅见于檐壁和前室，共有六十四块，其中檐壁七块，墓室内四壁五十七块。檐壁壁画主要绘在浮雕斗栱形砖的左右及其中间陡砖面上，题材为神境天界的神人异兽。前室壁画主要绘制在陡砖面上，南北两壁分六层，每层四块。由上而下第一、二层主要绘飞禽走兽，第三层画树木人物，第四层画帷幔人物，第五层画树木、人物、走兽，第六层画帷幔、人物、动物等。原简报认为是东汉墓，后来依据墓室结构和出土器物的形制，认为应是魏晋墓[64]。

崔家南湾古墓群位于酒泉东面的戈壁滩上，1、2 号墓[65]从砖画内容、风格、墓室结构和出土器物看，可能为西晋时期墓葬，亦可能晚至前凉。1 号墓为三室墓，墓门和门楼式照壁高达 12.35 米。在墓门照壁和前、中室均有砖画，能辨认的约四十余块，题材以神异的飞禽走兽为主，对称布局，相向排列，照壁上还绘有守门吏卒。2 号墓为双室墓，墓主为"裨将军"，惜照壁上的彩色砖画已剥蚀不清。

石庙子滩墓[66]壁画绘制在前室东西壁上，共三十余幅，东壁主要画男女墓主的宴享、出行、狩猎、粮堆、庖厨等。西壁则为犁耕、播种、畜牧等生产活动，题材、布局等多与嘉峪关新城墓相同。

酒泉西沟村魏晋墓群中 5、7 号墓[67]为彩绘砖画墓，7 号墓的年代早于 5 号墓。砖画主要位于前室和中室，以世俗生活场景为主，可分为家居生活和农事畜牧两大类（图一〇）。壁面上部安排山林畜牧，墓主的生活起居放在较为醒目的中部，炊厨和农耕通常在下部。后室模拟内室，因而表现内容为家私

图一〇 甘肃嘉峪关7号墓壁画猎鹿图

珍藏。河西农耕、畜牧并重，5号墓砖画偏重描绘畜牧生产，7号墓则偏重农业，画中的农耕者和畜牧者着装不同，表明这两种不同的生产活动是由不同的民族来承担的。大量表现简牍书籍的砖画，说明河西地方政权较重视文教。7号墓部分人物画像榜题在职名之外还有姓名，应是7号墓墓主属下真实人物的写照。

酒泉附近的墓群年代有的晚到十六国时期。1977年，发掘晋墓八座，其中五座在丁家闸墓群。丁家闸1号墓覆斗顶正中绘莲花图案，而5号墓[68]壁画最为引人注目，是我国首次发现的保存完好的十六国时期的大型墓室壁画。墓东向，由前、后室组成。前室全部壁面在砖壁上施草泥、土黄色细泥皮各一层，后室仅在后壁敷草泥。前室平面呈方形，顶部绘复瓣莲花，顶以下用土红色宽带分为五层，绘天上、人间、地下三界。顶上一层无彩画。第二层四壁中央各绘一倒垂的龙首，东壁绘太阳和东王公，西壁绘月亮和西王母（图一一）。画面下

图一一　甘肃酒泉丁家闸5号墓墓顶壁画西王母

部重峦叠嶂，其间穿插白鹿、天马、神兽、青鸟、羽人等。这种以仙山为环境构筑出神仙世界的做法，是当时流行的神仙思想的反映[69]。第三、四层描绘人间生活，中心为燕居行乐图[70]，描绘墓主端坐榻上，右手执麈尾，左手凭几，正在观赏歌舞伎乐。其身后有执华盖的女侍和捧盒的男侍，周围生动地展现了车马出行、庖厨炊事、农牧桑林等各种场景。第五层绘承载着大地的四只巨鼋。后室后壁上绘卷云，下绘墓主人穿用的衣物、使用的弓箭和方扇以及象征财富的绢帛、箧奁等物。发掘者定其年代在后凉至北凉之间（公元386～441年），墓主应位至王侯。从画面上看，农业劳动者都着少数民族服装，是否反映了北凉时期民族关系方面的某种变化，值得注意。研究者认为，濡染西域画风较多的河西地区仍以传统画风为主流，从甘肃丁家闸 5 号墓到辽宁北燕冯素弗墓，在非佛教题材的壁画方面采用的都是传统的线描技法，而且在一些衣妆等细节方面有着惊人的一致，使得在如此辽阔的疆域内连贯地分析十六国和北朝时期的绘画发展情况成为可能[71]。此墓被认为是道教题材的集中体现，与莫高窟西魏 249 窟有密切的渊源关系[72]。

嘉峪关砖画墓群[73]分布在牌坊梁和新城等地。1972 年，嘉峪关市文物管理所清理了牌坊梁砖画墓[74]。在前室左右壁各发现六块壁画砖，因仅画女主人宴享而判断墓主为一贵妇，画法朴拙。1972 年，市文教局组织文物清理小组在省博物馆的协助下，在新城发掘了四座砖砌多室墓[75]。其中 1（段清墓）、3、4 号墓在前室四壁、中室东西两壁和后室后壁有砖画。其特点是前室主要表现耕牧、庖厨、狩猎和军事，中、后室则以表现蚕桑绢帛为主，发掘者分别将之与男、女主人联系起来。3 号墓前室四壁中部均安排有小幅壁画，几乎都表现军事活动，墓主可能是一名将官。1972 年至 1973 年发掘了 5～8号墓。发掘 1～4 号墓时，曾初步判断年代为东汉晚期，后来发掘 5～8 号墓后出土物更多，综合判断它们属于同一历史时期，改定为曹魏至西晋墓葬[76]。确切地说，新城 1、2 号墓属于曹魏时期，3～7 号墓为西晋墓，其中 6、7 号墓年代较晚，7 号墓有可能晚至前凉[77]。1979 年，在敦煌文物研究所和武威地区文化馆的参与下，嘉峪关文物管理所在新城古墓区发掘了 12、13 号墓[78]。它们与 1972 年至 1973 年间发现的诸砖画墓时代相同，在砖画内容、风格等方面也都无异。

从新城发掘的这八座砖画墓看，除墓门照壁上绘青龙、白虎等图案外，墓室内表现的全是现实生活，盛行于东汉晚期的圣贤、祥瑞题材的剧减乃至销声匿迹，在特定的历史条件下曾被利用来说明儒法斗争势力的消长[79]。围绕坞壁布置放牧、农耕等画面，正是河西当时的特点。曹魏时期，中原地区强宗坞堡已趋衰微，但在河西地区仍保持发展势头。穹庐、畜牧、弋猎等画面也具有河西当地的特色。新城砖画为了解魏晋绘画的沿革提供了大量的实物，将汉画和北朝佛教壁画衔接起来，填补了绘画史上的空白[80]。对于酒泉和嘉峪关等地墓室壁画所使用的颜料[81]和反映的农业生产[82]等，也有学者进行专门研究。

### 3. 敦煌

敦煌市区以西的祁家湾古墓群在 50 年代即被列为省级文物保护单位。1985 年，甘肃省文物考古研究所抢救性发掘了西晋至十六国时期的 117 座墓葬[83]。这些墓葬中共出土三块画砖，方形，分别出自大致在西凉时期的 301 号墓、北凉神玺二年（公元 398 年）310 号墓与西凉建初十一年（公元 415年）369 号墓，皆立于墓室后壁下。310 号墓出土者表现宴饮庖厨场面；369 号墓出土者技法较精，用墨线中分砖面，上为男女墓主观赏杂耍驯兽，下绘车马。总的看来，虽然幅面较小，却注意将多个细节组织到一个画面中去，布局均衡而充实。同时，风格也趋于柔静，与前述一砖一画的简单洗练已有很大不同。祁家湾许多墓葬出土有明确纪年的遗物，尽管没有壁画墓，但对于壁画墓的研究不无裨益。

敦煌城东南戈壁上，西起佛爷庙湾，东至新店台，南近三危山，北达安敦公路，在这东西绵延约 20 公里、南北宽约 5公里的狭长地带内，分布着数以万计的汉至唐代墓葬，考古工作者在这里先后发掘古墓数百座。1944 年，中央研究院历史语言研究所组织发起西北科学考察团历史考古组，夏鼐主持了敦煌等处的考古发掘工作，同组的还有向达和阎文儒。在佛爷庙湾的十六国时期墓葬中，1001号墓[84]就在墓门的门楼式照壁上嵌有画砖六十多块，内容以神禽异兽为主。当时运回敦煌千佛洞复原保存，部分由艺术研究所董希文依原色临摹。墓主人为翟宗盈，翟氏为敦煌世家大族。这次发掘的全部资料，在1949年前夕随中央研究院历史语言研究所被运往台湾。

20世纪60年代至80年代，这一墓葬区陆续发现过壁画砖墓。1987年，为配合敦煌机场维修工程，甘肃省文物考古研究所何双全主持了第四次正式发掘[85]，其中有一座西晋前期至中期的壁画砖墓[86]。该墓坐东朝西，为带双壁龛、单耳室的双室砖墓。前室覆斗顶藻井部分彩绘莲花，北壁所设壁龛的后壁彩绘帷帐，西壁南北两端分嵌绘有楼阁、谷仓及表现庄园耕作生活的砖画。大量的画面集中在墓门照壁上，事先经严密规划，镶嵌各种类型的仿木结构砖和彩绘砖。照壁上部用砖砌出阙形，阙柱旁绘执勺女婢和持帚男仆，中间的门扇上各画一虎。照壁中部夹嵌画砖，共有九层，每层四块。各种形象左右相对，依次排列如下：

| 带翼神马 | 着冠力士 | 羽人 | 带翼神马 |
|---|---|---|---|
| 洛书 | 带翼神羊 | 带翼神羊 | 河图 |
| 带翼神兔 | 朱雀 | 玄武 | 带翼神兔 |
| 衔绶带玄鸟 | 凤 | 仁鹿 | 衔翎神雀 |
| 天鹿（禄） | 方相 | 方相 | 天鹿（禄） |
| 四耳神兽 | 赤鸟搏兔 | 策杖人物 | 五耳六足神兽 |
| 双首朱雀 | 双首翼兽 | 双头鱼 | 大角神鹿 |
| 飞鱼 | 仁鹿 | 白象 | 大鲵 |
| 辟邪 | 麒麟 | 受福 | 辟邪 |

照壁下部为仿斗栱结构，其间所夹砖画布局亦保持着左右对称的特点。题材包括赤鸟、李广返身弯弓射虎、鹦鹉、托山力士、伯牙抚琴与子期听琴、熊面力士、白虎、青龙等等。其中，李广射猎和伯牙与子期的故事都由两个相对的画面连缀而成。

1995 年，清理位于机场范围内的佛爷庙湾古墓葬六百余座。其中西晋画像砖墓五座[87]。91、167 号墓已毁，仅出土零星墨线砖画。37、39、118 号墓形制清楚，保存完好，年代当在西晋前期至中期。其中 37、39 号墓属于同一家族墓，前者应早于公元 290 年，后者较晚。

佛爷庙湾诸墓，砖画主要砌在照壁、墓室的前壁、墓室四角及藻井部位。题材包括四类：一，以神禽灵兽为代表的祥瑞和神话传说，排布于照壁的主体壁面；二，历史人物故事，位于照壁；三，具有佛教文化因素的动植物，如白象、莲花等，莲花位于墓顶，白象与第一类题材共存；四，世俗生活场面，数量仅次于第一类题材，位置仅限于墓室内墓门两侧的墙壁。不难看出，砖画的整体布局非常规律、均衡。和丁家闸 5 号墓一样，佛爷庙湾西晋壁画砖墓的发掘，对于探讨莫高窟壁画艺术的渊源有直接帮助[88]。河西早期石窟的线描技法、动物的造型、土红色作底的做法等等，都能在魏晋墓壁画中找到先例或原型，这说明石窟壁画的基础与传统绘画是密切相关的[89]。

伴随佛爷庙湾砖画墓的发现与研究，已有能力分析比较敦煌地区和以酒泉、嘉峪关为中心的河西走廊中部地区砖画墓之间的异同。戴春阳认为主要有三点不同：一，敦煌以单砖作画为主，酒泉—嘉峪关兼有在墓室内大面积作画的风格；二，前者以照壁为主要作画区域，后者主要施画于墓室内壁；三，前者的内容以神禽灵兽和历史人物为主，后者侧重于表现世俗现实生活。二者的相同点是均为小砖画，照壁都流行嵌饰仿木斗栱彩绘造型砖，艺术风格也很一致[90]。

## （三）三燕古墓及其他地区的晋墓

东北的晋代壁画墓在辽东郡首府（今辽宁辽阳）仍有不少遗存，以王家村和三道壕 1、2 号墓为代表，前述汉魏墓时已经附带提及。十六国时，这里先后建立了前燕、后燕、北燕政权，政治文化中心逐渐转向都城龙城（又称昌黎，今辽宁朝阳）地区。以前多依中原"正朔"将这里的墓葬统称为晋墓，现在随着考古材料的日益丰富，对其三燕的族属及其相关问题已有更准确的认识。

我国其他地区的晋壁画墓也有零星发现，如抗日战争时期在浙江上虞、50 年代在河南灵宝、60 年代在云南昭通、90 年代在北京石景山分别发现过壁画墓。这些壁画墓虽然存在着地域文化上的某些差别，但同时也显示出共同的时代特征。

### 1. 三燕古墓

三燕是鲜卑慕容氏和鲜卑化的汉族冯氏建立的政权，文化传统与汉族有别。壁画墓有朝阳的北庙村 1 号墓（沟门子晋墓）、大平房 1 号墓[91]、十二台营子乡袁台子村墓以及北票的冯素弗墓。

冯素弗墓[92]南距龙城约 35 公里，1965 年清理，为两座石椁墓。1 号墓墓圹内砌筑长方形石椁，椁顶绘日月星象，椁盖及四壁的彩绘壁画大部分已经脱落。2 号墓结构与 1 号墓基本相同，壁画残存不过百分之二十，椁内顶绘星象，四壁绘人物、出行、家居、建筑物等，其中有女侍形象三十七个。发掘者根据出土印章推断，1号墓主为死于北燕太平七年（公元415年，一说太平六年十二月）的冯素弗，2号墓所葬应为冯素弗的妻属。在椁壁绘制壁画是汉魏墓制的延续，题材、衣冠舆服制度与中原无异。人物造型清秀，画风体现出从汉魏壁画的浑朴向南北朝的秀逸过渡的特征。

朝阳西南沟门子公社北庙村1号墓[93]1975年发现，后石壁被拆毁，未能进行科学发掘。椁室长方形，西壁中部绘牛耕，北壁中间画墓主夫妇端坐，墓室西北抹角处用红色绘山林，表现手法非常原始稚拙。东壁中为妇人在井栏边汲水，下部绘有犬和一男一女，二人之间画菱格示意窗户，应表现墓主家居。此墓年代应与冯素弗妻属墓（2号墓）相近，要比在后壁表现墓主单独正面端坐的袁台子墓早。从人物形象看多作鲜卑装束，如女墓主"养发分髻"，男子髡头束发，蓄八字翘须，女子则髡头绾髻，着间色衣裙。墓主应是北燕的鲜卑贵族。

袁台子1号墓[94]发掘于1982年，是一座石椁壁画墓，由辽宁省博物馆、朝阳地区博物馆和县文化馆调查发掘，推断年代为公元4世纪前半叶。墓内彩绘门吏、墓主、女侍、狩猎、车骑、甲骑具装、牛车、宅第、屠宰、膳食、奉食、宴饮、牛耕、四神、日月星云等图像。画面大部分清晰。前室右龛内绘制墓主正面坐帐像。墓主面相长圆，头戴黑冠，左手端杯于胸前，右手执麈尾，屏后立女侍。针对此墓壁画中反映出来的若干问题，如四神图流行的原因、射猎图反映的民族习尚、牛耕图反映的经济政策、牛车出行的种类、侍女的装束以及袁台子壁画的艺术手法等，学者有所探索[95]。

## 2. 其他地区

除辽东三燕古墓外，我国其他地区晋壁画墓发现数量不多。中原唯一的发现是 1955 年河南灵宝坡头村砖砌大型多室晋墓；江南有抗日战争时期在浙江上虞县东关发现的东晋太宁（公元 323～326 年）壁画墓；至于西南，仅见 1963 年在昭通后海子发掘的东晋太元十□年（公元 386～394 年）霍承嗣墓[96]。北京地区于 1997 年在石景山区八角村新发现了一座西晋时期的砖砌石椁墓。

霍承嗣墓为石砌，平面呈方形，盝顶中心浮雕莲花纹，四披绘云气。四壁用云纹带分割为上下两层，上层画四神。下层东壁画武装骑从，持幡仪仗与甲骑具装上下并列。西壁画四列部曲，包括持环首长刀的步兵、赤足披毡饰"头囊"的少数民族部曲和骑马侍从。南壁画屋宇和"中门卒"。北壁墓主坐帐像西侧上方文字记墓主姓霍，字承嗣（名字部分残缺），"使持节都督江南交宁二州诸军事"。有学者考证，其应是从蜀降魏的霍戈[97]。此墓壁画技法稚拙，用线粗劣，形象呆板，但对于历史研究而言还是颇具学术价值的。

1997 年，北京石景山区八角村发现了一座西晋时期的砖砌石椁墓，绘于石椁内壁的壁画保存较为完好。画面分别绘有牛耕、牛车出行、家居宴饮等。绘于石椁后壁的墓主人持麈尾像，样式与同时期中原及高句丽的墓室壁画基本相同，具有明显的时代特征。

晋墓在结构上沿袭了东汉晚期的形制，壁画出现的新题材中，墓主持麈尾的形象最具有时代特征。麈尾几乎是曹魏正始以来清谈风气、玄学思想萌芽发展的表征物。清谈一称"麈谈"。云南昭通霍承嗣墓、辽阳上王家村东晋墓、朝鲜安岳东晋永和十三年（公元 357 年）冬寿墓和德兴里广开土王永乐十八年（公元 408 年）幽州刺史墓中，墓主都以执麈尾的形象出现。

在如此大的范围内出现类似的画面，既反映出时代风气、思想的变迁移易，及至波及霍承嗣和冬寿这样的高级武官，又说明尽管当时战乱频仍，但文化上并无隔膜。墓主正面坐帐像形式庄严，构图左右对称，有人指出这些特征与佛教美术类似[98]。

# （四）北朝贵族壁画墓

北朝时期墓葬形制的一个突出特点是平面结构简化，东汉那种复杂的多室墓不见了，取而代之的是方弧形单室墓。在壁画方面，最明显的是皇室贵族墓出现了巨幅的墓道壁画。北朝晚期壁画墓大致可分为西魏—北周和东魏—北齐两大系统，后者又可区分为三个各具特色的地区，分别是河北磁县、山西太原和山东地区。

## 1. 北魏都城贵族墓

北魏时期的墓室壁画发现得很少，就帝陵而言，目前考古工作者发掘的山西大同方山太和十四年（公元 490 年）冯太后的永固陵[99]及洛阳邙山宣武帝的景陵[100]，都未发现壁画。北魏从力微三十九年（公元 258 年）定都盛乐（今内蒙古和林格尔），道武帝拓跋珪天兴元年（公元 398 年）都于平城（今山西大同）至太和十七年（公元 493 年）孝文帝迁都洛阳，前后有三个都城。就现状而言，平城周边尚无资料，而在盛乐和洛阳地区，已经有了星星点点的收获。

1993 年，在内蒙古和林格尔县三道营乡发现了一座北魏砖室壁画墓[101]，内蒙古金陵考古队进行了抢救性清理。保存较完好的壁画可分为出行、燕居行乐、游牧狩猎、升仙及四神五部分，在主题绘画之间还绘有莲花、鹿、虎牛斗、牧羊、采桑等图像。墓址北距故都盛乐城仅 20 多公里。从壁画服制上看既非鲜卑传统服装，又未完全洗却鲜卑旧俗。发掘者推测，该墓年代在孝文帝太和十年（公元 486 年）推行新服制之后、迁都洛阳之前，墓主应是鲜卑上层贵族。如不误，则是迄今公开发表的唯一一座迁都洛阳之前的大型北魏壁画墓。

洛阳北魏壁画墓有两例，一是 1974 年在洛孟公路西侧海资村发现、洛阳博物馆发掘的孝昌二年（公元 526 年）江阳王元义墓；二是 1989 年洛阳市文物工作队在孟津北陈村清理的普泰二年（即太昌元年，公元 532 年）使持节抚军将军、瀛州刺史王温墓。元义墓[102]较多继承汉魏遗制，墓室四壁的壁画在 1949 年以前被盗墓者破坏，上栏残存四神画迹。穹隆顶上的天象图[103]保存尚好，在银河南北绘星辰三百余颗，有关专家考证表现的是正月晚上和七月凌晨前的星空，一些星宿也已辨认出来。王温墓[104]为单室土洞墓，壁画多已残毁脱落，依稀可见彩绘痕迹，唯东壁尚能辨识出帷屋内宴饮的场面。

## 2. 西魏至北周的长安与固原

西魏、北周在长安地区的帝王陵及贵族墓中较少发现壁画，陕西咸阳发掘的北周武帝的孝陵[105]亦未见壁画的绘制。在陕西，发现过西魏、北周壁画墓的地点有咸阳的胡家沟、底张湾及华县等地，墓葬规格不高，壁画保存状况亦不甚理想。

1984 年至 1985 年在胡家沟清理了西魏大统十年（公元 544 年）太师开府参军事侯义墓[106]，甬道部分能辨识出黑色的树木及人马，墓室内仅顶部可见朱红色星象图残迹。虽然画迹简陋，色彩单调，但总算填补了壁画墓资料中西魏这一块的空白。底张湾一带有北朝的埋葬区，50 年代曾在这里发掘过一批北周墓葬，但当时未来得及清理，其中北周建德元年（公

元 572 年）杜欢墓[107]发现有壁画。1986 年至 1990 年又先后
在这里清理一批北周墓葬[108]，其中建德四年（公元 575 年）
叱罗协墓、建德五年（公元 576 年）王德衡墓、宣政元年（公
元 578 年）独孤藏墓等均为壁画墓。遗憾的是壁画的保存状况
不理想，无法对绘画内容、风格做进一步认识。相比较之下，
叱罗协墓的情况稍微明朗一些。该墓在每个天井过洞外侧的洞
顶上彩绘楼阁，形制与初唐墓相同。华县 4 号墓[109]为北周晚
期墓，壁画已残损。

北周的壁画墓引起学术界重视的则是 1985 年发掘的宁夏
固原深沟村北周天和四年（公元 569 年）的李贤墓[110]。

十六国时，匈奴、鲜卑、柔然等少数民族涌入固原，北魏
太延二年（公元 436 年）置高平镇（后改原州），是北方重要
的军镇之一。李贤身为柱国大将军、大都督、原州刺史、河西
公，是关陇统治集团中的重要人物。该墓为墓道和单室墓的结
构，壁画分布在墓道和墓室中，现存的壁画未发现表明墓主人
身份的仪仗和墓主人的生活场景。墓道两壁的武士和墓室四壁
的伎乐女侍，皆为单人独立的画面，人物之间缺乏相互的联系
和呼应。人物表情稍嫌呆板，但比例准确，线条劲健。三个天
井和过洞上方均饰有门楼。李贤墓壁画为探讨隋唐墓室壁画的
发展及渊源提供了重要的实例。

1993 年，在固原南郊乡发掘的北周宇文猛墓[111]，形制、
壁画风格等与李贤墓接近，但规模更宏大。墓道、过洞、天井、
甬道、墓室等处绘制壁画，但只有一幅保存下来。1996 年发掘
的田弘夫妇合葬墓[112]，在甬道、墓室内也存有部分壁画。

### 3. 东魏至北齐的邺城地区

东魏和北齐的首都邺城，位于今河北与河南交界处的磁

县。磁县南部古冢累累，即是民间传为曹操所设立的"七十二疑冢"地。1957年，河北省文物工作组在这一带共清理古墓五十六座，其中有两座（讲武城1号和56号墓）[113]即属于所谓的疑冢。经考古证实均为北齐壁画墓，其中1号墓墓主为北齐太宁二年（公元562年）故司马氏太夫人比丘尼垣，从而拨开了民间传说笼罩的迷雾——这里实为北朝的陵墓区[114]。从70年代初开始，在这里渐次发现了东魏、北齐皇室成员及高官显贵的墓葬。其中，有1974年在东陈村发掘的东魏武定五年（公元547年）赵胡仁墓（东陈1号墓）[115]和北齐天统三年（公元567年）骠骑大将军、赵州刺史尧峻墓，1975年在东槐树村清理的北齐武平七年（公元576年）故侍中假黄钺左丞相、文昭王高润墓，1978年至1979年在人冢营村发掘的武定八年（公元550年）茹茹公主墓，以及1987年至1989年在湾漳清理的北朝帝陵。

尧峻墓[116]墓门上方画正面展翅大朱雀，两旁有畏兽形象。这种兽首、人身、鸟爪、肩生羽翼的神兽，大量出现于墓葬图像、石窟雕绘乃至日用工艺美术品中，但名称很不统一。日本学者长广敏雄撷古籍而命名为畏兽[117]，今取其说。除命名外，对其名相国内外学者分歧也很大，或曰"行家厌胜之类"[118]，或曰守墓驱鬼的方相神[119]，或曰拓跋鲜卑中流行的象征雷电山川的天神[120]，或曰胡天火神[121]，或曰雷公风神[122]。也有学者认为，这些奇异形象是鬼神，是继承汉晋文化传统并加工演变而成的[123]，能够辟邪镇鬼，导引升仙。鲜卑族原始信仰中导引亡魂前往理想家园的神兽与汉地的传统观念一拍即合，所以北魏迁洛之后畏兽形象便流播开来[124]。

高润墓[125]墓道未能做彻底清理，仅发现莲花忍冬图案。

墓室顶部画天象、流云。后壁绘帐内墓主人端坐，旁有执伞盖侍从。左壁画牛车出行，有人物、车舆、羽葆、华盖等。右壁存两名侍卫形象，余者均残损。

茹茹公主闾叱地连墓[126]是北朝壁画墓的一次重大发现。茹茹（蠕蠕）即活动在以蒙古高原为中心的广大草原上的柔然，国力曾一度强盛。茹茹公主是柔然主阿那瓌的孙女，东魏兴和二年（公元540年）五岁时嫁给了东魏实际掌权者高欢第九子高湛，即后来的武成帝（公元561～565年在位），去世时年仅十三岁。这是一桩典型的政治婚姻，她的称号"邻和公主"也表明了和亲的性质。墓道地面（地衣）绘精美的花草连续纹样，犹如地毯，强调了墓道行走、通道的含义，这意味着它和墓主人死后的世界发生了联系。墓道左右两壁前端画青龙、白虎为引导，其后是仪卫行列，或肃立，或端坐，夹道相对，立像大逾真人。后段上方是畏兽、凤凰等，下栏画廊屋内的兵阑列戟和卫士、门吏。门墙在门洞上方画正面的朱雀和畏兽。甬道两侧绘侍吏立像。墓室穹隆顶绘天象，四壁上栏分绘四神，下栏画家居生活，包括正面的墓主像及持伞盖侍女，左右两壁分绘女侍和男吏。

湾漳北朝墓[127]是帝王规格的大型壁画墓。此墓原报告认为是东魏武定八年（公元550年）谥为文襄王的高澄（同年北齐立，追尊为文襄帝）的峻成陵，另一种观点则认为是乾明元年（公元560年）北齐文宣帝高洋（公元550～559年在位）的武宁陵[128]，大多数学者倾向于后一种意见。经照相、录像、临摹获取全部资料后，壁画全部成功揭取，现存河北省文物研究所。湾漳大墓内高12.6米，在目前发掘的帝陵中首屈一指。而壁画勾线挺劲，敷彩典雅，生动传神，富丽瑰奇，达到了很高的艺术水平。墓道壁画表现的是四列仪仗出行队伍，两壁共五十三人，伴以神禽畏兽，通长 4.5 米的巨型青龙白虎在前引导，后端是兵阑列戟。仪卫部从顾盼呼应，在严整的队列中有了几分活泼。墓道地面画三纵列莲花，两侧是缠枝忍冬花纹。墓门上方画高达 5 米的正面朱雀，以及畏兽羽兔、云气莲花等。墓室内壁画因盗掘和水浸之故保存情况很差，仅能分辨出墓顶的星象图。四壁分三栏，上两栏为神禽异兽，下栏似表现人物活动。

紧邻邺城的河南安阳也有一些较重要的考古成果，目前有洪河屯西北冈的北齐后主武平六年（公元 575 年）骠骑大将军、开府仪同三司、凉州刺史范粹墓[129]，清峪村的北齐文宣帝高洋妃颜氏墓[130]，两墓均于 1971 年发现。颜氏墓四壁原都彩绘壁画，但残损较严重。现尚可辨识出男女侍从、甲骑具装、骑马武士之类形象，人物描绘颇为生动。

河北平山和景县在 70 年代初也发现过两座纪年壁画墓。1971 年河北省文化局文博组派人调查了平山三汲村北齐天统二年（公元 566 年）祠部尚书赵州刺史崔昂夫妇合葬墓[131]。1973 年发掘了景县野林庄东魏武定五年（公元 547 年）雍州刺史高长命墓[132]。墓门处壁画较清晰，两侧绘身披甲胄的门吏，门券绘火焰纹及畏兽图像，题材与磁县地区的北齐墓相同。

**4. 北齐晋阳地区**

晋阳（今山西太原）是高欢的发迹之地，北齐的陪都，在政治文化及军事上具有与邺城同等重要的地位。这一地区发现的壁画墓比起邺城来在规格上或许要低一些，但艺术水平毫不逊色，并且有这一地区的特殊面貌。

1973 年在寿阳发掘了北齐河清元年（公元 562 年）定州刺

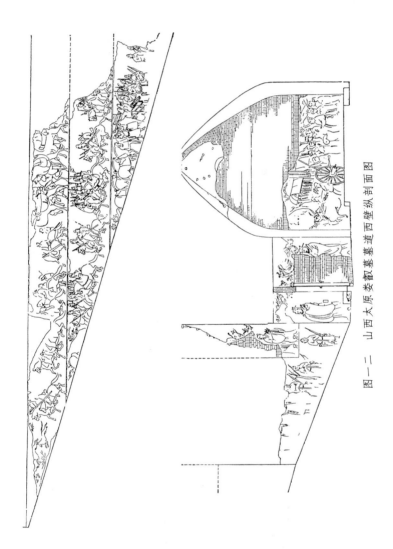

图一二 山西太原娄睿墓墓道西壁纵剖面图

图一三　山西太原娄叡墓墓道壁画出行图

史、太尉公、顺阳王库狄迴洛墓[133]。甬道两壁各绘侍卫四人，墓门门扇上分绘青龙、白虎，门楣绘侧立回首的朱雀，墓室内未发现壁画。

太原王郭村北齐武平元年（公元 570 年）娄叡墓[134]是晋阳地区壁画墓的典型。娄叡是娄太后之侄，北齐文襄、文宣、孝昭、武成诸帝的姑表兄弟，右丞相、东安郡王、太尉、太傅、太师。这座墓在 1970 年前后已发现，1979 年正式发掘，历时三年清理完成（图一二、一三）。壁画全部揭取，现存山西省文物考古研究所。娄叡墓绘于墓道的壁画保存完好，西壁绘骑卫出行图，东壁画归来图，其中驼马、骑卫、吹角等形象造型生动，形神俱妙。墓门中绘兽面，两侧为朱雀，石门上绘青龙、白虎，布局严整，造型富有想像力。墓室的壁画因遭水蚀，保存情况不甚理想，靠上的部分损坏或错位，下部的壁画被水浸泡后剥离较严重。墓顶绘有天象，四壁分为三栏，上栏是以生肖动物来代表的十二时和神兽；中栏有四神、仙人和连鼓雷公等；下栏后壁绘墓主坐帐，左右两壁表现为出行而准备的鞍马牛车，前壁画树下侍卫。

娄叡墓墓道壁画题材与邺城地区的茹茹公主墓、湾漳大墓相比，差别一目了然。这些差别意味深长，一方面反映了墓葬高下有别的等级制度；另一方面，邺城皇室大墓所绘的青龙白虎与神禽畏兽表现出浓郁的神仙气息，植根于中原文化传统，而娄叡墓壁画更重军旅、出猎等题材，从中透露出更加浓厚的鲜卑民族的社会习俗和文化传统[135]。

娄叡墓壁画技艺精湛，形象真实可感，是北朝壁画艺术的典范，与湾漳大墓相比各有千秋。有些学者对娄叡墓壁画与北齐画家杨子华画风的关系也进行过讨论[136]。这种观点有几点依据：第一，娄叡墓壁画人物面容与北齐《校书图》（现藏美国波士顿美术博物馆）非常相似，后者是流传有绪的作品，其底本出自杨子华之手。第二，娄叡墓的人、马都画得十分杰出，而杨子华画马享有通灵之美誉。第三，据娄叡家族的显贵地位推测，壁画应出自杨子华这样的宫廷名家之手。

太原南郊的金胜村古冢众多，1987年在这里清理了一座北齐后期壁画墓[137]。墓室四壁均有壁画，清理时南壁已全毁，西壁大部残损。壁面分为三层，上层（墓顶）绘星辰天象，已脱落殆尽；中层为乘龙骑虎的神仙和羽人等；下层表现墓主世俗生活，北壁画女性坐帐，东西两壁北侧相对绘属吏馆客，东壁南侧画牛车出行。对于北壁所绘三位盛装贵妇，报告中称为正妻与偏房侍妾。也有人根据东魏、北齐时不准纳妾的风俗，推测她们是男主人先后去世的三位妻子，指出鲜卑妇女较少受到儒家礼教的约束，并怀疑这幅画是具神龛性质的供养像[138]。

### 5．北齐山东地区

山东地区发现的北齐壁画墓有1984年在济南马家庄发掘的武平二年（公元571年）祝阿县令□道贵墓、1986年山东省文物考古研究所在济南南郊东八里洼清理的北齐墓和在临朐县海浮山清理出的天保二年（公元552年）东魏威烈将军、南讨大行台都军长史崔芬墓。墓主均为北齐的中下级官吏，因此必然与邺城、晋阳的皇室贵戚墓有所不同，最显著的一点是墓道没有壁画。

济南□道贵墓[139]门墙绘兽面，墓室顶部绘天象，前壁墓门两侧各绘一拄仪刀的门吏立像，东壁绘鞍马伞盖仪卫，西壁绘车马女侍，后壁绘墓主人端坐于九曲流云纹屏风前。东八里洼墓[140]为石砌单室墓，墓室东西两壁上隐约可见女侍形象，北壁绘华帐和八曲屏风。中央四屏绘树下人物，均宽袍广袖，袒胸跣足坐于树下的席上，洒脱无羁，悠闲放逸，身旁置酒具。西起第四扇上人物身旁有一名侍童。发掘者判定，屏风上的人物属于"竹林七贤"，推断应受到了南朝风尚和绘画艺术的影响，墓主当属士大夫阶层。

崔芬墓[141]所在的临朐属于青州地区。崔芬官虽不大，但崔姓是山东的望族，清河崔氏门庭显赫。石门上门吏身披铠甲，手按盾牌。墓室顶部绘天象，四壁上栏画四神，四神后立有神人形象。下栏部分后壁绘八曲屏风，每幅屏面上各绘一男

图一四　山东临朐海浮山崔芬墓壁画出行图

子形象。西壁表现墓主夫妇出行图（图一四）。据称，壁画内容还有舞蹈、马等。

　　除上述地区而外，还有些北齐墓葬也发现过壁画残迹，但未能完整保存下来，如1973年北京市文物管理处在西城区王府仓清理的北齐砖室墓[142]。

## （五）互为借用的南北绘画

　　魏晋南北朝时期，战乱频仍，始终未出现一统江山的强有力的中央集权王朝。地方上世家大族拥有很大的势力，使得文化的地域色彩格外明显。同时，在少数民族入主中原的情势下，民族性问题也掺杂其中。不仅对峙的南朝与北朝及东魏、北齐与西魏、北周存在着差异，即便是在东魏、北齐境内也呈

现出多种面貌。如邺城地区的特点是墓道壁画以青龙、白虎引
导，后绘出行仪仗和廊屋内的列戟，墓门正上方绘正面朱雀及
畏兽等形象，而山东地区的特点则是模拟屏风构图画林下高
士。

政治的对峙并不等同于文化殊途，南北墓室壁画中透露出
的南北方的相互影响与文化交流极富学术意义。由于地理和气
候等条件的制约，南朝墓室装饰以拼镶砖画为特色[143]。拼镶
砖画以砖面浮凸的线条为主要造型语言，原来还应有彩绘，与
壁画有某些共通之处。以保存最完好、1968 年发掘的江苏丹
阳建山金家村大墓[144]为例，这座墓可能是南齐东昏侯萧宝卷
（公元 499～501 年在位）的陵墓。拼镶砖画分布在甬道和墓室
东西两壁上，内容有狮子、四神、飞仙、武士与出行仪从、林
下高士与荣启期，布局左右对称。将之与北朝墓壁画相比较不
难看出，北齐墓壁画中出现的青龙、白虎引导和出行仪仗及
"竹林七贤"等内容，应渊源于南朝。

在北朝诸墓中，山东的三座墓，尤其是崔芬墓，在内容与
气韵上最接近南朝，反映出的问题发人深思。崔芬墓墓室东壁
上栏羽人执仙草引逗青龙已见于南朝拼镶砖画。西壁龛上出行
图中的墓主褒衣博带，高冠大履，展臂而立，旁有侍从扶持。
从现有资料看，这种形象最早出现在传为东晋顾恺之创作的《洛
神赋图》中。而北壁所绘的人物树石屏风，八人宽衣袒胸，或书，
或饮，或倚隐囊，颇得潇洒自然之趣，应与流行于南朝的竹林七
贤与荣启期砖画有些关系。人像旁或身后女侍形式，与南朝七贤
图本关系更紧密。据记载，南齐东昏侯永元三年（公元 501 年）
重修宫殿时，在玉寿殿所作七贤皆有美女侍侧。南朝七贤图构图
与含义的新变化在北齐获得印证，耐人寻味[145]。

　　为何山东地区与南朝的联系格外密切？除去地域相邻等关系而外，值得注意的一点是青州从东晋义熙六年（公元410年）起，半个世纪都处于东晋的统治之下。北魏献文帝皇兴三年（公元469年）青州入魏以后，可能长时期保留有南朝前期文化的影响，也可能因比邻南朝，这里比北朝其他地区更容易不断地接受来自南朝的文化新风。同时，山东士族在其中起到了沟通作用。清河崔氏有一部分南迁，也有部分从南朝来到北朝，他们对北朝模仿南朝的文物制度起到了非常重要的作用。邺城地区和南朝的美术出现某些共同点，与崔氏一族在南北方声气相通、遥相呼应是分不开的。而在崔氏的原籍山东，这种南北交往的情况更体现得格外明显[146]。

　　学者通过细心寻觅蛛丝马迹，也找到了南朝和北周之间的文化交流的线索。这要从邓县（今邓州）学庄画像砖壁画墓[147]谈起。该墓1958年由河南省文化局文物队清理，现一般认为年代属南朝前期（公元6世纪中叶以前）。券门处保存有彩色壁画，中央绘兽头，两边各画一身飞天，下方各绘一门吏，手拄仪刀，身着裤褶，上罩裲裆。这种形象又出现在李贤墓墓道上，后者理应视为南朝壁画影响的产物[148]。邓县后来被纳入西魏版图，西魏、北周与南方交通时，豫南、鄂北是枢纽地带[149]。

　　十六国、南北朝在扬弃旧有文化传统的基础上又有创新，从而在古代文化史和美术史上成为一个承上启下的关键时期。北朝壁画墓开启了隋唐的风尚和制度。

## 注　释

[1] 吉林省文物考古研究所《吉林省文物考古五十年》，文物出版社编《新中国

考古五十年》，文物出版社，1999 年版，第 117 页。

[2] 沙畹 1889 年作为公使馆随员来华，1893 年任法兰西学院汉文教授。著 *Mission archéologique en Chine septentrionale*（华北考古图谱），1905～1915.

[3] 梅原末治 1929 年任东方文化学院京都研究所研究员，同年起任教于京都大学文学部。关于朝鲜族古代文化，其主要著作如《朝鲜古代の文化》，高桐書院，1946 年版；[日] 梅原末治《朝鮮古代の墓制》，座右寶刊行會，1947 年版；[日] 梅原末治、藤田亮策编著《朝鮮古文化綜鑒》，養德社，1947～1966 年版。

[4] [日] 三上次男《高句麗の遺蹟》，《歷史地理》第 71 卷第 1 號。

[5] [日] 三宅俊成《安東省輯安県城附近高句麗の遺蹟》，"滿洲文化協會"，1935 年版；[日] 池内宏《朝鮮の文化》，岩波書店，1936 年版；[日] 池内宏述，錢稻孫訳《滿洲國安東省輯安県高句麗遺蹟》，"滿日文化協會"，1936 年版；[日] 池内宏《通溝：滿洲國通化省輯安県高句麗遺蹟》（卷上），"日滿文化協會"，1938 年版；[日] 池内宏、梅原末治《通溝：滿洲國通化省輯安縣高句麗遺蹟》（卷下），"日滿文化協會"，1940 年版。

[6] 如童书业《中国古史籍中的高句丽服饰与通沟出土墓壁画中的高句丽服饰》，《文物周刊》72（1948 年 2 月）。

[7] 李殿福《一九六二年春季吉林辑安考古调查简报》，《考古》1962 年第 11 期。

[8] 参见 [日] 梅原末治《朝鮮古代の墓制》；藤田亮策《高句麗祭》，《輯安》。

[9] 吉林省博物馆《吉林辑安五盔坟四号和五号墓清理略记》，《考古》1964 年第 2 期。

[10] 王承礼、韩淑华《吉林辑安通沟第十二号高句丽壁画墓》，《考古》1964 年第 2 期。

[11] [日] 梅原末治《朝鮮古代の墓制》；《辽宁辑安通沟高句丽时代墓的壁画》，《文物参考资料》1957 年第 1 期。

[12] 吉林省博物馆《吉林辑安五盔坟四号和五号墓清理略记》，《考古》1964 年第 2 期；吉林省文物工作队《吉林集安五盔坟四号墓》，《考古学报》1984 年第 1 期。

[13] 耿铁华《集安五盔坟五号墓藻井壁画新解》，《北方文物》1993 年第 4 期。

[14] 吉林省博物馆辑安考古队《吉林辑安麻线沟一号壁画墓》，《考古》1964 年第 10 期。

[15] 李殿福《集安洞沟三座壁画墓》，《考古》1983 年第 4 期。

[16] 吉林省文物工作队、集安县文物保管所《集安长川一号壁画墓》，东北考古与

历史编辑委员会编辑《东北考古与历史》第 1 辑，文物出版社，1982 年 9 月。

[17] 陈相伟《吉林集安长川二号封土墓发掘纪要》，《考古与文物》1983 年第 1 期。

[18] 张雪岩《集安两座高句丽封土墓》，《博物馆研究》1988 年第 1 期。

[19] 吉林省博物馆考古工作队《吉林集安的两座高句丽墓》，《考古》1977 年第 2 期。

[20] ［日］池内宏《通溝：滿洲國通化省輯安県高句麗遺蹟》（卷上），"日滿文化協會"，1938 年版。

[21] 孙仁杰《"折天井墓"调查拾零》，《博物馆研究》1988 年第 3 期。

[22] ［日］關野貞《滿洲輯安県及平壤附近高句麗時代遺蹟》，《考古學雜志》第 5 卷第 3 号，第 174～177 页。

[23] 集安县文物管理所、吉林省文物工作队《吉林集安洞沟三室墓清理记》，《考古与文物》1981 年第 3 期。

[24] 李殿福《集安洞沟三室墓壁画著录补正》，《考古与文物》1981 年第 3 期。

[25] 吉林省文物考古研究所《吉林省文物考古五十年》，《新中国考古五十年》，文物出版社，1999 年版，第 118 页。

[26] 武家昌《辽宁桓仁高句丽壁画墓》，《中国文物报》1993 年 5 月 9 日第 3 版；武家昌《桓仁米仓沟将军墓壁画初探》，《辽海文物学刊》1994 年第 2 期；辛占山《桓仁米仓沟高句丽"将军墓"》，辽宁省文物考古研究所、［日］中国考古学研究会编《东北亚考古学研究——中日合作研究报告书》，文物出版社，1997 年版。

[27] ［日］三上次男《滿鮮原始墳墓の研究》，吉川弘文館，1961 年版。

[28] 杨泓《高句丽墓葬的新发现》，《新中国的考古发现和研究》，第 557 页。

[29] 以上诸家之说参见［朝鲜］金瑢俊著，振家、雪华译《高句丽古坟壁画研究》及所附"壁画坟推定年代及其特征的简单比较表"、"壁画坟推定年代比较表"，《美术研究》1959 年第 4 期。

[30] 杨泓《高句丽壁画石墓》，《文物参考资料》1958 年第 4 期。文后并附"高句丽壁画石墓的形制及壁画内容变化表"。

[31] 李殿福《集安高句丽墓研究》，《考古学报》1980 年第 2 期。

[32] 吉林省文物工作队、集安县文物保管所《集安长川一号壁画墓》，《东北考古与历史》第 1 辑，1982 年，第 172～173 页。

[33] 孙仁杰《谈高句丽壁画墓中的莲花图案》，《北方文物》1986 年第 4 期。

[34] 汤池《汉魏南北朝的墓室壁画》，《中国美术全集·绘画编 12·墓室壁画》，文物出版社，1989 年版，第 16～17 页。

[35] 张雪岩《吉林集安东大坡高句丽墓葬发掘简报》，《考古》1991 年第 7 期。

[36] 赵东艳《试论集安高句丽壁画墓的分期》,《北方文物》1995 年第 3 期。

[37] 宿白《三国—宋元考古》。

[38] 王承礼"集安高句丽壁画墓"条目,中国大百科全书总编辑委员会《考古学》编辑委员会、中国大百科全书出版社编辑部编《中国大百科全书·考古学》,中国大百科全书出版社,1986 年版。

[39] 魏存成《高句丽四耳展沿壶的演变及有关的几个问题》,《文物》1985 年第 5 期。

[40] 〔朝〕朱荣宪《高句丽壁画墓编年研究》。

[41] 姜仁求《高句丽封土石室坟的再探讨》,《韩国考古学报》第 25 期(1990 年)。

[42] 金元龙《关于高句丽古坟壁画起源的研究——中国对韩国古代美术的影响》,《震檀学报》第 21 期,1960 年;金元龙《韩国壁画古坟》,一志社,1980 年版。

[43] 方起东《高句丽墓葬研究中的几个问题》,《辽海文物学刊》1996 年第 2 期,第 76~77 页。

[44] 耿铁华《高句丽壁画中的宗教与祭祀》,《辽海文物学刊》1988 年第 2 期。

[45] 耿铁华《高句丽壁画中的社会经济》,《北方文物》1986 年第 3 期。

[46] 耿铁华、李淑华《高句丽壁画中的贵族生活》,《博物馆研究》1987 年第 2 期。

[47] 铁华、阿英《从高句丽壁画中的战争题材,看高句丽军队与战争》,《北方文物》1987 年第 3 期。

[48] 方起东《集安高句丽墓壁画中的舞乐》,《文物》1980 年第 7 期。

[49] 李殿福《集安高句丽壁画初探》,《社会科学辑刊》1980 年第 4 期。

[50] Sir A. Stein, *Innermost Asia*, vol. Ⅱ, ch. XIX, "The Ancient Cemeteries of Astana," Oxford, 1928.

[51] 新疆博物馆考古队《吐鲁番哈喇和卓古墓群发掘简报》,《文物》1978 年第 6 期;孟凡人《吐鲁番十六国时期的墓葬壁画和纸画略说》,赵华编《吐鲁番古墓葬出土艺术品》,新疆美术摄影出版社、〔新西兰〕霍兰德出版有限公司,1992 年版。

[52] 王素《吐鲁番晋十六国墓葬所出纸画和壁画》,《文物天地》1992 年第 4 期。

[53] 侯灿《晋至北朝前期高昌奉行年号证补》,《南都学坛》1988 年第 4 期。

[54] Sir A. Stein, *Innermost Asia*, vol. III, pl, C VII, Ast. ii. 1.01~03, Oxford, 1928.

[55] *Ibid*, pl CVIII, Ast. vi. 3. 05.

[56] 孟凡人《吐鲁番十六国时期的墓葬壁画和纸画略说》,赵华编《吐鲁番古墓葬出土艺术品》,新疆美术摄影出版社、〔新西兰〕霍兰德出版有限公司,1992 年版,第 3 页。

[57] [日] 冈崎敬《阿斯塔那古墳群研究》，《東西交涉的考古學》，平凡社，1973
　　　年版；张小舟《北方地区魏晋十六国墓葬的分区与分期》，《考古学报》1987
　　　年第 1 期；王素《吐鲁番晋十六国墓葬所出纸画和壁画》，《文物天地》1992
　　　年第 4 期。

[58] 同 [56]，第 5 页。

[59] 张朋川《河西出土的汉晋绘画简述》，《文物》1978 年第 6 期。

[60] 施爱民、卢晔《民乐清理汉代壁画墓》，《中国文物报》1993 年 5 月 30 日第
　　　1 版。

[61] 施爱民、师万林《高台清理东汉画像砖室墓》，《中国文物报》1995 年 11 月
　　　5 日第 1 版；张掖地区文物管理办公室、高台县博物馆《甘肃高台骆驼城画
　　　像砖墓调查》，《文物》1997 年第 12 期。

[62] 同 [59]。

[63] 甘肃省文物管理委员会《酒泉下河清第 1 号墓和第 18 号墓发掘简报》，《文
　　　物》1959 年第 10 期。

[64] 同 [59]，第 63 页。

[65] 同 [59]。

[66] 同 [59]。

[67] 甘肃省文物考古研究所《甘肃酒泉西沟村魏晋墓发掘报告》，《文物》1996
　　　年第 7 期。

[68] 甘肃省博物馆《酒泉、嘉峪关晋墓的发掘》，《文物》1979 年第 6 期；张朋
　　　川《酒泉丁家闸古墓壁画艺术》，《文物》1979 年第 6 期；甘肃省文物考古
　　　研究所编《酒泉十六国墓壁画》，文物出版社，1989 年版；郑岩《酒泉丁家
　　　闸十六国墓社树壁画考》，《故宫文物月刊》143 号（1995 年）。

[69] 张朋川《酒泉丁家闸古墓壁画艺术》，《文物》1979 年第 6 期。

[70] 尹德生《酒泉丁家闸壁画"燕居行乐图"浅识——兼论河西十六国时期的表
　　　演艺术》，《敦煌研究》1995 年第 2 期。

[71] 同 [69]，第 21 页。

[72] 段文杰《道教题材是如何进入佛教石窟的——莫高窟 249 窟窟顶壁画内容探
　　　讨》；段文杰著，敦煌研究院编《敦煌石窟艺术论集》，甘肃人民出版社，
　　　1988 年版，第 323～324 页。

[73] 甘肃省博物馆编《嘉峪关画像砖》，文物出版社，1976 年版；甘肃省文物队
　　　等编《嘉峪关壁画墓发掘报告》，文物出版社，1985 年版；张朋川、张宝玺
　　　编著《嘉峪关魏晋墓室壁画》，人民美术出版社，1985 年版；张军武、高凤

山编《嘉峪关魏晋墓彩绘砖画浅识》，甘肃人民出版社，1989 年版。

[74] 同〔59〕。

[75] 嘉峪关市文物清理小组《嘉峪关汉画像砖墓》，《文物》1972 年第 12 期。

[76] 甘肃省博物馆、嘉峪关市文物保管所《嘉峪关魏晋墓室壁画的题材和艺术价值》，《文物》1974 年第 9 期，第 66 页、第 69 页注 1。

[77] 同〔59〕，第 62 页。

[78] 嘉峪关市文物管理所《嘉峪关新城十二、十三号画像砖墓发掘简报》，《文物》1982 年第 8 期。

[79] 甘肃省博物馆《从嘉峪关魏晋墓壁画看河西地区实行的法治措施》，《文物》1976 年第 2 期。

[80] 甘肃省博物馆、嘉峪关市文物保管所《嘉峪关魏晋墓室壁画的题材和艺术价值》，《文物》1974 年第 9 期。

[81] 薛俊彦、马清林、周国信《甘肃酒泉、嘉峪关壁画墓颜料分析》，《考古》1995 年第 3 期。

[82] 晓晨《甘肃嘉峪关魏晋墓葬中的农耕壁画》，《文物天地》1990 年第 1 期。

[83] 戴春阳、张珑《敦煌祁家湾——西晋十六国墓葬发掘报告》，文物出版社，1994 年版。

[84] 夏鼐《敦煌考古漫记》（一），《考古通讯》1955 年创刊号。

[85] 何双全《敦煌新店台、佛爷庙湾晋至唐墓群》，《中国考古学年鉴》（1988年），文物出版社，1989 年版。

[86] 戴春阳主编《敦煌佛爷庙湾西晋画像砖墓》，文物出版社，1998 年版。

[87] 同〔86〕。

[88] 同〔86〕，第 114～116 页。

[89] 同〔59〕，第 65～66 页。

[90] 戴春阳主编《敦煌佛爷庙湾西晋画像砖墓》，文物出版社，1998 年版，第114、117 页；甘肃省文物考古研究所《甘肃省文物考古工作五十年》，《新中国考古五十年》，文物出版社，1999 年版，第 449～450 页。

[91] 朝阳地区博物馆、朝阳县文化馆《辽宁朝阳发现北燕、北魏墓》，《考古》1985 年第 10 期。

[92] 黎瑶渤《辽宁北票县西官营子北燕冯素弗墓》，《文物》1973 年第 3 期。

[93] 朝阳地区博物馆、朝阳县文化馆《辽宁朝阳发现北燕、北魏墓》，《考古》1985 年第 10 期；陈大为《朝阳县沟门子晋壁画墓》，《辽海文物学刊》1990年第 2 期。

[94] 辽宁省博物馆文物队、朝阳地区博物馆文物队、朝阳县文化馆《朝阳袁台子东晋壁画墓》,《文物》1984 年第 6 期。

[95] 刘中澄《关于朝阳袁台子晋墓壁画的初步研究》,《辽海文物学刊》1987 年第 1 期。

[96] 云南省文物工作队《云南省昭通后海子东晋壁画墓清理简报》,《文物》1963 年第 12 期。

[97] 胡振东《昭通东晋壁画墓墓主考》,《思想战线》1980 年第 4 期。

[98] 同 [95]。

[99] 大同市博物馆、山西省文物工作委员会《大同方山北魏永固陵》,《文物》1978 年第 7 期。

[100] 中国社会科学院考古研究所洛阳汉魏城队、洛阳古墓博物馆《北魏宣武帝景陵发掘报告》,《考古》1994 年第 9 期。

[101] 王大方《内蒙古首次发现北魏大型砖室壁画墓》,《中国文物报》1993 年 11 月 28 日第 3 版;苏俊等《内蒙古和林格尔北魏壁画墓发掘的意义》,《中国文物报》1993 年 11 月 28 日第 3 版。

[102] 洛阳博物馆《河南洛阳北魏元乂墓调查》,《文物》1974 年第 12 期。

[103] 王车、陈徐《洛阳北魏元乂墓的星象图》,《文物》1974 年第 12 期。

[104] 洛阳市文物工作队《洛阳孟津北陈村北魏壁画墓》,《文物》1995 年第 8 期。

[105] 陕西省考古研究所、咸阳市文物考古研究所《北周武帝孝陵发掘简报》,《考古与文物》1997 年第 2 期。

[106] 咸阳市文管会、咸阳博物馆《咸阳市胡家沟西魏侯义墓清理简报》,《文物》1987 年第 12 期。

[107] 《文物参考资料》1954 年第 10 期,图版 98。

[108] 负安志编著《中国北周珍贵文物——北周墓葬发掘报告》,陕西人民美术出版社,1993 年版。

[109] 据宿白《宁夏固原北周李贤墓札记》,《宁夏文物》总第 3 期,1989 年。

[110] 宁夏回族自治区博物馆、宁夏固原博物馆《宁夏固原北周李贤夫妇墓发掘简报》,《文物》1985 年第 11 期;顾铁符《关于李贤氏姓、门望、民族的一些看法》,《美术研究》1985 年第 4 期;罗丰《李贤夫妇墓志考略》,《美术研究》1985 年第 4 期;王卫明《北周李贤夫妇墓若干问题初探》,《美术研究》1985 年第 4 期;宿白《宁夏固原北周李贤墓札记》,《宁夏文物》总第 3 期,1989 年;徐毓明《北周李贤墓壁画的揭取和修复新技术》,《文物保护与考古科学》1990 年第 1 期;冯国富《固原北周李贤墓壁画简论》,

《固原师专学报》第 12 卷第 2 期（1991 年）。

[111] 李进增、耿志强《宁夏固原县发掘一座北周墓》（简讯），《文物》1994 年第 5 期；宁夏文物考古研究所固原工作站《固原南郊北周宇文猛墓》，《宁夏文物考古辑刊》，宁夏人民出版社，1994 年版；宁夏文物考古研究所固原工作站《固原北周宇文猛墓发掘简报》，《宁夏考古文集》，宁夏人民出版社，1996 年版。

[112] 宁夏回族自治区文物局《宁夏回族自治区文物考古五十年成就》，《新中国考古五十年》，文物出版社，1999 年版，第 471~472 页。

[113] 河北省文物管理委员会《河北磁县讲武城古墓清理简报》，《考古》1959 年第 1 期。

[114] 马忠理《磁县北朝墓群——东魏北齐陵墓兆域考》，《文物》1994 年第 11 期；汤池《磁县发现东魏北齐大型壁画墓的启迪》，《文物》1996 年第 9 期。

[115] 磁县文化馆《河北磁县东陈村东魏墓》，《考古》1977 年第 6 期。

[116] 磁县文化馆《河北磁县东陈村北齐尧峻墓》，《文物》1984 年第 4 期。

[117] [日] 長廣敏雄《六朝時代の美術研究·〈山海經〉の畏獸図》，《東方學報》第 63 册，1991 年。

[118] 赵万里《魏晋南北朝墓志集释》，科学出版社，1956 年版。

[119] 王子云《中国古代石刻画选集》，中国古典艺术出版社，1959 年版。

[120] 姜伯勤《"天"的图像与解释》，《敦煌艺术宗教与礼乐文明》，中国社会科学出版社，1996 年版。

[121] 施安昌《北魏冯邕妻元氏墓志纹饰考》，《故宫博物院院刊》1997 年第 2 期。

[122] [美] 卜寿珊著，张元林译《中国六世纪的和元氏墓志上的雷公、风神图》，《敦煌研究》1991 年第 3 期。

[123] 赵超《汉唐墓葬中的鬼怪形象及其他》，《文物天地》2000 年第 2 期。

[124] 史玲《北朝时期畏兽图像的初步研究》，1998 年中央美术学院硕士学位论文，未刊。

[125] 磁县文化馆《河北磁县北齐高润墓》，《考古》1979 年第 3 期；汤池《北齐高润墓壁画简介》，《考古》1979 年第 3 期。

[126] 磁县文化馆《河北磁县东魏茹茹公主墓发掘简报》，《文物》1984 年第 4 期；汤池《东魏茹茹公主墓壁画试探》，《文物》1984 年第 4 期。

[127] 中国社会科学院考古研究所、河北省文物研究所邺城考古工作队《河北磁县湾漳北朝墓》，《考古》1990 年第 7 期；徐光冀《河北磁县湾漳北朝大型壁画墓的发掘与研究》，《文物》1996 年第 9 期；汤池《磁县发现东魏北齐

大型壁画墓的启迪》,《文物》1996 年第 9 期。

[128] 马忠理《磁县北朝墓群——东魏北齐陵墓兆域考》,《文物》1994 年第 11 期。

[129] 河南省博物馆《河南安阳北齐范粹墓发掘简报》,《文物》1972 年第 1 期。

[130] 安阳县文教局《河南安阳县清理一座北齐墓》,《考古》1973 年第 2 期。

[131] 河北省博物馆、河北省文物管理处《河北平山北齐崔昂墓调查报告》,《文物》1973 年第 11 期。

[132] 河北省文管处《河北景县北魏高氏墓发掘简报》,《文物》1979 年第 3 期。

[133] 王克林《北齐库狄迴洛墓》,《考古学报》1979 年第 3 期。墓志言"王讳洛,字迴洛",《北齐书》本传中称库狄迴洛。

[134] 山西省考古研究所、太原市文物管理委员会《太原市北齐娄叡墓发掘简报》,《文物》1983 年第 10 期;《笔谈太原北齐娄叡墓》,《文物》1983 年第 10 期。

[135] 曹庆晖《太原北齐娄叡墓壁画题材的再研究》,《美术研究》1993 年第 2 期。

[136] 史树青《从娄叡墓壁画看北齐画家手笔》;汤池《北齐画迹的重大发现》,《文物》1983 年第 10 期。

[137] 山西省考古研究所、太原市文物管理委员会《太原南郊北齐壁画墓》,《文物》1990 年第 12 期。

[138] 渠传福《太原南郊北齐墓壁画浅探》,《文物季刊》1993 年第 1 期。

[139] 济南市博物馆《济南市马家庄北齐墓》,《文物》1985 年第 10 期。

[140] 山东省文物考古研究所《济南市东八里洼北朝壁画墓》,《文物》1989 年第 4 期。

[141] 吴文祺《临朐县海浮山北齐崔芬墓》,《中国考古学年鉴》(1987 年),文物出版社,1988 年版。

[142] 马希桂《北京王府仓北齐墓》,《文物》1977 年第 11 期。

[143] 杨泓《东晋、南朝拼镶砖画的源流及演变》,文物出版社编辑部编《文物与考古论集》,文物出版社,1986 年版。

[144] 南京博物院《江苏丹阳县胡桥、建山两座南朝墓葬》,《文物》1980 年第 2 期。

[145] 杨泓《山东北朝人物屏风壁画的新启示》,《文物天地》1991 年第 3 期。

[146] 杨泓《关于南北朝时期青州考古的思考》,《文物》1998 年第 2 期。

[147] 陈大章《河南邓县发现北朝七色彩绘画像砖墓》,《文物参考资料》1958 年第 6 期;河南省文物局文物工作队编《邓县彩色画像砖墓》,文物出版社,1958 年版;柳涵《邓县画像砖墓的时代和研究》,《考古》1959 年第 5 期;张鹏《邓县彩色画像砖墓浅析》,《美术研究》1993 年第 2 期。

［148］杨泓《南北朝时期的壁画和拼镶砖画》，中国社会科学院考古研究所编著《中国考古学论丛——中国社会科学院考古研究所建所 40 周年纪念》，科学出版社，1993 年版。

［149］宿白"三国两晋南北朝考古"条目，《中国大百科全书·考古学》，中国大百科全书出版社，1986 年版，第 422 页。

三 隋唐五代壁画墓

# （一）隋代壁画墓

隋唐是在经历过南北朝长期分裂之后建立起来的统一王朝，尤其是唐朝，经过贞观之治和开元盛世，形成了中国王朝历史上继秦汉之后的又一个鼎盛王朝。唐朝的礼乐文明在前代基础上继承革新，形成制度并深刻地影响到以后的封建王朝。

隋朝因国祚短暂，有隋代纪年的壁画墓发现不多。50年代以后清理的隋代壁画墓有1954年陕西西安东郊白鹿原发掘的大业十一年（公元615年）刘世恭墓[1]，1956年西安东郊韩森寨发掘的开皇十二年（公元592年）吕武墓[2]，1964年陕西三原双盛村发掘的开皇二年（公元582年）李和墓[3]，1984年在西安东郊发掘的大业四年（公元608年）李椿夫妇墓[4]等。这些墓保存情况一般不好，所存壁画残损较严重。真正填补隋代壁画墓这一空白的是山东嘉祥英山开皇四年（公元584年）徐敏行夫妇合葬墓，它对于了解隋墓壁画艺术的面貌，探讨隋代绘画在中国艺术发展中的地位和影响，有较大的参考价值。

山东嘉祥英山附近在50年代之前曾发现过两座有壁画的古墓，由于保护不力早已塌毁不存。1976年发掘英山1号墓（徐敏行墓）[5]，壁画揭取后陈列于山东省博物馆。徐敏行（公

图一五　山东嘉祥英山徐敏行墓伎乐人物

元 543～584 年）经历梁、北齐、北周、隋四朝，十六岁时就
在北齐踏上仕途，但在北周与隋均未得到重用，死时官位不
显。由于该墓壁面做有地仗，又在地仗泥皮上涂了较厚的白灰
层[6]，壁画得以较好保存（图一五）。从地域上看，徐敏行墓
属于原北齐辖区，墓的做法与西安地区的隋墓有所不同[7]。
该墓为圆形单室砖券墓，穹顶上绘天象。北壁绘墓主夫妇对饮
宴乐图，坐榻上为山水画屏风，妇女头髻保留着北齐流行的飞
鸟髻样式。其图本可能传自北齐。西壁壁画似为男主人出行备
马的场面，东壁是四名宫女持宫灯前导、四名侍从护卫、四名
女侍跟随的牛车，两侧壁上方残留有青龙、白虎的画迹；南壁
在墓门左右各绘持剑武士，门洞横楣上画奔马，门洞内左右墙
面上画门下小吏和侍从，门洞外东西两侧各画一手执门杠的司

图一六　宁夏固原史射勿墓武士（局部）

阗。人物的铁线描精练洒脱，造型准确，形象比例合度，人物
组合自然。作为背景的山水屏风，虽不是独立的画面，但对于
研究山水画的早期表现形式仍然值得重视[8]。

　　固原南郊乡羊坊村白马山与固原城之间有一块平坦的塬

地，是古人理想的埋葬之所，北周李贤夫妇墓和宇文猛墓就位于该塬西部。1981 年，固原文物工作站对塬上墓葬进行了考古钻探，结果表明东南边沿一带是隋唐墓葬群。已知隋壁画墓有大业六年（公元 610 年）史射勿墓。史射勿墓[9]位于南郊乡小马庄村。1987 年，宁夏文物考古研究所固原工作站发掘该墓，并对壁画做了临摹、保护和揭取，修复工作持续至 1989 年夏。该墓不做地仗，只将墙壁铲平后涂一层很薄的白灰浆。墓道前部大多残毁，在接近第一过洞和第一天井处均绘执环首仪刀的武士（图一六）。第一过洞洞口上方绘建筑，第二过洞上方绘荷花。第二天井处画双手持笏板的武士和侍者。墓室壁画塌毁，南壁似无壁画痕迹，西壁存五身侍女。持笏人物在汉墓中表现很多，以后渐衰。重新出现在隋唐之际，似以史射勿墓为初见。按墓志中称"其先出自西国"，知史射勿为昭武九姓中的史国人后裔。固原南郊发掘了一批史氏墓葬，将其放在中外交流的背景下，对史射勿墓的研究自有特殊的意义。

## （二）长安帝陵的调查与陪葬墓的发掘

西安是唐代的首都。唐代帝王十八座陵墓集中分布在乾县、礼县、泾阳、三原、富平、蒲城等地，东西绵延 100 余公里。自唐太宗李世民"因山为陵"营建昭陵之后，唐代的帝王陵多依山构筑。在 20 世纪以来对唐代帝王陵的调查过程中，最大的收获之一是陆续发现了帝陵周围的陪葬墓，并从中清理出大量精美的壁画，由此获得唐代帝王陵寝制度及陪葬墓的一些具体资料。通过与文献的相互比较，唐代帝王陵及陪葬壁画墓的状况现已基本清楚，围绕唐代壁画墓及其相关问题的研究也在不同的层面上得到推进。

**1. 唐代帝陵的调查**

唐代帝王陵的科学调查始于 20 世纪初。1906 年至 1907 年间，日本学者关野贞、法国学者沙畹都对陕西的汉唐陵墓进行过调查。1942 年至 1943 年，中央研究院历史语言研究所、中央博物院筹备处等单位合组西北史地考察团，考古方面由劳干、石璋如负责。调查关中地区的唐陵是工作内容之一。1953 年，陕西省文物管理委员会着手调查关中唐十八陵，其后唐陵历年都是重点勘查对象。自 90 年代以来，通盘规划勘测唐十八陵，包括发掘高宗与武则天乾陵的地面建筑遗址，中外合作全面测绘位于蒲城县的睿宗桥陵和玄宗泰陵等，并首次准确测定了礼泉县太宗昭陵、肃宗建陵内的各类陪葬墓。

1995 年，陕西省考古研究所在乾县铁佛乡发掘了唐僖宗李儇（公元 873～888 年在位）的靖陵（图一七）。这是唐十八陵中年代最晚的一座，也是唐陵中第一座进行发掘的帝陵。由于僖宗时，唐帝国已是风雨飘摇，靖陵虽在地面建有陵园、门阙，立有石象生，地下部分有墓道、甬道和墓室，但规模较小。墓道、甬道和墓室内原均有壁画，但因多次被盗，破坏较严重。这次经抢救清理出的壁画已不足原来的三分之一。壁画题材有绘于墓道的青龙、仪卫人马等图像，甬道绘有执戟的武士，墓室及甬道壁龛内见存十二生肖图，墓室的北壁残存侍臣画像。靖陵的墓葬规格及壁画内容虽略存帝陵规制，但规模和绘画水平则可能远逊于其他帝陵。

**2. 献陵、昭陵陪葬墓**

唐代崇尚厚葬，陪葬之风兴起而成为埋葬制度，体现出有唐一代浓厚的礼教、政治色彩。长安系唐代都城，大批功臣贵

图一七　陕西乾县靖陵玄官发掘现场外景

戚的墓葬都是作为陪葬墓出现的。陪葬者地位既高,可想而知墓葬规模也大,壁画绘制的精丽程度自然也超过其他地区。因此,唐代壁画墓以西安地区分量最重。而对于西唐墓,研究者的目光自然而然地聚焦在帝陵周围的陪葬墓上[10]。首开唐代陪葬制度的是开国君主高祖李渊的献陵,它坐落在三原的徐木塬上。据考古调查,献陵陪葬墓的数量为三十座[11],墓主大多为唐皇室宗亲,如1973年、1975年先后在富平清理的上元二年(公元675年)高祖第十五子李凤墓[12]和咸亨四年(公元673年)高祖第六女房陵公主墓[13]。李凤(公元623~674年)封虢王,任虢、豫、青三州刺史,卒赠司徒、扬州大都督,陪葬献陵。墓室顶部绘星象,天井、过洞、甬道和墓室中均影作木结构建筑细节,甬道两侧在长廊建筑中的各间内绘有女侍,过洞西壁绘有牵驼图,是陪葬墓中年代较早的实例(图

图一八 陕西富平李凤墓壁画女侍

一八）。

　　礼泉太宗李世民的昭陵依山而建，气势宏伟。东南方向陪
葬墓[14]星罗棋布，状若拱辰，等级分明，排列规整，是太宗
与高宗时期政治稳定、经济繁荣的结果，也是太宗"君臣一
体"政治方针的表征，它将封建社会的陪葬制度推向鼎盛。昭
陵陪葬墓的数量，据《唐会要》记，有一百五十五座，而《长

安志》则称有一百六十六座，田野考古调查核实的数字为一百八十五座[15]。就目前的资料看，入葬时间从太宗贞观十一年（公元637年）到玄宗开元二十九年（公元741年），时间跨越百年。其中父祖陪葬、子孙从葬者不乏其例。在调查清理昭陵陪葬墓的过程中，先后成立了昭陵文物调查组、昭陵文物管理所、昭陵博物馆等机构，专门负责昭陵诸陪葬墓的考古发掘和壁画的科学保护工作。自1971年起，在昭陵陵园内先后发掘三十余座陪葬墓，其中大多有壁画。例如1971年发掘的右武侯大将军李勣墓，1971年至1972年的郑仁泰墓[16]，1972年的薛国公右骁卫大将军阿史那忠墓，1972年至1973年的安元寿夫妇合葬墓[17]，1973年的契苾夫人墓，1974年的李震墓，1975年的杨恭仁墓，1976年的程知节墓，1978年至1979年的段简璧墓，1979年的杨温墓，1986年的长乐公主墓，1991年的韦妃墓，1994年至1995年的新城长公主墓等等。陪葬昭陵壁画墓的年代从初唐到盛唐，形成一个比较完整齐备的系列，为整理和研究唐代壁画墓提供了系统的资料。

昭陵诸陪葬墓中贞观十三年（公元639年）杨恭仁墓、十四年（公元640年）杨温墓、十七年（公元643年）长乐公主墓年代较早。太宗第五女长乐公主墓[18]墓道两壁画青龙、白虎引导的云辂、列队仪卫、甲胄武士和男侍，过洞上方画门阙，墓室门内表现女侍。画风细腻灵活，造型生动。墓道上云辂与祥云、异兽相伴，这幅焕发着神奇想像力的壁画[19]让人自然而然地联想起北齐邺城地区墓道中的场面，而门阙和伫立的女侍，又可以在北周壁画墓中找到原型。

太宗之外甥女、邳国公夫人段简璧葬于永徽二年（公元651年)[20]，墓内壁画大多采取单人平列式布局。阿史那忠墓[21]过洞、天井等处亦以单人平列方式描绘女侍、男侍和文吏，墓道西壁绘牛车出行。第二天井东西两壁绘戟架，各列戟六根，与追赠镇军大将军、荆州大都督、上柱国等官位相符。非常明确的等级特征是昭陵陪葬制度完善、严格化的表现，列戟和仪仗出行都是墓主身份、地位的直观表现。其妻死于永徽四年（公元653年），先葬于昭陵之下。阿史那忠于上元二年（公元675年）死于洛阳，同年迁葬于昭陵附近。

李勣墓[22]因墓内潮湿，壁画大部受损，唯墓室东壁北段和北壁东段相接处的乐舞图则得以幸免。壁画表现二女伎奏乐，二舞女应律按拍起舞，长袖飘飘，舞姿翩翩，优雅动人，在唐墓壁画中颇为突出。北壁西段和西壁北段衔接，合为六曲屏风，屏面上各绘树　株，树上飞鸟，树下为穿红色交衽阔袖衫、系白色长裙的仕女。李勣卒于总章二年（公元669年），次年陪葬昭陵，成墓时间则在显庆五年至麟德二年（公元660~665年）间。李勣长子李震墓在李勣墓左侧，墓道两壁的牛车出行图保存较好，与阿史那忠墓相似。女侍持尺、戏鹅、嬉戏等几幅人物画比较出色，场面富有生活情趣，题材也为他处所罕见。

新城长公主墓[23]由法国巴黎的"陕西历博之友"协会筹资，陕西省考古研究所、陕西历史博物馆和昭陵博物馆联合组成考古队进行发掘清理。新城长公主系太宗第二十一女，唐太宗与长孙皇后嫡出，颇得宠爱。龙朔三年（公元663年）暴卒后，按皇后礼陪葬于昭陵。墓位于东坪村北的小山梁上，地面有高大的封土及四个角阙，南北各有二门阙，封土南侧存石人、石虎、石羊、石华表等。墓由长斜坡墓道、过洞、天井、壁龛和甬道、墓室组成，总长50.8米。壁画整体布局为较典型的唐代早期形式，即墓道两壁对称绘制青龙、白虎和仪卫鞍马，其中西壁绘抬轿，东壁有牛犊的画面，墓道北壁过洞上部绘阙楼，过洞、天井、甬道和墓室内壁画斗栱、平棊等。在它们划分的相对独立的画面中绘各种人物（第一天井绘列戟），其中第一过洞绘男侍，其后皆为女侍，表示进入内宫（图一九）。人物体态优美且富于变化，神情刻画自然生动。

契苾夫人墓[24]在诸墓中年代最晚，为开元九年（公元721 年）。墓室东壁侍女图保存较完整，帔巾长裙的侍女亭亭玉立，身后衬以花卉，这种表现手法真实反映了唐代仕女画的特点。契苾夫人是铁勒别部酋长契苾何力之女，其部被安置在甘州、凉州，何力则来到长安，授左领军将军。契苾夫人得以陪葬昭陵，也可以充分看出唐朝重视各民族关系的政治谋略。

陪葬昭陵的太宗宠妃韦珪墓，在墓道、甬道和墓室均有彩绘壁画，保存较好，其中的胡人备马出行图和广袖宽裙、娥眉、妆靥的女性形象是唐代人物仕女画中的精品，非常珍贵。该墓清理后，壁画被切割成二十七块运回昭陵博物馆保存，但遗憾的是其中有部分壁画原件已流失海外[25]。

### 3. 乾陵陪葬墓

昭陵奠定的陪葬制度在其后仍然沿用，但数量和规模已大大减少。乾陵尚有十七座陪葬墓[26]，其他帝陵的陪葬墓数量则更少。不过，乾陵目前发现的几座皇室陪葬墓性质比较特殊，壁画十分精彩。1960 年至 1962 年发掘的永泰公主李仙蕙墓，1971 年至 1972 年发掘的懿德太子李重润墓和章怀太子李贤墓，三位墓主都是李唐与武周政治漩涡中的牺牲品。李贤（公元655～684 年）是唐高宗和武则天的次子（《旧唐书》、《新唐书》载为第六子），上元二年（公元 675 年）曾立为太子，

图一九 陕西礼泉新城长公主墓东壁壁画女侍

因被猜忌而降为庶人。文明元年（公元 684 年）武则天临朝，逼令自杀。李重润（公元 682～701 年）是高宗和武则天之孙、中宗长子，甫出生即被立为皇太孙。李仙蕙（公元685～701年）是中宗第七女。大足元年（公元 701 年），李重润兄妹因议论张易之兄弟受宠后宫之事，被武则天杖杀。中宗复位后，分别追赠李重润和李仙蕙为皇太子和公主，神龙二年（公元706年）从洛阳迁来陪葬乾陵。当年李贤以雍王身份陪葬乾陵，景云二年（公元711年）追封为章怀太子。这三座墓无论是墓葬构筑，还是壁画绘制，无不倾力而为。其背景当是在李唐皇室与武周集团内部的矛盾斗争中，李唐皇室需要以种种方式，来抬高自身的地位，稳定自己的统治。

就壁画整体布局而言，永泰公主墓[27]靠外为武士，中间为男女侍从，前后室以女侍为主。墓道绘武士仪仗、青龙白虎、阙楼城墙、山水树木。各过洞顶部绘宝相花平棊图案和云鹤。前后甬道东西两壁绘人物、花草、假山等。后甬道顶部为云鹤图。前后室顶部绘星象，各壁侍女在全墓壁画中最为精妙。前室东壁画两组宫女相向缓步而行，为首的头梳高髻，肩披帛，脚穿重台履，端庄大度。随后的宫女或捧盘、方盒、琉璃杯，或执烛台、团扇、如意、拂尘、包袱等物，形象生动，栩栩如生。人物几与真人等高，相互顾盼，正、侧、向、背，布置疏密相间，错落有致，使画面显得丰富而有变化。画师用气脉连贯、流畅圆浑的纵向长线条表现宫女的窈窕娟秀，面部特征、心态神情刻画得十分精微（图二〇）。

懿德太子李重润墓[28]规模宏大，全长100.8米，由墓道、六过洞、七天井、八小龛、前甬道、后甬道、前室及后室等八部分组成，除小龛外均绘壁画。壁画安排也展现出宏伟气魄，墓道两侧壁绘阙楼、城墙和仪仗，为太子大朝仪仗图。两壁仪仗布局相近，前为车驾，紧随骑马仪仗，后面是步行仪仗，旌旗飘扬，威风凛凛。阙楼为三出阙，仰画飞檐，工整细致，巍峨壮观，向背分明，不失绳墨，代表了唐代早期界画的水平。三出阙与第一、二天井东西壁所列戟架均属帝王等级的礼仪制

图二〇　陕西乾县永泰公主墓壁画（局部）

度，绘驯豹、架鹰鹞的男侍及内侍和女侍。第三天井绘有车及随从男侍。从甬道到前后室壁画以各种侍女表现宫廷生活，分别捧持烛台、盘、包裹、瓶、杯、团扇等日常生活用具或乐器。

景云二年追赠李贤为太子时，开墓重置章怀太子墓志并祔葬房妃，此时又重绘壁画，所以章怀太子墓[29]壁画有二次绘的叠压层。墓道东壁绘狩猎出行、礼宾、仪仗和青龙，西壁对称地画打马球、礼宾、仪仗和白虎。这些画面各具特色，狩猎出行图声势浩大；马球图[30]因这一运动关涉中西文化交流，颇受瞩目；东西壁仪仗人物高逾真人，体态威武雄壮。过洞内、甬道东西壁绘有各类男女侍，前后室则以各种活动的女侍为主。其中前室西壁的观鸟捕蝉图颇负盛名，画面描绘一华贵矜持的妇人仰视飞鸟，一妙龄少女聚精会神地甩袖捕蝉，另一侍女亭亭玉立，若有所思，树石参差其间。三者动态优柔，神情生动，气氛恬淡闲适（图二一）。

礼宾图绘于墓道东西两壁，各绘三名唐朝官员前导，后随三名宾客（图二二）。绘画技法十分娴熟，线描挺拔遒劲、准确有力。人物形貌、姿态刻画得极为生动自然，神情肃穆，气氛庄严。这些使臣的服饰、相貌富有民族特色，真实再现了当

图二一　陕西乾县章怀太子墓壁画观鸟捕蝉图

图二二　陕西乾县章怀太子墓壁画礼宾图

时中外各族友好往来的历史图景。对于他们的身份，研究者推测西壁的三名宾客为高昌、吐蕃、大食国（即阿拉伯）使臣[31]，意见比较一致。东壁宾客的身份稍有争议。第一人光头，深目高鼻，穿翻领袍子，学界倾向于拂菻（即东罗马帝国）说[32]，也有人判断为中亚[33]或罗马使节[34]。第二名使臣冠上插二鸟羽，穿红领宽袖短袍，有来自日本[35]、新罗[36]或渤海国几种看法。第三人穿皮帽、皮裤、皮靴，应是我国东北少数民族[37]室韦或靺鞨，尤以后者的可能性较大[38]。对于整幅画表现的事件，亦有两种意见，一种意见认为是番邦使节前往墓地吊唁雍王[39]；另一种意见认为是谒见太子[40]。此外，对于画面上唐朝官员的身份，虽然大多数学者都援用鸿胪寺官员之说，但也存在不同的看法，认为依据其朝服和职司，应属负责奉诏劳问朝见的四夷君长的门下省的侍中与侍郎[41]。这两幅壁画在政治方面的功用可和"阐扬徽烈"的昭陵十四尊、乾陵六十一尊宾王像石刻相比拟。在艺术表现上，可与道因法师碑（西安碑林博物馆藏）碑侧线刻外族人物、敦煌莫高窟 220 窟维摩变中描绘的各族首领、传为周昉的《职贡图》（台北故宫博物院藏）等相参照，还可作为画史记载的阎立本等人所绘《外国图》、《王会图》之类图像的参考。总之，壁画保存了此类题材的演变面貌。

永泰、懿德、章怀三座墓壁画保存较好，揭取后现藏陕西历史博物馆。由于墓主人身份都极尊贵，前两座墓更得到"号墓为陵"的待遇，其壁画必定出自造诣高深的名师高手笔下。画面十分精美，挥洒自如，充分反映了唐初人物画、山水画、宫室画的时代风貌，同时也展现了丰富多彩的唐代宫廷生活和历史画卷。自发掘清理重见天日之后，一直为世人所瞩目。陪葬乾陵的壁画墓还有垂拱元年（公元 685 年）薛元超墓[42]。高宗之后诸帝陵的陪葬墓数量较少，考古工作亦不够充分，例如 1995 年至 1996 年发掘的陪葬桥陵的开元十二年（公元 724 年）睿宗李旦次子惠庄太子李㧑墓[43]，壁画有车马出行、列戟、男侍、建筑等内容。

## （三）长安地区勋臣墓

1949 年后西安地区陆续发掘大批隋唐墓，总量非常可观，壁画墓也为数不少。陕西出土的唐墓壁画过半揭取保护存放，现主要收藏于陕西历史博物馆、陕西省考古研究所、昭陵博物馆等处。1983 年，筹建陕西历史博物馆时，就设计了一座颇具规模并拥有相应现代化设施的壁画库。1991年库房建成，即将原西安碑林"壁画楼"的藏品悉数入藏，保存着出自二十五座墓的千余平方米的壁画[44]。由于内容丰富，技艺精湛，以陪葬乾陵的永泰、懿德和章怀墓为突出代表的唐墓壁画备受世界文物考古界、美术史界的珍视。壁画摹本多次在海外展出，并引起轰动。而唐文化的辐射力在壁画墓中得到鲜明的体现，在各国学者的交流与努力下，比较研究[45]也在进行。

## 1. 西安市郊

1949年后不久，西安地区就拉开了发掘唐代壁画墓的序幕。目前，西安市的唐壁画墓绝大多数分布在东郊，西郊只有1953年在枣园村发掘的咸通五年（公元864年）银青光禄大大杨玄略墓[46]。该墓最值得注意的壁画是墓室西壁的云鹤图屏风。南郊的例子有1956年发掘的总章元年（公元668年）银青光禄大夫、守司刑太常伯李爽墓（雁塔区羊头镇1号墓）[47]。壁画残存二十五幅，有十六幅较完整，描绘男女侍从，形态宛然，或持拂子、捧笏、执扇、托盘，或演奏笛、箫等乐器。

1952年首先清理了经五路天宝四年（公元745年）银青光禄大夫行内侍省内侍员外郎苏思勖墓。1954年在高楼村清理了开元十七年（公元729年）高力士之父、赠潘州刺史冯君衡墓（西高二机福2号墓）[48]，大中元年（公元847年）高力士五世孙、正议大夫高克从墓（西高803工地1号墓），在郭家滩清理了会昌四年（公元844年）桂管监军使梁元瀚墓。1955年，清理了经一路开元十六年（公元728年）右骁卫大将军、雁门县开国公薛莫墓[49]，韩森寨天宝四年（公元745年）雷府君夫人宋氏墓[50]与太和九年（公元835年）朝议大

夫、内侍省内侍姚存古墓[51]，高楼村天宝十五年（公元 756
年）高力士之弟、明威将军检校左威卫将军高元珪墓（西高一
机福 5 号墓）。后来，西安东郊又发现了两座颇具特点的唐壁
画墓，即 1989 年发现的王家坟兴元元年（公元 784 年）唐安
公主墓，以及 1991 年市文物管理委员会实施抢救性清理的灞
桥区新筑乡于家砖厂金乡县主与其夫于隐合葬墓。

金乡县主是唐高祖李渊的孙女，滕王李元婴的第三女。她
与其夫于隐合葬墓[52]的壁画直接绘在极薄的白灰面上，大都
脱落，残迹斑驳。第二天井和第三过洞的东壁绘牵驼出行图，
西壁残存四幅男侍，两壁均以红色廊柱分隔。第三天井东西两
壁各绘两幅女侍。墓室四壁影作木构，壁画残存二身端立的女
侍。于隐先于金乡县主去世。从墓的形制和大小看，等级规格
与于隐身份相符而与金乡县主不符，此墓建造及壁画绘制的时
间当在于隐下葬的武周天授元年（公元 690 年）。

苏思勖（公元 670~745 年）墓[53]最突出的是墓室东壁乐
舞图，乐队分列两侧，居中方毯上有一胡人回旋舞蹈。从其动
作以及乐队所持乐器看，似再现了唐代流行的胡腾舞，是研究
唐代乐舞和音乐舞蹈文化交流的重要形象资料（图二三）。墓
室两壁绘六扇树下人物屏风。

高元珪墓[54]墓室北壁画墓主正面垂足端坐，座下的椅子
是迄今所见最早的椅子图样。

唐安公主系德宗长女，其墓[55]甬道两壁绘男女侍从，墓
室南壁、北壁有朱雀和玄武，东壁和顶部天象图残损或脱落。
墓室西壁所绘花鸟壁画是目前所知有明确纪年的最早的花鸟作
品，绘制时间恰与唐代花鸟画大家边鸾在长安活动期同时。画
面两侧各有一树，开花五瓣如红梅，树梢相交于画面顶部。右

图二三 陕西西安东郊苏思勗墓壁画乐舞图（局部）

上角有两只飞翔的野鸭，相对的左上角残缺。画面中心为一盛
水的黑色圆盆，盆沿栖有四只鸟，姿态各不相同，似能辨出斑
鸠、鹦鹉、白鸽和黄莺。盆左有一对鸽子相向而立，盆右有两
只雉鸡展翅飞翔。木盆周围点缀数株花草。画面构图对称，素
净淡雅，形象生动。自中唐起，在墓室内绘制花鸟壁画渐成风
气，晚唐尤甚。梁元瀚墓墓室西壁画六扇云鹤图屏风，高克
从墓[56]墓室的六扇屏风上每扇皆用一对鸽子作装饰，以前用
作点缀的花树、禽鸟、流云等图案组成了独立的云鹤、花卉
构图。

## 2. 长安

长安发现较早的壁画墓是 1957 年发掘的显庆三年（公元 658 年）突厥执失思力之子执失奉节墓（郭杜镇 1 号墓）[57]。墓内保留下来的壁画不多，仅墓室北壁存一舞女形象，挥动帔帛，舞姿翩翩。舞伎所着长裙红白条纹相间，与李爽墓以及《步辇图》中宫女的衣裙式样相同，是初唐的流行款式。

长安南里王村（韦曲）是中宗时权倾朝野的韦皇后的家族陵园，墓地的核心是韦后之父韦玄贞及其妻崔氏的合葬墓，号荣先陵。这也是有唐一代"号墓为陵"之始。荣先陵西南有韦玄贞诸子洵、浩、泂、泚墓及其女卫南县主和十三女墓等，一同营建于景龙二年（公元 708 年），均为壁画墓。景龙四年（公元 710 年）韦后伏诛后荣先陵亦被毁。玄宗于天宝九年（公元 750 年）又诏令"发韦氏冢而平之"。1 号墓即韦洵墓[58]，1959 年由陕西省文物管理委员会发掘。韦洵在中宗被废时随父母流放，如意元年（公元 692 年）死于容州，追赠淮阳王，后迁葬长安。墓道绘四神，墓门顶部画楼阁，墓室内绘男侍、女侍和文史等。前室西壁有花卉飞禽，下为花木。其余几座陪葬墓则发掘于 1987 年。当时在南里王村集中发掘了三百余座隋唐墓葬，韦浩墓壁画保存相对完好。

80 年代中后期，韦曲塬上的考古工作收获颇丰。除上述五座陪葬墓外，还有两座壁画墓。其一是 1985 年至 1986 年陕西省考古研究所在长安县城东北发现的天宝元年（公元 742 年）唐韦君夫人胡氏墓。这里也属于韦氏宗族墓地的范围。壁画内容包括车马出行和男女侍从等。1986 年在南里王村发掘的中唐墓[59]尤为重要。这座墓未出土墓志，根据地望推断为韦氏墓。墓室西壁画六曲屏风仕女，树梢染绿，小鸟高翔，树

图二四　陕西长安南里王村唐墓壁画宴饮图

下点缀花草山石，色彩明淡而富有生气。盛装妇女梳抱面发髻，短衫长裙，后随侍从，怡然悠闲。毗连的两扇为一组，左右两组为立像，中间一组为坐像。对这一珍贵的仕女屏风，文物专家进行了精辟的分析[60]，将之与日本正仓院收藏的六曲立女屏风相对照。后者实际上也应是四立、二坐，构图较韦氏墓简单，时代下限明确，不晚于玄宗天宝末年，画风与玄宗朝张萱相仿佛。韦氏墓墓室东壁绘宴饮场面，正中长桌上摆放食物，围桌而坐的九人分坐在三条长凳上，两名女侍端酒从两侧走来（图二四）。假山和云朵衬托出是在庭院中举办家宴，也有人认为是在郊野进行的野宴或谓游宴[61]。值得注意的是，图中出现了长桌与长凳这样的家具组合，表现的人物已不再席地而坐，姿态比较随便。

### 3.咸阳

咸阳底张湾一带是北周至唐的墓葬区。1953年在这里发掘了一批古墓,其中唐壁画墓有睿宗景云元年(公元710年)太平长公主次女万泉县主薛氏墓[62],天宝六年(公元747年)少府监张去奢墓,天宝七年(公元748年)银青光禄大夫张去逸墓,贞元三年(公元787年)剡国大长公主李氏墓[63]等。张去奢墓[64]仅在墓道两壁绘七米多长的龙虎各一。张去逸墓[65]壁画大多脱落,残存画面模糊不清。墓道有青龙、白虎,墓室内有武士、侍女、乐队等。1961年至1962年还在咸阳顺陵旁发掘了苏君墓[66],年代当在总章元年至开元之间(公元668~741年)。墓内壁画脱落殆尽,墓道内青龙、白虎引导的侍从队列保存相对完好。

1985年的收获是咸阳渭城区的贞观(公元627~649年)初窦诞墓。1988年,在距离底张湾不远处的咸阳国际机场施工中发现了燕国夫人、贺若氏等二十余座墓葬,均有壁画[67]。武德四年(公元621年)贺若氏墓[68]也是目前所见年代最早的壁画墓,第三至第六过洞及甬道东西壁绘武士、文吏、持物侍女等壁画。贺若氏名厥,其夫独孤罗是北周柱国大将军独孤信之子。独孤罗家两代出了北周、隋、唐三朝的四位皇后,故贺若氏的墓葬亦有重要价值。

1993年,咸阳市文物考古研究所在北部二道塬的铁二十局机关院内发掘了一座带墓道四天井的前后室砖砌穹隆顶墓[69],墓主为西突厥的最后一位可汗阿史那怀道(公元670~727年)及其夫人安氏。其前后墓室及过洞壁上残存绘有蔓草、花卉、人物的壁画,色彩艳丽。

### 4.三原、富平、泾阳、蓝田等地

在唐京城长安和毗邻京城的京兆府雍州辖地,还有很多地

图二五　陕西三原李寿墓前甬道东壁壁画（线描图）

方出土了皇亲贵戚、京畿大族的壁画墓。例如三原有贞观四年（公元630年）司空、淮安王李寿墓，蓝田孟村乡田禾村有1985年发掘的盛唐邓温墓，泾阳有天宝十二年（公元753年）朝议郎行河南府士曹参军张仲晖墓[70]，富平有节愍太子李重俊墓和一座盛唐墓。

　　李寿（公元577~630年）是高祖李渊的从弟，死后配飨高祖庙庭。其墓[71]在1973年由陕西省博物馆与陕西省文物管理委员会共同发掘（图二五、二六）。墓道东、西壁用红色带分为上下两层，上为崇山峡谷间的行围射猎，下为声势浩大的骑马出行图。过洞南壁绘重楼，东、西壁绘步行仪仗队。第三天井绘牛车、牛耕、播种、牛栏、饲养家禽、推磨、担水、庖厨诸事。第四天井东、西壁各绘一戟架。甬道南段东西两壁上部绘飞天，中部绘侍女和内侍，下部绘武吏和文吏；北段东西

图二六　陕西三原李寿墓第一过洞壁画建筑（线描图）

两壁分绘佛寺和道观。墓室壁画内容颇驳杂，有宅院、歌舞，有仓廪、马厩，还有园林与侍女。由于此墓是唐代早期壁画墓中的代表性墓葬，兼之发现较早，故成为探讨早期唐墓壁画对南北朝艺术传承关系的标本。专家认为，墓道所绘外出游猎早见于晋阳娄叡墓，列戟题材来自邺城，分栏的构图方式亦沿袭北齐。而过洞上方绘门楼，自甬道向内仵立仪卫、男侍和持物女侍等等，却取自北周[72]。

富平盛唐墓[73]位于唐献陵陪葬区，1994 年发现。墓室东壁乐舞图构图等可与敦煌莫高窟唐窟净土图中常见的伎乐图像相比较，也可以与苏思勖墓壁画的乐舞场面相对照。除男女侍

图二七　陕西富平节愍太子墓壁画树石图

从形象外，北壁回首顾盼的仙鹤当属精品，山水屏风亦值得注意。

　　1995 年，陕西省考古研究所、富平县文物管理委员会发掘唐节愍太子李重俊墓[74]，揭取的壁画保存在陕西省考古研究所。墓道北壁画阙楼，过洞、天井下绘女侍、文吏、宦官等，人物刻画细腻工整，色彩艳丽，侍女头部贴金。前甬道顶有东西对称的瑞鸟，墓室顶部为日月星象，东西壁上残存屋脊上对飞的鸳鸯，北壁和西壁棺床上部有人物、树木、屏风（图二七）。李重俊是中宗第三子，神龙初立为皇太子，公元 707 年死于与韦氏的权力斗争中。自 80 年代初期开始，由于各地盗掘古墓成风，有些唐墓被迫进行抢救性发掘，新城长公主墓和李重俊墓壁画即是劫后遗存。

## （四）西安唐墓的分期研究

由于西安地区唐壁画墓墓主身份往往显贵，墓葬伴出墓志铭，墓主身份、墓葬年代都相当清楚，因此唐墓壁画的基础问题不是断代而是分期。根据西安唐墓壁画的资料，宿白分析了壁画的内容和布局，将长安地区唐壁画墓分为五个阶段[75]。此说提出已二十余年，其间唐代壁画墓又有若干重大发现，对其（尤其是前几期）有所补充。

第一阶段从唐开国到太宗中期，壁画的布局特点和主要内容大都渊源有自，沿袭了南朝与北朝以及隋代的制度风俗，呈现出一种混合的面貌。隋唐制度与文化多继承北齐，上溯北魏，而隋和唐都凭借关陇军事贵族起家，因此关陇本地的因素也不能不考虑。

第二阶段是高宗、武则天时期，其中公元 684～704 年唐朝的政治中心实际上在东都洛阳，因此这个时间段内长安地区重要的壁画墓并不多。但值得注意的是鲜明的唐代特征开始出现，墓室壁画表示宅第内室，并以影作木构强化这一观念，在柱间描绘男女侍，多有乐舞画面。

第三阶段为唐皇室西返长安的神龙二年至玄宗开元年间（公元 706～741 年）。这是唐代最强大、兴盛的年代。唐墓壁画特征也已形成并日臻成熟。乾陵三大陪葬墓是此期的典型代表。

第四阶段为玄宗天宝年间和肃、代、德三朝（公元 742～805 年）。在墓室内西壁常绘六扇屏取代影作木构，这是唐代邸宅内流行屏风作装饰的反映。这一时期墓室壁画突出表现墓主人生前的日常家居生活。

第五阶段大约始自宪宗元和至唐亡（公元 806～907 年），是前一阶段的简化，墓道、过洞和天井似已不再作画，同时屏风画由云鹤翎毛取代了人物。这与唐代绘画总的发展演变趋势是一致的。

依据壁画题材及艺术风格的演变，王仁波主张分为三期[76]。第一期从隋到唐中宗景龙年间（公元 582～709 年），突出表现墓主生前仪仗出行和狩猎活动，兼及宫廷生活和日常家居。第二期自睿宗景云至玄宗天宝年间（公元 710～756 年），突出表现墓主生前的日常生活，狩猎、仪仗的场面大大减少。第三期是肃宗至德初年至唐末（公元 756～907 年），家居生活气氛浓厚，而仪仗出行题材进一步削弱。王仁波将唐墓壁画题材大致分为仪仗、社会生活、狩猎、生产、建筑、星象与四神七大类[77]。或总括为四类，分别为社会生活、社会生产、建筑及星象四神四[78]。

考古学家和美术史家在考古学分期研究的基础上，还投入精力对墓室壁画、传世作品与画史记载的内容相互参证，发表意见。由于有了《历代名画记》和《唐朝名画录》，人们对唐代的画家有所了解，我们熟悉的绝大多数名画家都画过壁画。虽然墓葬壁画的绘制相对粗放，未必有赫赫有名的大师参与，但从技艺水准看，很多皇族外戚、高官显贵的墓葬壁画也不可能出自泛泛之辈。唐墓壁画展示了这一时期众多匠师们在绘画上的高度成就，他们追随时尚，因而能够印证像薛稷、张萱、周昉、边鸾这样一些画坛领袖的样式与技艺，填补了传世作品序列中的若干缺环，对于完整地重构唐代绘画史具有重要意义。

唐代的人物、仕女、鞍马画形神俱备，技艺精湛，这在墓室壁画里得到了充分展示。西安唐墓壁画中发现的树下老人屏风画，是唐代中期十分流行的题材，图样相对固定。流行的地域除西安地区之外，在太原、固原以及吐鲁番等地的唐墓中也有发现，颇受研究者的注意。最初曾将树下老人图与东晋南朝的"竹林七贤"砖画相联系，最新的研究认为，树下老人图可能是汉魏以来流行的孝子故事在唐代的图像形式[79]。唐墓壁画中女性形象极为丰富，包括捧物服侍、游园、乐舞等等，摆脱了前代《女史箴》、《列女图》等传统鉴戒题材的限制，直接描绘妇女的现实生活与情趣，在题材内容和表现技巧上都有新的突破。初唐女性体态清秀、颀长；盛唐则是大髻宽衣，丰厚为体。张萱、周昉等仕女画家善于把握时俗世风的变更，吐故纳新，因而驰誉画坛。

花鸟画和山水画也在唐代逐渐趋于成熟。墓室壁画中的建筑、树石、花鸟等背景和点缀，显示出题材容量的扩大和笔墨技法的进步。其中，云鹤图与薛稷的六扇屏风鹤样是谈论得比较多的一个话题。唐代以画鹤闻名者唯薛稷一人，是故言鹤必称薛稷。薛稷之鹤潇洒逸秀，不但能得其风姿态度，还赋予其人格化的气质。永泰公主墓甬道顶和韦洞墓甬道顶、墓室上部影作木构间都绘有云鹤，作画时间既在薛稷的活动时期内，从中揣测他写鹤的精妙入情入理。梁元瀚墓、杨玄略墓墓室西壁均绘云鹤屏风，也应是薛稷所创屏风鹤样的发挥[80]。

唐墓壁画重视从现实生活中摄取素材，反映了社会习俗和风尚。典型的唐墓把墓室作为内宅来经营，与社会生活、日常生活的关系进一步加强。因此，唐墓壁画也就成为很多学科领域的研究者珍视的形象资料。例如，傅熹年依据乾陵陪葬墓壁画提供的宫室门阙图像，结合相同规格的唐墓多天井斜坡式隧道的形制特征，讨论了这种类型的唐墓与地上宫室的对应关系，再与文献相参证，论述了唐墓的不同等级和规制[81]。同样，研究唐代的服饰、妆扮、兵器、家具，研究唐代的典章制度与文化交流，都离不开唐墓壁画。至于唐墓壁画展现的高超技艺和杰出成就，历来为众人所瞩目，旁及或专论文章极多[82]，角度各有不同，涉及面极广，这里不一一罗列。

## （五）洛阳、韶关、郧县、太原、固原的唐代壁画墓

魏晋南北朝时期，美术呈现出很强的地域性。而在江山一统、国力昌盛的大唐帝国，两京地区创造的样式能够很快辐射到全国各地。

1960年，内蒙古和林格尔土城子古城附近干渠内发现四座墓葬。同年，又在渠道东部继续发掘了七座古墓[83]。据称，这批墓葬均有壁画，只是因为雨水冲刷和淤土堆积等原因，已无从窥见原貌，初步认为时代属晚唐至辽初。

唐东都洛阳地区的壁画墓有市文物工作队于1992年和1994年先后发掘清理的两座。南郊花园村开元二十八年（公元740年）唐睿宗贵妃豆卢氏墓[84]规模较大，砖砌单室墓，是河南少见的唐代皇室墓葬。壁画遭到不同程度的破坏。尚能辨认的有墓道、前甬道、后甬道和墓室在阑额、廊柱间所绘的女侍和男侍，有的点缀花草，顶部残留云气翔鹤。关林皂角树新村唐墓[85]亦是一座较大规模的壁画墓，可辨人物、马匹、山石、林木等，简约明快。从这两座墓看，构图和技法与西安地区唐壁画墓大致相同。

　　南方分布的壁画墓最南的是 1960 年广东韶关罗源洞开元二十九年（公元 741 年）张九龄墓[86]，甬道和墓室尚存女侍壁画，青龙绘在墓室左壁。湖北郧县濮王李泰家族墓[87]中四座有壁画，分别是永徽四年（公元 653 年）李泰墓，1973 年发现的李泰长子嗣濮王李欣墓[88]，1984 年发现的嗣圣元年（公元 684 年）李泰次子新安郡王李徽墓和开元十二年（公元 724 年）迁葬的李泰妃阎婉墓[89]。壁画保存情况不佳，画风均仿都城长安。经过几十年考古资料的积累，已可对南方唐代壁画墓的墓主身份、墓葬形制的类型、随葬品的种类与内容等方面做分析研究[90]。吴王李恪妃杨氏墓主室西壁有壁画痕迹，约葬于贞观十一年（公元 637 年）李恪任安州（治今湖北安陆县）都督时。

　　山西太原和宁夏固原两地的唐墓壁画地区特色较浓厚。自50 年代起，太原南郊金胜村[91]、董茹庄[92]、太原化工焦化厂[93]等地陆续清理出一批唐墓。内容大致相同，墓顶绘挽结的花幔，靠下部位绘日月、星象、四神，墓室四壁画侍卫、文吏、女侍、牛车、马夫、牵驼马图等（图二八、二九）。年代也相近。其中董茹庄赵澄墓出土万岁登封元年（公元 696 年）墓志。最引人注目的当属树下老翁图屏风，如金胜村 3～6 号墓、337 号墓等所绘者。屏风多为八扇，也有六扇，树石景物各异，老人的动作、姿势、表情也各不相同。唐代把墓室作为死后真实的生活场所，努力用壁画模仿出居室的模样。早期是用红色绘立柱、斗栱、阑额、枋及人字叉手，盛唐之后则大量出现模仿屏风的画面。公元 700 年左右的金胜村 337 号墓四壁用红色绘立柱，上绘斗栱、阑额、枋及人字拱形补间铺作。影作与屏风共存，是一种过渡形式。

　　固原唐墓壁画[94]也颇具特色。其集中分布在南郊乡羊坊村

图二八 山西太原金胜村337号墓壁画朱雀、人物

白马山与固原城之间。唐壁画墓包括1995年固原博物馆在羊
坊村北发掘的显庆三年（公元658年）平凉郡都尉、骠骑将军
史索岩夫妇合葬墓[95]和史道洛墓，然画面多已脱落不存。保
存较好的壁画墓当数史射勿墓和梁元珍墓。

羊坊村圣历二年（公元699年）梁元珍墓[96]发现于1986
年，由固原博物馆发掘，并对壁画进行了临摹、加固和揭取。
天井、甬道部分保存较好，墓室中地仗层大部分脱落或凹凸不
平。天井东西两壁共绘人物牧马图六幅，甬道两壁各画一幅牵
马图。墓室东壁和南壁主要绘男女侍，西壁和北壁共绘有十扇
树下人物屏风，顶部所绘星象图较完整。梁元珍终身不仕，但

图二九　山西太原金胜村337号墓墓室东壁壁画仕女

出身于望族安定郡梁氏，娶妻弘农杨氏为唐代著姓之一，续弦
范阳卢氏更是关东豪门。

　　山西太原和宁夏固原的唐墓壁画最突出的题材是多扇屏风
画树下老人图。对于树下老人图的内涵，有一个不断认识的过
程，最先让人联想到是再现墓主的生前生活。其后出现了不同

的意见，认为梁元珍墓与太原唐墓屏风画结构布局、人物衣冠相似，可能依据的是同一底本，表现同一题材，表现的应是魏晋高士[97]。两说均有牵强之处，不能令人完全信服。最新赵超的研究认为，树下老人图中带有早期孝子故事中的典型情节和图像，推断这类屏风画是汉魏孝子画在唐代的变体形式。武周以后，屏风树下人物画在太原和固原兴盛起来，而出现这一题材的苏思勖墓和吐鲁番65TAM38的年代要晚得多，有理由相信树下老人屏风肇始于太原和固原，而后传播到西安和吐鲁番，这也是地方性的题材传播到两京地区的例子[98]。当然，随着考古工作的进展，发现树下人物图的地区还在不断增多，包括下文就要提及的北京延庆铝箔厂唐墓。另外，还有一些墓葬资料未公布，简讯虽语焉不详，但亦曾提及壁画有树下人物屏风。对于这一图像的渊源、含义及肇始的地区和年代，都还大有探讨的余地。

## （六）吐鲁番阿斯塔那墓地

贞观十三年（公元639年），唐太宗派兵征服高昌。此后直至贞元年间（约公元7世纪中叶至8世纪末）是唐设西州时期，阿斯塔那墓地唐墓的年代多集中在这一时间段内。从1959年起，在这里进行了多次考古发掘工作。在发现的唐墓壁画中，以屏风画较有特点。

1963年至1965年，新疆博物馆在阿斯塔那发掘古墓四十二座，其中65TAM38有壁画。65TAM38[99]为大型双室墓，年代约在大历年间（公元766～779年）。前室顶部绘云纹和飞鹤，四壁上部绘童子骑飞鹤和飞鹤衔花草等图案。后室穹隆顶为星象，后壁绘六幅屏风状树下人物图，每幅均用缠绕藤萝的大树作背景。主要人物戴幞头，着袍带，或立或坐，其旁有侍者一人。一说表现的是历史故事，分别描述王羲之书扇、狄仁杰借双陆进谏、谢安转棋、萧翼赚兰亭等内容[100]。壁画出土后即被水淹没，仅存照片。

65TAM217 年代为公元 8 世纪下半叶。墓室后壁画六曲花鸟屏风[101]，从左起分别为药苗家鸭、蒲公英锦鸡、萱草鹨鹅、水蓼鹨鹅、鸢草家鸭和药苗锦鸡。禽鸟在种属、雌雄和朝向上大致左右相对。每一幅上端描绘远山云霭，小鸟高翔，中央的草卉花开并蒂或枝生连理，禽鸟立于花草根部，地上点缀小草和石块。造型简括而生趣盎然，线条和设色都富于表现力，尾翼羽毛的硬直和胸腹绒毛的细软十分真切。此幅花鸟屏风形式完整（图三〇）。它的发现对于认识中国早期花鸟画的发展有重要价值。

72TAM216[102]主室后壁绘并列六幅壁画，据考证表现列圣

图三〇　新疆吐鲁番阿斯塔那 217 号墓壁画花鸟屏风

鉴戒故事。第一幅画欹器，取孔子"虚则欹，中则正，满则覆"之意；第二幅榜题"土人"者为周陛玉人图，意指抑欲尚俭，居安思危；第三幅缄口"金人"，取警慎言免祸，明哲保身；第四幅张口"石人"，寓意多言多事，积极进取；第五幅内容不详；第六幅为生刍素丝扑满图，取其去恶礼贤，主动行善，鉴戒贪聚之意。

除以壁画模拟屏风而外，1972年在阿斯塔那墓群还有木骨绢面屏风唐画出土，弥足珍贵，题材有弈棋仕女、舞乐和牧马。它们的功用是代替壁画装饰墓室，在某种意义上也可以当作壁画看待。其绘制水平相当高超，艺术风格几同于传世的唐代作品及中原地区的唐代壁画[103]。

## （七）北京及河北地区唐、五代墓

1981年，由北京市文物工作队清理的丰台区王佐乡林家坟唐墓[104]，被推断为宝应元年（公元762年）下葬的史思明墓，龛旁发现有壁画残片。1985年，北京海淀区太平路发现一座穹隆顶单室晚唐墓[105]，其中有粗简的墨勾画迹。1991年，北京市文物研究所、延庆县文物管理所发掘延庆铝箔厂唐墓[106]，这是一座保存完好的合葬墓，墓主侯臣开元廿二年（公元734年）卒。墓室平面呈椭圆形，穹顶，四壁绘四神，上部一周绘十二生肖，东壁靠顶绘太阳。从门两侧起绘守门武士、镇墓兽、胡服挎弓的男侍、持笏板的文吏、捧物女侍，北壁六曲屏风上每幅均绘一树二石一男子，据认为是表现墓主饮酒吟诗的生活场面。1991年北京市海淀区文物管理所在海淀区八里庄清理的王公淑及夫人吴氏墓[107]，是北方唐墓壁画最重要的发现。

王公淑为山西太原人，官至幽州节度判官兼殿中侍御使、银青光禄大夫，勋官为上柱国（正二品），墓葬规格有所僭越。夫人吴氏葬于开成三年（公元838年），大中六年（公元852年）王公淑祔葬其中。此墓为弧方形单室砖墓，墓室北壁通壁画牡丹芦雁图，其余三壁残存装饰花纹和家居生活片段。牡丹芦雁图至为珍贵，画面上表现了牡丹、二芦雁、二翻飞的蝴蝶，角落里点缀秋葵和百合花，构图对称，勾廓填色，兼用晕染。唐人非常喜欢牡丹花，它雍容华贵的气质最能反映大唐帝国的辉煌和繁荣。壁画牡丹株下无土，应该就是画史记载的"折枝"。罗世平根据画史记载的时风转变和折枝花、正面鸟雀形象，指出此画与边鸾样式之间的承袭关系[108]。边鸾名冠唐代画坛，画牡丹很知名，时人推崇称"最长于花鸟，折枝草木之妙，未之有也"（《唐朝名画录》）。他在思想意趣与表现技法上的发展，为五代以后花鸟画的繁荣准备了条件。

1995年，河北省文物研究所会同保定市文物管理处、曲阳县文物管理所，对曲阳灵山镇西燕川村五代同光二年（公元924年）王处直墓[109]进行了抢救性清理。这是一座填补时代空白的大型墓葬，整体上尚依唐制。前室上部画云鹤，下部绘人物花鸟屏风，墓室内安排奉侍、伎乐画面等，皆为中晚唐两京墓葬流行的题材（图三一）。左侧室绘幞头、方镜架和男装侍吏，右侧室绘妇人饰物、圆镜和女官，可知二室分属男女墓主[110]。墓室后壁通壁画牡丹湖石图，可与王公淑墓牡丹芦雁图相互比照。在构图上也是以中央的牡丹花丛作对称设计，有力地证明了当时花鸟画科的独立及技法的发展成熟。墓中两幅山水画则是研究山水画史不可多得的纪年资料[111]。王处直为唐

图三一　河北曲阳王处直墓散乐浮雕

末、五代时期的义武军（治今河北定州）节度使，封太原王和北平王，是当时河北地区颇有实力的藩镇将领。此墓壁画侍女姣妍，云鹤空灵，花木娟秀，山水平远，体现出很高的绘画水平。王处直家又是长安的豪富，因此揣测他墓中壁画的粉本很可能来自长安，并非无稽[112]。

　　附带提到，1992年陕西彬县底店乡二桥村冯家沟发现了后周显德五年（公元958年）冯晖墓[113]。冯晖（公元893～952年）为后周朔方军（治今宁夏灵武）节度使、中书令、卫王，其身份地位与王处直相近，壁画也有某些共同点。墓葬建筑的修建、壁画的绘制技术和内容安排，均与唐墓有着千丝万缕的联系。冯晖墓由墓道、甬道、前室、耳室和后室等构成，甬道、耳室和小龛内绘蔓草、牡丹双凤等，前室顶部绘二十八宿星象，周壁绘端立的女侍以及庖厨和宴饮场面。墓中砖雕两支乐舞演出队，其前各彩绘一名乐队指挥。壁画大部分已剥落，昭陵博物馆分二十五块揭取，加固后存放于彬县文物库房中[114]。该墓壁画的整体情况和细节还有待进一步披露，但从已发表的画面看，画面呈现柔和的暖色调，线条精细有韵度，上垂帷幕，下饰墙裙，人物面庞丰圆，形象端庄，女性形象含蓄、端丽、柔美，与王处直墓的丰美艳丽异趣。

## （八）渤海国壁画墓

先秦史籍中已记载了东北地区先民之一的肃慎[115]，其主体为分布在松花江流域的粟末部和黑龙江流域的黑水靺鞨部。圣历元年（公元 689 年，即渤海高王大祚荣元年），粟末、靺鞨建立了渤海政权。开元元年（公元 713 年，即渤海高王大祚荣十六年），唐玄宗以其地为忽汗州，作为唐朝的羁縻州之一。它极盛时期拥有五京十五府六十二州，有"海东盛国"之誉。辽太祖天显元年（公元 926 年，即渤海大諲譔二十一年），契丹克渤海首府，改国名为东丹，册封皇太子耶律倍为人皇王统治东丹国，渤海国就此灭亡。

渤海国的墓葬较集中，发掘较早的当数吉林敦化城南约 5 公里处的六顶山墓地。日伪时期曾遭盗掘，但墓葬的性质及年代是 1949 年敦化启东中学和延边大学历史科在这里发现贞惠公主墓后，才明确这里是文王大钦茂（公元 738～794 年在位）在天宝中（公元 742～756 年）定都显州（即中京显德府，治今吉林省和龙县）时的贵族墓地。就壁画墓而言，1980 年发掘的延边和龙渤海大兴五十六年（公元 793 年，唐德宗贞元九年）贞孝公主夫妇合葬墓[116]最引人注意。贞孝公主乃渤海第三代文王大钦茂第四女。该墓用长方形砖错缝平砌，墓室左、右、后三壁及甬道两壁都有彩绘，第一次比较完整地展现了渤海的壁画。甬道两壁各绘一武士，墓室壁面画有十名侍卫与伎乐，线条流畅，赋色鲜明，人物造型、技法风格和服装制度都与唐王朝相同。日人对贞孝公主墓亦进行了研究，进而认为渤海文化应该是在靺鞨和高句丽两族文化之上，再加上唐文化而形成的，公元 8 世纪迁都上京是渤海历史的一个转折点[117]。另外，和龙河南屯出有金带饰的渤海墓[118]、六顶山 IM6[119]都出土有壁画碎片，王健群、王承礼等推测大墓 IM6 即渤海第二代武王大武艺（公元 720～737 年在位）之珍陵。

今牡丹江下游两岸是靺鞨聚居的腹心地区，这里设置了上京龙泉府（治今黑龙江省宁安县渤海镇）。大钦茂丁天宝末年又迁都于此。龙泉府遗址已进行了多次考古发掘。1933 年日本东亚考古学会原田淑人曾做过发掘，1963 年中科院考古所（王仲殊主持）以及 80 年代中黑龙江省文物工作队都进行过大型的清理发掘，但都未发现过壁画墓。渤海国壁画墓首次发现于 1991 年，当时在宁安三陵地区开展地球物理勘探工作，结果发现地下有墓葬群。首先发掘的 2 号墓[120]被证明是渤海时期的大型石室壁画墓，墓室顶部、四壁、甬道两侧绘有精美的壁画，包括花卉图案和女侍，形象生动，色彩鲜丽。据推测，三陵墓群的勘探和发掘，也许意味着在多年的努力之下渤海王陵区终于被找到了。

渤海国"象宪中国"，书法、文学、艺术与"华夏同风"。其设有管理工艺匠师的专门机构，基本上可与唐代宫廷绘画组织相对应。隶属于政堂省的信部，相当于唐朝的工部，置卿、少卿等职，掌管营造和装饰等事务。上述渤海贵族陵墓的修建与绘饰工程，应该就是由信部这样的机构来安排、组织的<sup>[121]</sup>。渤海疆域包括昔时高句丽部分领地。编户中高句丽人有较大比例，因此，当地高句丽传统对渤海文化也有所渗透。但在唐中央政府的强大影响下，墓室壁画的人物组织和形象与高句丽墓壁画大不相同<sup>[122]</sup>。

## （九）五代十国帝陵

如在前述王处直、冯晖墓中看到的那样，五代墓壁画大有可观。五代帝陵中，后周恭帝柴宗训顺陵出土有壁画<sup>[123]</sup>。五代十国是中国历史上又一个群雄割据、祸乱连年的时期。在这些并起林立的王朝和地方势力中，南唐和西蜀的文化偏安一隅，经济文化较为发达。两地官方均设置了宫廷画院机构，涌现出一批赫赫有名的大家。从目前的考古发掘情况看，前后蜀陵墓<sup>[124]</sup>和南唐二陵的装饰对于壁画墓研究有着重要的启迪作用。

前蜀光天元年（公元918年）高祖王建墓<sup>[125]</sup>（即永陵）位于今成都西门外，旧时民间附会为司马相如琴台。抗日战争时期挖防空洞时发现，1942年至1943年由中央研究院历史语言研究所考古组、中央博物院筹备处、四川省立博物馆合作发掘。墓内保存有雕塑和壁画青龙门将。

成都北郊磨盘山南麓有后蜀明德元年（公元934年）孟知祥夫妇合葬墓<sup>[126]</sup>，1971年经四川省博物馆会同成都市文物管理委员会清理发掘，确定是后蜀高祖孟知祥（公元874～934年）的和陵。墓室两壁彩绘男女宫人，据发表的两幅摹本来看，人物眉目清秀，颇具风致。

南唐在十国中是个物阜民丰的大邦。1950 年至 1951 年，南京博物院由曾昭燏主持发掘江宁东善镇西北高山南麓的南唐二陵[127]，亦即毗邻的烈主李昪（公元 937～943 年在位）钦陵（《南唐书》称为"永陵"）和元宗李璟（公元 943～958 年在位）顺陵。经临摹和拍摄后，南京博物院、南京市文物保管委员会和江苏省文物管理委员会对二陵做了初步的修缮。钦陵的前室和中室为砖砌，后室用石造；顺陵全用砖造。值得注意的是二陵建筑完全为仿木构形式，布局整饬，结构谨严，建筑彩画包括柿蒂纹、蕙草云纹、缠枝牡丹、宝相花、海石榴等图案。纹样活泼多样，色彩繁复浓艳，线条浑厚流美，使内部空间显得格外豪华气派，保留有醇厚的唐风，开宋墓建筑彩画装饰之先河。有人将这些彩画与南唐花鸟画名家徐熙所作"装堂花"、"铺殿花"联系起来[128]。钦陵中室北壁在门的两侧浮雕武士像，虽非壁画，却是后来门神壁画的题材来源，也值得重视。钦陵后室顶部绘天象图，与地面凿出的江河相匹配，象征帝王顺应天意，拥有天下江山。浙江临安唐光化三年（公元 900 年）第一代吴越王钱镠之父钱宽墓以及同茔异穴的钱宽夫人水邱氏墓后室顶部亦绘天象图[129]。另外，十国墓中还有线刻星象图的例子。据研究，可能均本于唐开元年间之星图，对二十八宿的描绘相当准确[130]。

说到吴越国，当时虽偏安一隅，却富甲一方。20 世纪 50 年代以来，在浙江杭州、临安等地先后发现多座钱氏家族墓。最新公布的五代十国壁画帝王陵资料就出自其中，即坐落在临安西南玲珑镇祥里村的康陵[131]。它是葬于后晋天福四年（公元 939 年）的吴越国二世王钱元瓘妃马氏墓，1996 年至 1997 年之间由杭州市文物考古所主持，联合临安市文化馆进行抢救性发掘，工作结束后重新封砌、回填进行保护。它分前、中、后三室，墓向 45 度。墓葬结构大体保存完整，壁画彩绘更是灿然如新。主要画面基本完好，图样饱满丰盈，色彩纯净明艳，大量施用的贴金璀璨夺目，装饰效果十分华美。石墓门及砖拱券上残留朱红的缠枝牡丹图案，前室、两耳室的三壁各绘一株高逾 1 米的朱红牡丹，墓壁上方绘有斗栱。中室左右两壁均绘盛开的牡丹，花蕊和枝干近根部贴金。后室亦十分富丽堂皇，顶部石刻贴金表现星象，周壁浅刻四神与牡丹花图案，龛内所置十二生肖像均有彩绘和金箔装饰，细致工整。前者的造型语言仍以绘画为主，可以视为壁画。

## 注 释

[1] 俞伟超《西安白鹿原墓葬发掘报告》，《考古学报》1956 年第 3 期。

[2] 中国科学院考古研究所《西安郊区隋唐墓》，科学出版社，1966 年版。

[3] 陕西省文物管理委员会《陕西省三原县双盛村隋李和墓清理简报》，《文物》1966 年第 1 期。

[4] 桑绍华《西安东郊隋李椿夫妇墓清理简报》，《考古与文物》1986 年第 3 期。

[5] 山东省博物馆《山东嘉祥英山一号隋墓清理简报——隋代墓室壁画的首次发现》，《文物》1981 年第 4 期。

[6] 孟振亚《山东嘉祥英山一号隋墓壁画的揭取》，《文物》1981 年第 4 期。

[7] 《隋代史射勿墓》，罗丰编著《固原南郊隋唐墓地》，文物出版社，1996 年版，第 19 页。

[8] 关天相《英山一号隋墓壁画及其在绘画史上的地位》，《文物》1981 年第 4 期。

[9] 宁夏文物考古研究所、宁夏固原博物馆《宁夏固原隋史射勿墓发掘简报》，《文物》1992 年第 10 期；《隋代史射勿墓》，罗丰编著《固原南郊隋唐墓地》，文物出版社，1996 年版。

[10] 姜宝莲《试论唐代帝陵的陪葬墓》，《考古与文物》1994 年第 6 期。

[11] 刘庆柱、李毓芳《陕西唐陵调查报告》，《考古》编辑部编辑《考古学集刊》

第 5 集，中国社会科学出版社，1987 年版。

[12] 富平县文化馆、陕西省博物馆、陕西省文物管理委员会《唐李凤墓发掘简报》，《考古》1977 年第 5 期；张鸿修《李凤墓壁画》，《中国文物报》1989 年 5 月 19 日第 3 版。

[13] 安峥地《唐房陵大长公主墓清理简报》，《文博》1990 年第 1 期；张鸿修《房陵公主墓的侍女壁画》，《文物天地》1990 年第 4 期。

[14] 昭陵文管所《昭陵陪葬墓调查记》，《文物》1977 年第 10 期。

[15] 陈志谦《昭陵文物胜迹》，陕西旅游出版社，1990 年版。另说为一百六十七座，据昭陵文管所《昭陵陪葬墓调查记》，《文物》1977 年第 10 期。

[16] 陕西省博物馆、礼泉县文教局唐墓发掘组《唐郑仁泰墓发掘简报》，《文物》1972 年第 7 期。

[17] 昭陵博物馆《唐安元寿夫妇墓发掘简报》，《文物》1988 年第 12 期。

[18] 昭陵博物馆《唐昭陵长乐公主墓》，《文博》1988 年第 3 期。

[19] 武仙竹《唐初"云中车马图"浅议》，《四川文物》1995 年第 4 期。

[20] 昭陵博物馆《唐昭陵段简璧墓清理简报》，《文博》1989 年第 6 期。

[21] 陕西省文物管理委员会、礼泉县昭陵文管所《唐阿史那忠墓发掘简报》，《考古》1977 年第 2 期。

[22] 昭陵博物馆《唐昭陵李勣（徐懋功）墓清理简报》，《考古与文物》2000 年第 3 期。

[23] 陕西省考古研究所、陕西历史博物馆、昭陵博物馆《唐昭陵新城长公主墓发掘简报》，《考古与文物》1997 年第 3 期。

[24] 陕西历史博物馆《唐墓壁画真品选粹》，陕西人民美术出版社，1991 年版。

[25] 王兆麟《唐昭陵韦妃墓壁画被盗案侦破记》，《中国文物报》1995 年 9 月 3 日第 4 版。

[26] 张永祥《乾陵陪葬墓的两个有关问题》，《文博》1989 年第 2 期。

[27] 王策《从永泰公主墓室壁画谈起》，《美术》1962 年第 1 期；人民美术出版社编辑《唐永泰公主墓壁画集》，人民美术出版社，1963 年版；陕西省文物管理委员会《唐永泰公主墓发掘简报》，《文物》1964 年第 1 期；武伯纶《唐永泰公主墓出土的两幅壁画和几件陶俑》，《文物精华》第 3 辑，1964 年。

[28] 陕西省博物馆、乾县文教局《唐懿德太子墓发掘简报》，《文物》1972 年第 7 期；王仁波《唐懿德太子墓壁画题材的分析》，《考古》1973 年第 6 期；王仁波《懿德太子墓所表现的唐代皇室埋葬制度》，《中国考古学会第一次年会

论文集》(1979)，文物出版社，1980 年版；陕西省博物馆、陕西省文物管理委员会编辑《唐李贤墓李重润墓壁画》，文物出版社，1974 年版；陕西省博物馆、陕西省文物管理委员会编辑《唐李重润墓壁画》，文物出版社，1974 年版。

[29] 陕西省博物馆、乾县文教局唐墓发掘组《唐章怀太子墓发掘简报》，《文物》1972 年第 7 期；陕西省博物馆、陕西省文物管理委员会《唐李贤墓壁画试探》，《文物》1974 年第 9 期；陕西省博物馆、陕西省文物管理委员会编辑《唐李贤墓壁画》，文物出版社，1974 年版；陕西省博物馆、陕西省文物管理委员会编辑《唐李贤墓李重润墓壁画》，文物出版社，1974 年版；樊英峰《唐章怀太子墓壁画中的盆景与盆栽》，《故宫文物月刊》145 号，1995 年；刘向阳《盛唐风貌留华章——唐章怀太子墓壁画琐谈》，《故宫文物月刊》152 号，1995 年。

[30] 林思桐《对章怀太子墓壁画〈马球图〉的初步研究》，《体育文史》1983 年第 2 期。

[31] 王仁波、何修龄、单眗《陕西唐墓壁画之研究》（上），《文博》创刊号，1984 年。

[32] 同 [31]。又见王维坤《唐章怀太子墓壁画"客使图"辨析》，《考古》1996 年第 1 期。

[33] 韩伟《陕西唐墓壁画》，《人文杂志》1982 年第 3 期。

[34] 陕西历史博物馆编《唐墓壁画集锦》，陕西人民美术出版社，1991 年版，第 95 页。

[35] 如陕西省文物管理委员会《建国以来陕西省文物考古的收获》，文物编辑委员会编《文物考古工作三十年》（1949～1979），文物出版社，1979 年版，第 136 页。

[36] 金元龍《唐李賢墓壁画の新罗使（?）に付いて》，《考古芸術》一二三、一二四，1974 年；云翔《唐章怀太子墓壁画客使图中"日本使节"质疑》，《考古》1984 年第 12 期；王维坤《唐章怀太子墓壁画"客使图"辨析》，《考古》1996 年第 1 期。

[37] 同 [31]。

[38] 王维坤《唐章怀太子墓壁画"客使图"辨析》，《考古》1996 年第 1 期。

[39] 同 [38]。又见李求是《谈章怀、懿德两墓的形制等问题》，《文物》1972 年第 7 期。

[40] 陕西历史博物馆编《唐墓壁画集锦》，陕西人民美术出版社，1991 年版，第

95 页；易夫《〈客使图〉上的唐朝官员》，《文物天地》1989 年第 6 期。

[41] 易夫《〈客使图〉上的唐朝官员》，《文物天地》1989 年第 6 期。

[42] 陕西历史博物馆《唐墓壁画真品选粹》，陕西人民美术出版社，1991 年版；杨正兴《唐薛元超墓的三幅壁画介绍》，《考古与文物》1983 年第 6 期。

[43] 陕西省考古研究所、蒲城县文体广电局《唐惠庄太子墓发掘简报》，《考古与文物》1999 年第 2 期。

[44] 雒长安《唐墓壁画的发掘与保护》，《文博》1997 年第 2 期。

[45] 如齐东方、张静《唐墓壁画与高松冢古坟壁画的比较研究》，《唐研究》第 1 卷；韩钊《中国唐壁画墓和日本古代壁画墓的比较研究》，《考古与文物》1999 年第 6 期。

[46] 孙秉根《西安隋唐墓葬的形制》，《中国考古学研究》编委会《中国考古学研究》（二），科学出版社，1986 年版。

[47] 陕西省文物管理委员会《西安羊头镇唐李爽墓的发掘》，《文物》1959 年第 3 期；张鸿修《李爽墓壁画》，《文物天地》1991 年第 6 期。

[48] 贺梓城《唐墓壁画》，《文物》1959 年第 8 期。

[49] 陕西省文物管理委员会《西安东郊唐墓清理记》，《考古通讯》1956 年第 6 期。

[50] 张正岭《西安韩森寨唐墓清理记》，《考古通讯》1957 年第 5 期。

[51] 同 [46]。

[52] 西安市文物管理委员会《西安唐金乡县主墓清理简报》，《文物》1997 年第 1 期。

[53] 陕西考古所唐墓工作组《西安东郊唐苏思勖墓清理简报》，《考古》1960 年第 1 期；熊培庚《唐苏思勖墓壁画舞乐图》，《文物》1960 年第 8、9 期。

[54] 同 [48]。

[55] 陈安利、马咏钟《西安王家坟唐代唐安公主墓》，《文物》1991 年第 9 期。

[56] 同 [48]。

[57] 同 [48]。

[58] 陕西省文物管理委员会《长安县南里王村唐韦泂墓发掘记》，《文物》1959 年第 8 期。

[59] 赵力光、王九刚《长安县南里王村唐壁画墓》，《文博》1989 年第 4 期；张鸿修《韦氏墓壁画》，《文物天地》1990 年第 3 期。

[60] 杨泓《"屏风周昉画纤腰"——漫话唐代六曲画屏》，《文物天地》1990 年第 2 期。

[61] 王仁湘《〈野宴图〉与唐人游宴之风》，《文物天地》1993 年第 2 期。

[62] 同［48］。

[63] 同［46］。

[64] 同［48］。

[65] 同［46］。

[66] 陕西省社会科学院考古研究所《陕西咸阳唐苏君墓发掘记》，《考古》1963
年第 9 期。

[67] 同［24］。

[68] 据苏哲《三国至明代考古》，《中国考古学年鉴》(1994)，文物出版社，1997
年版。

[69] 《咸阳市铁二十局机关院内唐代阿史那怀道墓》，《中国考古学年鉴》(1994)，
文物出版社，1997 年版。

[70] 陕西省考古研究所、泾阳县文管会《唐张仲晖墓发掘简报》，《考古与文物》
1992 年第 1 期。

[71] 陕西省博物馆、文管会《唐李寿墓发掘简报》，《文物》1974 年第 9 期；陕
西省博物馆、文管会《唐李寿墓壁画试探》，《文物》1974 年第 9 期。

[72] 宿白《西安地区唐墓壁画的布局和内容》，《考古学报》1982 年第 2 期。

[73] 井增利、王小蒙《富平县新发现的唐墓壁画》，《考古与文物》1997 年第 4
期。

[74] 刘呆运、王保东《唐节愍太子李重俊墓》，《中国考古学年鉴》(1996)，文物
出版社，1998 年版。墓道东壁下部山水图发表于《中国文物精华》编辑委
员会编《中国文物精华》(1997)，文物出版社，1997 年版，图版 131，称为
1988 年出土。

[75] 同［72］。

[76] 王仁波、何修龄、单暐《陕西唐墓壁画之研究》(上)，《文博》创刊号 1984
年；王仁波《隋唐时期的墓室壁画》，《中国美术全集·绘画编 12·墓室壁
画》，文物出版社，1989 年版。

[77] 同［76］。此前王仁波在《中国大百科全书·考古学》"隋唐墓室壁画"条目
中，将生产并入社会生活一类，将礼宾（鸿胪寺官员，外国及国内少数民族
宾客）单独列出。类似的还有分为八类的，将寺观等图像单列为宗教一类，
见王仁波、何修龄、单暐《陕西唐墓壁画之研究》(上)，《文博》创刊号，
1984 年。

[78] 雒长安《洞窟壁画与墓葬壁画》，《文博》1998 年第 5 期。

[79] 赵超《"树下老人"与唐代的屏风式墓中壁画》,《文物》2003 年第 2 期;赵超《关于伯奇的古代孝子图画》,《考古与文物》2004 年第 3 期。

[80] 金维诺《早期花鸟画的发展》,《中国美术史论集》,人民美术出版社,1981 年版。

[81] 傅熹年《唐代隧道型墓的形制构造和所反映出的地上宫室》,《文物与考古论集》,文物出版社,1987 年。此文收入《傅熹年建筑史论文集》,文物出版社,1998 年。

[82] 如常书鸿《从出土文物展览看卓越的汉唐墓室壁画》,《文物参考资料》1954 年第 10 期;唐昌东《唐墓壁画的创作技巧和艺术成就》,《考古与文物》1989 年第 5 期;李星明《唐墓壁画考识》,《朵云》1994 年第 3 期;雒长安《唐墓壁画鉴赏》,《文博》1999 年第 2 期;〔韩〕朴晟惠《西安地区唐墓壁画风格研究》,1999 年中央美术学院博士学位论文,未刊。

[83] 内蒙古自治区文物工作队《和林格尔县土城子古墓发掘简介》,《文物》1961 年第 9 期。

[84] 洛阳市文物工作队《唐睿宗贵妃豆卢氏墓发掘简报》,《文物》1995 年第 8 期。

[85] 叶万松、黄吉博《洛阳关林皂角树新村唐代壁画墓》,《中国考古学年鉴》(1995),文物出版社,1997 年版。

[86] 广东省文物管理委员会、华南师范学院历史系《唐代张九龄墓发掘简报》,《文物》1961 年第 6 期。

[87] 全锦云《试论郧县唐李泰家族墓地》,《江汉考古》1986 年第 3 期。

[88] 高仲达《唐嗣濮王李欣墓发掘简报》,《江汉考古》1980 年第 2 期。

[89] 湖北省博物馆、郧县博物馆《湖北郧县唐李徽、阎婉墓发掘简报》,《文物》1987 年第 8 期。

[90] 权奎山《试析南方发现的唐代壁画墓》,《南方文物》1992 年第 4 期。

[91] 山西省文物管理委员会《太原市金胜村第六号唐代壁画墓》,《文物》1959 年第 8 期;山西省文物管理委员会《太原南郊金胜村唐墓》,《考古》1959 年第 9 期;山西省文物管理委员会《太原南郊金胜村三号唐墓》,《考古》1960 年第 1 期;山西省考古研究所、太原市文物管理委员会《太原金胜村 337 号唐代壁画墓》,《文物》1990 年第 12 期;侯毅《太原金胜村 555 号唐墓》,《文物季刊》1992 年第 1 期。

[92] 山西省文物管理委员会《太原市西南郊新董茹庄唐墓》,《山西文物介绍》十五,山西人民出版社,1954 年版。

[93] 山西省考古研究所《太原市南郊唐代壁画墓清理简报》,《文物》1988 年第 12 期。

[94] 冯国富《宁夏固原出土的北周隋唐壁画》,《固原师专学报》第 16 卷第 3 期 (1995 年)。

[95] 同 [7],《唐代史索岩夫妇墓》。

[96] 同 [7],《唐代梁元珍墓》;宁夏固原博物馆《宁夏固原唐梁元珍墓》,《文物》1993 年第 6 期,文物出版社,1996 年版。

[97] 同 [7],《唐代梁元珍墓》,第 131~132 页。

[98] 同 [72]。

[99] 新疆维吾尔自治区博物馆《吐鲁番县阿斯塔那—哈拉和卓古墓群发掘简报》 (1963~1965),《文物》1973 年第 10 期。

[100] 常任侠《新疆吐鲁番唐墓壁画内容初探》,《1983 年全国敦煌学术讨论会文集·石窟艺术编》,甘肃人民出版社,1985 年版。

[101] 徐建融《阿斯塔那 217 墓花鸟壁画》,《新疆艺术》1991 年第 1 期。

[102] 谭旗光《阿斯塔那 216 墓壁画》,《新疆艺术》1991 年第 1 期。

[103] 李征《新疆阿斯塔那三座唐墓出土珍贵绢画及文书等文物》,《文物》1975 年第 10 期;金维诺、卫边《唐代西州墓中的绢画》,《文物》1975 年第 10 期。

[104] 北京市文物研究所《北京丰台唐史思明墓》,《文物》1991 年第 9 期。

[105]《海淀区太平路唐代墓葬》,《中国考古学年鉴》(1986),文物出版社,1988 年版。

[106] 王武钰《延庆县铝箔厂唐代壁画墓》,《中国考古学年鉴》(1992),文物出版社,1994 年版。

[107] 北京市海淀区文物管理所《北京市海淀区八里庄唐墓》,《文物》1995 年第 11 期。

[108] 罗世平《观王公淑墓壁画 "牡丹芦雁图" 小记》,《文物》1996 年第 8 期。

[109] 河北省文物研究所、保定市文物管理处、曲阳县文物管理所《河北曲阳五代壁画墓发掘简报》,《文物》1996 年第 9 期;郝建文《浅谈曲阳五代墓壁画》,《文物》1996 年第 9 期;河北省文物研究所、保定市文物管理处编著《五代王处直墓》,文物出版社,1998 年版。

[110] 宿白《关于河北四处古墓的札记》,《文物》1996 年第 9 期,第 60 页。

[111] 罗世平《略论曲阳五代墓山水壁画的美术史价值》,《文物》1996 年第 9 期。

[112] 徐苹芳《看〈河北古代墓葬壁画精粹展〉札记》，《文物》1996 年第 9 期。

[113] 杨新文、贺雅宜《彬县五代墓发掘获丰硕成果》，《中国文物报》1994 年 5 月 8 日第 1 版；杨忠敏、阎可行《陕西彬县五代冯晖墓彩绘砖雕》，《文物》1994 年第 11 期。

[114] 张孝绒《五代冯晖墓壁画揭取技术总结》，《考古与文物》1994 年第 6 期；白崇斌、樊娟、张孝绒等《彬县五代冯晖墓壁画加固技术小结》，《考古与文物》1994 年第 6 期。

[115] 又作"息慎"或"稷慎"，东汉魏晋称"挹娄"，南北朝称"勿吉"，隋称"靺鞨"。

[116] 延边朝鲜族自治州博物馆《渤海贞孝公主墓发掘清理简报》，《社会科学战线》1982 年第 1 期。

[117] [日] 秋山进午《渤海"塔基"壁画墓的发现与研究》，《大境》第 10 号。

[118] 郭文魁《和龙渤海古墓出土的几件金饰》，《文物》1973 年第 8 期。

[119] 王承礼、曹正榕《吉林敦化六顶山渤海古墓》，《考古》1961 年第 6 期；魏存成《渤海王室贵族墓葬》，中国考古学会编辑《中国考古学会第三次年会论文集》(1981)，文物出版社，1984 年版。

[120] 干志耿《东北考古述略》，《社会科学战线》1997 年第 1 期，第 227 页。

[121] 余辉《唐宋时期少数民族政权的绘画机构及其成就》，《故宫博物院院刊》1992 年第 4 期。

[122] 李殿福《唐代渤海贞孝公主墓壁画与高句丽壁画比较研究》，《黑龙江文物丛刊》1983 年第 2 期。

[123] 李书楷《五代周恭帝顺陵出土壁画》，《中国文物报》1992 年 4 月 5 日第 1 版。

[124] 史占扬《两蜀墓室壁画初探》，《前后蜀的历史和文化》(1994)。

[125] 李致刚《王建墓的发掘》，《旅行杂志》第 19 卷第 4 期 (1945 年 4 月)；大沂《前蜀王建墓》，《文物周刊》第 12 期 (1946 年 12 月)；冯汉骥《前蜀王建墓发掘报告》，文物出版社，1964 年版。

[126] 成都市文物管理处《后蜀孟知祥墓与福庆长公主墓志铭》，《文物》1982 年第 3 期。

[127] 南京博物院编著《南唐二陵发掘报告》，文物出版社，1957 年版；彩画室(陈长龄、王仲杰)《江苏江宁南唐二陵摹绘彩画工作报告》，《古建通讯》1956 年第 1 期；纪思等《南唐二陵装饰艺术》，《古建通讯》1956 年第 1 期。

[128] 张跃进《刍言徐熙与南唐二陵建筑装饰彩画之关系》,《东南文化》1998 年第 2 期。

[129] 浙江省博物馆、杭州市文管会《浙江临安晚唐钱宽墓出土天文图及"官"字款白瓷》,《文物》1979 年第 12 期;伊世同《临安晚唐钱宽墓天文图简析》,《文物》1979 年第 12 期。

[130] 浙江省文物管理委员会《杭州、临安五代墓中的天文图和秘色瓷》,《考古》1975 年第 3 期。

[131] 杭州市文物考古所、临安市文物馆《浙江临安五代吴越国康陵发掘简报》,《文物》2000 年第 2 期。

四

宋辽壁画墓

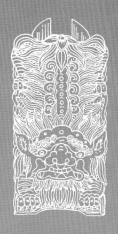

# （一） 辽庆东陵的盗掘与考古调查

辽墓壁画最早见于帝王陵。辽代帝陵多依山而建，十位皇帝的陵墓散布在今内蒙古自治区巴林左旗、巴林右旗与辽宁北镇。巴林右旗索博力嘎（白塔子）北 10 余公里的大兴安岭中，有一座东西横亘的大山，辽时名永安山，后改称庆云山，现蒙古语名瓦尔漫哈（意为有砖瓦的沙丘），俗称王坟沟。山的南麓分布着三座陵，从东到西一字排开，相距约 2 公里，通称为东陵、中陵和西陵。它们分别是辽代第六位皇帝圣宗耶律隆绪（公元 983～1031 年在位）和仁德皇后、钦爱皇后的永庆陵，第七位皇帝兴宗耶律宗真（公元 1031～1055 年在位）和仁懿皇后的永兴陵，以及第八位皇帝道宗耶律洪基（公元 1055～1101 年在位）和宣懿皇后的永福陵，总称庆陵。

## 1. 辽庆陵的盗掘与考古学调查

外国人很早着手调查庆陵，1912 年起法国神父闵宣化多次调查巴林左右两旗，即曾涉足庆陵[1]。鸟居龙藏对辽陵及其壁画也早有陈述[2]，1906 年至 1908 年及 1930 年至 1933 年期间，他在东北和内蒙古地区做考古调查[3]，对辽代帝陵及其壁画有过陈述。他计划通过考古学的调查系统地揭示辽文化的全貌，晚年更专注于辽文化的研究[4]。当时中国的有识之士也开始关心辽墓[5]。庆陵在金代已遭到破坏,后来又多次遭到盗掘。进入 20 世纪,庆陵遭遇过两次大规模的盗掘。先是 1913 年林西县知事在查勘林东垦地时,路过庆陵,读到碑文,得知是辽王陵,意谓其中必有宝藏,遂于 1914 年率人秘密盗掘中陵。1930 年春,奉系军阀、原热河省主席汤玉麟之子汤左荣自称省委专员,更洗劫了全部陵墓,将陵寝内的珍宝掠夺一空,并将墓内的契丹文墓志哀册十七方运至热河省城,震动了素重金石的学术界[6]。但当时对壁画尚未加以关注,这情形与集安高句丽壁画墓的发现多少有些相似。当年日本人小林行雄、田村実造首次查访庆陵,1939 年进行了正式的考古调查、实测、摄影,掠去部分文物。1953 年发表了调查报告,题为《庆陵:辽代帝王陵及其壁画的考古学调查报告》,首次系统披露了辽代帝王陵的壁画资料[7]。庆陵三座陵内原都有精美的壁画,但中、西二陵因盗墓者触动墓门,蓄水溢出,致使壁画遭到侵蚀,剥落漫漶,现陵墓也已塌毁,独圣宗东陵(又称庆东陵)保存较好,壁画有日人的摹本及照片资料,可资查考。1949 年后,内蒙古自治区文物工作队等单位再行调查庆陵,并于 1993 年再度发掘东陵,新发现了保存在东陵墓道部分的大型壁画,又对全部共计 120 平方米的壁画进行了临摹。

**2．庆东陵壁画**

庆东陵是按辽圣宗生前的选址营建的。圣宗在位时间既长,统治有方,史书上有"理冤滞,举才行,察贪残,抑奢僭,录死事之子孙,振诸部之贫乏"的美誉。据《辽史·地理志》记载,他驻跸庆云山时爱羡此地风光,指说"吾万岁后,当葬于此"。庆东陵地宫有前、中、后三室,前室和中室的左右各建一耳室。前室平面呈方形，其余各室呈圆形。墓内及墓门都抹石灰，再彩绘壁画，内容有装饰图案、人物和山水等。

庆陵建筑彩画在已发现的辽墓彩画中等级最高，在墓内砖砌仿木构件上及墓壁上方，工笔彩绘龙凤、花鸟、祥云、宝珠以及网格状图案。在墓道、前室及其东西耳室、中室和各甬道壁面上，描绘与真人等高的人物七十六身，人像上方都墨书契丹小字榜题。墓道两壁为十五名戴圆帽、穿圆领窄袖长衫、执骨朵的仪卫和一匹鞍辔齐备的马。前室南甬道与中室南甬道所绘仪卫形象相同。前室前半部分两壁各绘六人组成的伎乐队，均戴有脚幞头，穿黑袍。另外约四十身人物中仅有两幅并立的女像，其余的男像拱手或叉手侍立，均身穿圆领窄袖衫，腰围革带，髡发者居多，也有少数戴圆帽或戴直脚幞头。

东陵最有特色的壁画，当属中室四壁所绘的山水。画面上云彩澹澹，雁翔翩跹，湖水盈盈，野兽出没于山石杂树之间，分别描绘春、夏、秋、冬四季风光。其构图严谨，季节特征鲜明，鸟兽形象生动，应是真实地再现了捺钵之所的景色。四季捺钵是指辽代皇帝四时出行畋猎议事的行帐，因而也是辽墓中特有的壁画题材。四季捺钵的活动，即春季捕鹅雁（春水）；夏季避暑纳凉；秋季射鹿（秋山）；冬季渔猎讲武。因此，春日以梨树、野花、鹅群、水鸟入画，夏、秋、冬诸画面以画野花松柏、飞禽鹿群为主，一片和谐、自由、静谧的自然景象。四季捺钵同时兼有集群臣议事的内容，是辽代独创的朝政制度。因此，东陵壁画兼画有四时山水和南北朝臣人物肖像，画面中又透露出辽代日渐定型的政治礼仪制度和独有的文化特质。

## （二）契丹贵族壁画墓的发掘与整理

契丹人发祥于松漠草原，今内蒙古东部的西拉木伦河和老哈河流域是他们传统的聚居地。建立契丹政权后，采取契丹与汉人"因俗而治"的政策。契丹推行头下州制，仍聚族而居，生死不离本土。考古资料证明，辽代墓葬分区族葬的现象十分明显，而以契丹贵族的家族墓地最为典型[8]。契丹族一直保持"分地而居，合族而处"的生活方式，所发现的契丹人壁画墓多分布在上京道、中京道境内和东京道的西北地区，地跨今天的内蒙古、辽宁、吉林地区。属于贵族的壁画墓已知墓主人有皇族耶律氏、后族萧氏和部分契丹酋帅。

### 1．辽中京及东京腹地

1949年在辽宁义县清河门西山村发现的辽萧慎微家族墓，是最早发现的契丹贵族墓地[9]。其中2号墓为壁画墓，墓室分为前室和主室。墓道右壁石灰面全部脱落，左壁后部存有一块，为墨笔淡彩骑马武士像。前室画墨笔淡彩的牡丹花、流云纹以及契丹人像。主室以石构筑，为不等边的八角形，尸床前壁砖面上彩画牡丹。该墓出土契丹文墓志，见提及"兴宗皇帝"、"重熙"，末尾有"清宁三年（公元1057年）"的年号，一说墓主为萧敌烈[10]。1956年在河北平泉杨树岭徐杖子乡上鹰狩杖子村发现的辽石室墓[11]，1956年至1957年辽宁省博物馆派人调查清理的建平张家营子墓[12]，壁画残片中都出现有契丹装束人物形象。张家营子墓距离宁城不足40公里，是当前所知距离辽中京最近的壁画墓。

辽宁法库县叶茂台北山和西山附近发现有辽墓群，早在

1953 年就曾发掘过一座壁画墓[13]。墓为八角形单石室墓，两门柱上横置石枋，墓室内东壁绘二女侍，南壁为二男侍，石枋彩画云气纹。墓葬结构、随葬器物均与义县清河门辽墓相同。1974 年发现 7 号墓[14]，由辽宁省博物馆徐秉琨等发掘。该墓为大型砖室墓，分主室、前室和东西耳室，保存完整，随葬品丰富，墓主应属皇族。石棺外所罩木质棺床小帐，在东西两壁悬挂两轴绢画，即著名的《深山会棋图》与《竹雀双兔图》[15]。除此之外，还绘有六幅壁画，其中主室门外两侧壁、东西耳室门外北侧壁上的四幅壁画保存稍好，均绘侍立或捧物的大小男女仆婢，画法朴素，丰颐肥颊，男子有髡发者。1976 年发现天祚帝天庆二年（公元 1112 年）辽北宰相萧义墓[16]，为大型砖筑多室墓，前室两侧各有一耳室，后室平面呈八角形。墓道两壁壁画各长 10、宽 2 米，西壁绘出行，东壁画归来。墓门过洞两壁绘迎送主人的备饮、备食图，甬道东西两壁的武士高达 3 米。出行图以双驼高轮毡车为中心，墓主坐于车中，车马相接，各种执事人员前呼后拥。画中人物多作契丹装束，用具也多具契丹族的特点。人物众多，场面壮阔。造型以墨线勾勒为主，线条劲健流畅。

辽宁省境内发掘的辽壁画墓，根据已发表的资料，还有朝阳的姑营子耿氏墓、木头城子墓、双塔区墓[17]、凌河小学墓[18]，北票的季杖子墓和耶律仁先家族墓，彰武平安乡的马家村 1 号墓[19] 及岫岩新甸乡的辽墓[20]。耿氏墓[21] 有两座，相距约 30 米。耿延毅夫妇合葬墓为大型双室砖墓，壁画因积水侵蚀已模糊不清。墓门两侧画守卫武士，前室东西两壁表现准备宴席的场面，北壁力士像残缺严重。后室画七女一男，推测女子为内侍，男童可能是墓主幼子。墓门和前后室券门周边均绘连续的缠枝牡丹，墓门券顶上方并绘一对相向飞翔的长尾鸟。耿延毅为皇亲国戚，历任左领军卫大将军、昭德军节度使、户部使加太尉等要职，死于开泰八年（公元1019年）。其妻耶律氏（韩姓，赐姓耶律）开泰九年（公元1020年）迁来合葬。虽为汉人贵族墓，壁画中仍绘有契丹人物像。太平元年（公元1021年）耿延毅子耿知新墓，为砖砌仿木结构双室墓。天井东西壁各画一守卫武士，墓门及券门上方绘缠枝牡丹、乐舞人物和凤鸟。后室壁画脱落殆尽，东壁脱落的白灰皮中有墨线勾勒的人物及马的残片。

北票季杖子辽墓[22]清理发掘于1968年，属多室墓。后室前的甬道券额上绘火焰宝珠与祥云仙鹤，前室绘执骨朵的契丹仪卫、作叉手礼的侍从以及捧唾盂、食盒的侍女，均侧身朝向后室墓主棺台的位置。线条圆浑，画法比较成熟，接近耿延毅墓，布局结构特点是以单幅人物为主。北票小塔乡莲花山耶律仁先家族墓发掘于1983年，其中1～3号墓的券洞、券额、翼墙和墓道等处有彩绘壁画，除十身人物形象外，还有山水、花鸟图案。在摄影、测量、临摹后，对部分券额、翼墙上的壁画揭取保存，并进行了清理、整形、加固[23]。据称人像高达2米以上，描绘技巧颇高，可与庆陵媲美。

1987年，辽宁省文物考古研究所与朝阳县文物管理所发掘了木头城子乡十家村辽"检校国子祭酒兼监察御使武骑尉"墓[24]。这是个小型的砖砌圆形单室墓，甬道两壁绘祥云仙鹤，墓门两侧画男女侍者，墓室四壁下为宴饮（两组）、家居、春山、秋水、庭院等共五组壁画，中间一周绘十二生肖，券顶部分全部脱落，估计可能原绘星象图。墓室后部春山秋水图原有墨书题诗可拼对出来："远看山有色，静听水无声。春去花由

（犹）在，人来鸟不惊。"发掘者将此图与东陵壁画中的四季捺钵图相比，认为也是当时生活的真实写照。

吉林梨树县与法库县相邻，辽时同属东京道。1993 年夏，雨水冲出两座墓。1995 年对其进行了抢救性清理和壁画的临摹工作，其中 1 号墓[25]是吉林首次发现的辽壁画墓，墓主可能是驻守韩州（今吉林梨树）、掌握当地军政大权的奚人权贵，时代在辽晚期，或可晚至金初。此为八角形仿木结构单室砖墓，兼用砖雕和彩色壁画装饰。据说，原来所有壁面以及穹隆藻井均有彩绘，但清理时唯有甬道口两侧尚存部分画面，均绘破子棂窗。

## 2. 辽上京地区

今内蒙古赤峰境内的土河（今老哈河）、潢水（今西拉木伦河）流域是契丹萧氏和耶律氏族的发祥地。契丹建国后，上京临潢府和中京大定府都在这里。这里始终是辽代的政治、经济、军事和文化中心，辽墓也非常稠密。

1957 年，内蒙古文物工作组调查了阿鲁科尔沁旗水泉沟辽墓[26]。墓室平面近方形，分为主室和外廊两部分。影作檐椽、立柱和斗栱。主室侧壁和后壁的绘画脱落殆尽，南壁右上方尚存工笔山水，墓顶石画简单的云纹。此外，还有男仆、供奉童子、侍臣等形象。简报指出，其时代在兴宗重熙（公元1032～1055 年）以前。

1970 年，在翁牛特旗解放营子发现了一座辽壁画墓[27]。为石室木椁券顶单室墓，木椁八角形，外形与近代蒙古包相似，全用柏木叠砌。椁上彩绘内容丰富，保存完整，出土时色彩鲜艳夺目，是辽代壁画墓考古的一次重要收获。门内立柱左右侧绘朱雀与彩云。门侧的东南和西南壁绘顶盔贯甲的门神，下方有作逃走状的妖怪。西壁绘契丹人引马出行图，云间有白虎等神异的动物形象。木椁西北面彩绘海东青在野地上对立而鸣，周围有野花、蝴蝶点缀，对称式构图，装饰趣味浓厚，具有自由而迷人的野趣。北壁双凤对鸣也作对称构图，中央牡丹绽放，彩蝶、小鸟飞舞，画面雍容华美。东北壁画女侍与臂鹰的侍从。东壁表现驼车出行，车前有人举旌旗开道，旁有八人组成的伎乐鼓吹，天空中画青龙，布局与西壁对应。东南向绘原野宴饮，墓主人席地而坐，头戴毡冠，身着窄袖红衣；旁立侍从，所用散乐一律汉服，头戴幞头。背景淡墨勾勒出远山和树木，山间野鹿奔逐，具有原野生活的实感。木椁券顶模仿穹庐，平行叠涩的内面有变形凤纹、四瓣花纹、卷云纹、山树纹、三角纹、缠枝牡丹纹、鸟蝶纹七种二方连续图案，纹样波折流动，变化丰富，和谐而又具有动感。几幅花鸟画中所见动植物形貌均是本地物种，作者可能是契丹族画师。需要注意的是，画中人物的衣冠服饰虽然为契丹人风貌，毡车、架鹰等画面也体现了契丹风俗，但宴饮、伎乐场面的描绘却是在模仿北宋流行的开芳宴题材。发掘者认为相对年代当在辽中期以后至道宗（公元 1055～1101 年在位）初年。墓主是契丹贵族，可能是中京道某州的最高统治者。

继水泉沟辽墓和解放营子墓之后，70 年代后期，昭乌达盟（当时行政上属辽宁）各地结合文物普查，配合各种基建工程，清理、发掘了大小近百座辽墓，其中有壁画墓，也有两座石棺画墓和一座木棺画墓，包括克什克腾旗热水二八地 1、2 号石棺画墓、巴林右旗白彦尔登辽墓、敖汉旗康营子墓与北三家 1 号墓、巴林左旗白音敖包墓、喀喇沁旗娄子店 1 号墓、翁牛特旗山嘴子 3 号墓等。发掘者将这些墓的绘画资料一并公开[28]，大大丰富了人们对辽契丹族壁画墓的了解和认识。发掘时间相近的还有 1977 年昭盟文物工作站和敖汉旗文化馆清理的敖汉旗丰收白塔子墓[29]。

二八地 1、2 号墓[30]相距仅 5 米，形制结构大体相同，均为砖砌圆形券顶单室墓。石棺外表凿平，内壁抹白灰，以墨绘为主，技法朴拙。2 号墓被盗，石棺画遭到破坏。1 号墓完整无损，所绘牧放、夏季营盘、出猎前引马、主人坐骑以及树木杂草、草原坡岭、天鹅扑花、飞鸟等无不洋溢着马背民族的草原生活气息。关于这两座辽墓的年代，原报告认为当属重熙（公元 1032～1055 年）以前的早期辽墓，亦有学者认为早期契丹贵族流行的是在尸床上做小帐等做法，石棺则都是圣宗及其后时期的[31]。

北三家 1、3 号墓[32]均由敖汉旗文化馆清理。1 号墓系一规模较大的砖筑券顶多室墓，各室均为六边形。墓道东西白灰壁面上相对画引马场面，牵马者分别是汉人和契丹人。墓道尽端天井壁面上画出行队伍中的散乐行列，高近真人，线条劲健准确，造型准确。北壁存有双手执杖的契丹门吏形象。东西耳室壁画多已剥落，残缺不全，在门左右绘女侍、持杖小吏等。东耳室壁画作五扇屏风式，庖厨人物及场景全用墨线勾勒。西耳室画的则是箱子、高柜等日常生活用具。甬道顶在券顶至起券处绘火焰珠，两壁在耳室门旁画男女侍。线条流畅，运笔娴熟，透视和比例基本准确。3 号墓为六边形砖砌单室墓。墓室正面砖砌的棺床正面彩绘十一组牡丹花纹。甬道两壁各画五人，人物自腰部以上脱落，应为奏乐图。墓门前两侧绘竹子。墓道西壁绘四人、一车、二驼、一犬、一猫；东壁绘六人、一马，有的提食盒，有的提带长链的花罐，二人立于马旁，另有二人扭打在一起，头上方分别墨书"此是刘三取钱"、"为□□□送伍佰"。据发掘者推测，1、3号墓年代在辽中期以后，该处墓地可能是武安州（今内蒙古白塔子）的契丹最高统治者的家族茔地。

康家营子墓为砖砌券顶八角形单室墓，壁画基本保存完好。甬道东西壁分绘备食图、备酒图。墓室北壁尸床上方绘八曲重彩花鹤屏风；东西两壁画执持各色物品的侍卫，面向尸床肃立。白塔子墓葬的时间在大康七年（公元1081年）之前，是六边形砖室木椁墓。墓道两壁下部用砖砌成的部分抹有白灰面，上绘壁画。甬道门栿眼壁画牡丹，甬道东壁绘牵马图，西壁绘驼车。天井处有持骨朵的契丹门吏和奏乐者。娄子店1号辽墓为砖砌圆形券顶单室墓，壁画纯以墨线勾勒，多已剥落不清。墓室西壁绘游牧生活图保存较好，北壁斗栱之下绘有天鹅，左侧墨书似"万古千秋"四字，南壁墓门内两侧可推知原来绘有门神。其他几座墓画迹更少。白彦尔登辽墓主室南壁木门内外两侧绘门神，白音敖包墓、山嘴子3号墓和毛布沟3号墓[33]均在东耳室表现契丹人烹饪图。

哲里木盟已知的辽壁画墓集中在南端的库伦旗和奈曼旗两地，发掘较晚，但同样有惊人的发现。

库伦旗奈林稿公社前勿力布格屯有座土岗，当地人称为王坟梁，上有辽墓三十余座，是一个契丹贵族墓群。1972年发掘1号墓，出土有大康六年（公元1080年）纪年的特制铜钱。1974年在其北发掘了聚集在一起的2、3、4号墓[34]，清理墓葬的同时进行了壁画的临摹和揭取。1980年至1981年，发掘了5、6号墓[35]（图三二）。1985年，又发掘了7、8号墓[36]（图三三）。据地望推测，库伦辽墓群可能是掌管枢密、煊赫一

图三二 内蒙古哲里木盟库伦6号墓壁画乐舞图

时的国舅萧孝忠一系子孙的家族墓地，3号墓年代最早，在圣宗（公元983～1031年）末期；4号墓次之；1号墓时代在道宗朝（公元1055～1101年）；2号还要晚些；7号墓属辽晚期；8号墓在已发现的墓葬中规模最大，壁画仪仗也比其他墓多，应是封为王爵的契丹显贵，可能是墓地中下葬的第一人，甚至可能就是萧孝忠。

1号辽墓[37]系大型穹隆顶多室砖墓。墓道外层有联壁巨幅的阔大画面，北壁绘出行，南壁绘归来（有趣的是里层方向恰恰相反，南壁画出行，北壁画归来），长约22米，分别高1.8米和1.6米，气势宏大。出行图中车马齐备，正待启程，髡发的契丹随从恭谨待命，头戴幞头、脚穿麻鞋的汉族鼓手叉

手侍立，仪仗和前导前呼后拥，气氛整肃，场面豪华。归来图
中车毂乍停，两驼跪卧，展现的是长途跋涉后困顿的景象。门
洞上绘山石树木，外侧各绘一门将，头顶绘祥鹤彩云。天井南
北两壁题材大致相同，划分为四层，顶层为竹林仙鹤，第二层

图三三　内蒙古哲里木盟库伦7号墓壁画侍卫

为祥云图案，第三层绘牡丹湖石，下层分绘男侍和女侍。主室似画朱叶兰草，因长期水土侵蚀而难以辨认。以出行和归来为代表的壁画堪称继庆陵之后发现的又一佳作，人物众多，车马浩荡，对于这样宏大煊赫的场面，作者应付裕如，得心应手。

2 号墓[38]地势较高，未受地下水侵蚀，因此保存较好，墓道两壁情况尤佳。北壁绘侍女、驭者牵马、卫士、山水等，南壁画老仆、武士、高轮大车、跪卧双驼、驭者、山水等。南壁驼车、北壁驭者牵马最为精彩，线描挺劲利落，运笔如行云流水而又笔笔不苟。驼车部分酷似 1 号墓，或许出自同一粉本。天井部分和门洞处绘男女侍，墓门正面在券门上左右角绘彩凤祥云，栱眼壁彩画缠枝牡丹。3 号墓墓室没有填土，壁画受潮易脱落。4 号墓在墓门两侧、墓道两壁尽端发现有牵马、牵驼、男侍形象及卷云纹饰，笔法较潦草。

1、2 号墓的墓道壁画，出则以马，入则以驼，4 号墓于墓门两侧分画一马一驼，可能也是出行、归来画面的简化或者说象征。有研究者认为，库伦辽墓壁画继承了唐宋两代写实主义的传统，从作画程序看也与唐宋相同，很可能就是汉族画师绘制的。另外，针对 1、2 号墓的壁画都分两层的情况，发掘 1 号墓时曾提出可能是因为里层技法低下、方向错置而不得不重绘。随着 2 号墓相同情况的出现，发掘者转而认为应与二次葬有关。

7 号墓墓道东、西壁均绘归来图，队伍后面绘松石。紧接归来图的墓门过洞两壁绘二男仆准备侍候归来的主人歇息。天井北壁、东壁和西壁绘松树、野猪和山石。8 号墓方向 127度，和 7 号墓一样墓室内无画，墓道、墓门处壁画在早年被大面积铲除，尚可见壁画残痕。墓道南部绘墓主出行仪仗，北壁为归来图，仪仗人员分别执伞、扛椅、执绕串珠木架、执剑、荷骨朵。画中人物、器具等均与实物相仿。墓门前立面绘迦陵频伽和武将形门神。

1975 年，在奈林稿还曾发现了较大型的木头营子辽墓[39]，年代早于库伦旗 1 号墓，壁画保存较好。内蒙古博物馆和文物工作队合作临摹了壁画。该墓为砖砌多室墓，门楼雕出仿木结构部件，建筑彩画多脱落。墓门至前室甬道两壁各绘二门卫，前室四壁的壁画分上下两层，上彩绘影作华丽的建筑结构，下绘六名捧物肃立的侍女。前室至后室甬道两壁共绘四名侍女，后室穹隆顶绘星象。色彩鲜艳明快，线条挺拔有力。

哲盟奈曼旗青龙山镇东北 10 公里斯布格图村西的山南坡上，是辽驸马、圣宗仁德皇后之兄萧绍矩家族的墓地。1983 年山洪冲出 1 号墓墓道两侧残存侍从牵马图彩绘痕迹。1985 年修建水库时又发现 2、3 号墓。此 3 号墓即开泰七年（公元 1018 年）陈国公主与驸马萧绍矩合葬墓[40]，未遭盗扰，出土遗物丰富。陈国公主是辽景宗孙女、辽圣宗皇太弟秦晋国王耶律隆庆之女。全墓由墓道、天井、前室、东西耳室和后室六部分构成，大量装饰牡丹等花卉彩画。墓道两壁的驭者引马图是具有代表性的佳作，驭者髡发髭须，浓眉大眼，短袍长靴，擎鞭控缰，所引的马可能分别是公主与驸马的坐骑。前室东西两壁绘男女仆役、手持骨朵的侍卫以及白鹤，墓顶绘日月星云。壁画十分细腻平整，保存状况良好，色彩单纯，线条沉着，用笔简洁而精微，表现出契丹人的形象特征。

进入 90 年代以后，辽壁画墓发掘工作更有令人振奋的消息传来。1990 年秋，敖汉旗宝国吐乡丰山村皮匠沟两座辽墓被盗，敖汉旗博物馆进行了抢救性发掘。1 号墓[41]是六边形砖室壁画墓，脱落严重，穹隆顶下部尚存壁画。西面打马毬图在辽墓中尚属首次发现[42]，正壁在三个方框内各画一枝菊花，东面仅存一只翱翔于山峦的鹰。发掘者认为时代应在辽代中期，大约在辽圣宗统和初年至开泰末年（公元983~1021年）。同年，巴林左旗在滴水壶距离辽上京遗址约20公里的山谷中，抢救性清理了一座辽壁画墓[43]。该墓为八角形石室券顶结构，彩绘为仿木建筑形式。甬道北、南壁照例画引马出行和归来。墓室西壁开门，靠东的三壁上画撩起的帐子，帐外描绘着荷花水禽的丰美景色，被认为是"捺钵文化"的反映。其余的壁画上画敬食、梳妆侍奉、备饮、膳房执事等场面。墓主崇佛，与皇族关系密切。

近年来，内蒙古赤峰阿鲁科尔沁旗的两大发现，即耶律羽之墓与宝山1、2号辽墓，充实了辽代早期壁画墓的资料。辽东丹国左相耶律羽之墓[44]建于会同五年（公元942年），1992年被盗，文物部门旋即进行了抢救性发掘。甬道所绘人物、器具、祥云瑞鹤壁画残损，两扇石墓门内面各绘一幅真人大小的武士立像。主室石门内外彩绘团窠图案极为华丽精美，小帐则彩绘动物形象和十人的乐队，后者尤为精彩，形象逼真，技法高超，是辽代早期绘画佳作。东丹国治原渤海国之地，简报推测极有可能表现的是渤海乐队。耶律羽之（公元890~941年）为契丹迭剌部人，与辽太祖阿保机同出一脉，深得重用。该墓壁画内容、技法与唐画关系密切，如武士、凤凰、雄狮、云鹤、牡丹等都是唐代流行的题材，在落墨和用色等方面又有所发展。小帐有彩绘的又如1992年巴林右旗博物馆工作人员在该旗都希苏木友爱村调查的辽早中期墓[45]，帐门两侧镶装木板，外壁绘男女侍各一人。

宝山辽代壁画墓曾遭盗掘。1994年在文物普查过程中偶然发现了墓地内被盗掘的1、2号墓[46]，文物部门随即进行了抢救性发掘，1996年又对2号墓做了补充发掘。1号墓有辽太祖"天赞二年（公元923年）"题记，是目前发现的纪年辽墓中最早的一座，墓主为"大少君"次子，年仅十四岁。发掘者推断2号墓的年代稍晚于1号墓，墓主可能是大少君的夫人之一。宝山辽墓系统展现了辽初的绘画艺术成就，对揭示当时社会面貌，探讨辽与内地的关系以及透视晚唐绘画艺术有重要价值。由于过去发掘清理的辽墓多属中晚期，研究者们曾认为契丹族近于天葬的葬俗可能一直延续到辽代早期。但随着宝山辽墓、耶律羽之墓等早期墓的发掘，对辽壁画墓乃至辽墓的整体状况有了重新的认识。

1号墓砖石结构，墓室平面呈抹角长方形，正中偏后建石房。砖雕、影作仿木结构。墓内彩柱倚立，阑额环绕，斗栱高挑，彩画精美。墓室内及石房内外均绘壁画，大多数画面保存较好。墓室顶部为八角井式穹隆结构，中绘团花，周围有缠枝花、卷云莲花和火焰宝珠。南壁和西壁画吏仆侍从，东壁画牵马图，北壁有宴桌和犬羊。石房外绘影作建筑和侍从，石门上绘火焰、宝相花等图案。石房内顶绘团花云鹤，南壁画侍从，北壁表现厅堂的布置陈设，着色艳丽，大量采用贴金装饰，十分富丽堂皇。西壁高逸图以五人为主，僧道俗或论道或恭听，其中一人见榜题"刘楚"字样，旁立僮仆二人。西壁"降真图"描绘汉武帝谒见西王母的故事。

2号墓形制与1号墓大体相同。墓室壁画大多脱落，石房贴墓室后壁起建，壁画最为精湛。外壁及石门额类同1号墓。石房顶部绘有大型团花图案。东壁画仆佣，西壁画牡丹，南北

图三四　内蒙古宝山 2 号墓石房内南壁壁画织锦回文图

两壁画仕女题材。南壁寄锦图中诸女子熠熠夺目的贴金簪钗和精致富丽的衣裙衬托出华美尊贵的气质。背景上的丛竹青翠，芭蕉肥厚，柏树挺拔（图三四）。根据画中题诗现考订为苻秦时秦州刺史窦滔妻苏若兰织寄回文锦的故事。北壁壁画以中央云鬟抱面的贵妇为中心，面前案上有展开的经卷和白色的鹦鹉，背景绘棕榈花石、修竹垂柳，画上亦题七绝诗来点明主题。这幅画发掘简报称为"颂经图"，现经考证为杨贵妃教鹦鹉图。两幅壁画均创自唐代仕女画家张萱和周昉，在唐时粉本流传极广，宝山辽墓的这两幅壁画即是依照唐画粉本绘制的[47]。

1995 年夏秋之际，内蒙古自治区文化厅组织文物考古人员，对敖汉旗境内因人为和自然因素遭到破坏的辽壁画墓进行了抢救性保护，包括四家子镇羊山 1、3 号墓[48]，玛尼罕乡七家村 1 号墓等，共临摹壁画四十四幅、揭取三十五幅[49]。其成果曾于 1996 年在北京辽金城垣博物馆的"辽金墓室壁画展"中展出。辽墓壁画的一次次重大发现，不断深化着我们对辽代绘画艺术成就的了解，更新着我们对契丹民族的发展历程和自身特色的认识。

## （三）辽代汉人壁画墓的考古发现

自后晋石敬瑭会同元年（公元 938 年）割地之后，燕云十六州归入辽土，即今河北省境内长城以南、易水和白沟以北的地区以及山西省北部地区。燕云之地发现的辽代壁画墓主要分布在北京、山西大同和河北宣化，绝大多数为汉人墓。由于民族成分、文化传统、历史渊源和地理位置的关系，这些地方辽墓壁画中的衣冠服饰、起居器用与北宋墓壁画中的无太大差异，题材多是开芳宴。

北京地区的发现有 1960 年南郊发掘的应历八年（公元 958 年）赵德钧夫妇合葬墓，1979 年发掘的门头沟斋堂辽墓，1981 年在八宝山发掘的统和十五年（公元 997 年）韩佚夫妻合葬墓以及丰台镇重熙二十二年（公元 1053 年）王泽墓[50]。其中赵德钧墓年代最早，在辽中期穆宗朝，而斋堂墓最晚。

赵德钧墓[51]为大型多室墓，各室皆作圆形，仿木构部件均用黑红二色彩绘。前室彩绘和壁画全毁，中室四幅壁画也已残毁脱落。右中室东侧绘九身立像，右有六名童仆，左三人穿红袍，戴展角幞头，正展开画轴欣赏，充分体现了文人士大夫阶层的生活趣味。右前室东西两侧保留有女仆制作面食和托盘进面点的画面，形态逼真。1956 年，在该墓旁发现"辽故卢龙军节度使太师中书令北平王赠齐王天水赵公夫人故魏国夫人赠秦国夫人种氏合祔墓志铭"，据此确定墓主为赵德钧。赵德钧曾长期镇守幽州，历事沧州连帅刘守文、刘守光、后唐和契丹，后晋天福二年（公元973年）死于契丹。

韩氏墓地位于八宝山革命公墓院墙内。韩佚（公元936～995年）墓[52]为圆形单室砖墓，壁面影作出八柱，柱间绘壁画。北壁正中绘帷幔、花鸟三扇围屏及侍女，东西两壁各绘三幅侍女图，间以飞禽、花卉、方桌、衣箱、衣架等。墓室穹隆顶分成八瓣，上绘流云瑞鹤，下绘正面肃立、着宽袖衣袍的人物，头顶动物形象代表十二生肖。

斋堂辽墓[53]南壁彩绘捧物女侍，托盘中盛放的石榴、桃、西瓜等果物历历可辨。西壁壁面由树木分隔为三幅，右起分别为"丁兰事亲"、"赵孝兄弟"、"孝孙原穀"，是当时流行的孝悌题材。棺床档上绘勾连纹、云纹及四幅山水，风格粗犷。用笔简率，景物雄浑，水墨与色彩兼施。依据在墓顶附近发现的石幢文，简报判断下葬年代为天庆元年（公元1111年）。近年有人提出不同意见，认为应是元墓，除衣冠服饰具有元代的特点外，另一个论据就是床档画的做法在辽金墓中尚未见到，在北方元墓中却已有多例[54]。

燕云十六州入辽后，出于军事上的考虑，辽重熙十三年（公元1044年）升山西大同为西京，府名大同，金因之。大同一地在20世纪五六十年代就已发现为数众多的辽墓壁画，分布在北郊的卧虎湾、城东的马家堡、西南的十里铺和新添堡等地，具有鲜明的地方特色。它所形成的壁画墓传统一直延续到金、元时期。1954年发现了卧虎湾1、2号墓[55]。1957年在十里铺村东发现了27、28号墓[56]。1958年发现天庆九年（公元1119年）新添堡29号墓[57]。1959年，在马家堡清理了一座圆形单室砖砌壁画墓[58]。1961 年至 1962 年，清理了卧虎湾 3、4 号墓[59]，1962 年先后发现了 5、6 号墓[60]，3 号墓石棺盖内书"乾统柒年"（公元 1107 年）等字样，5 号墓出有"大安九年"（公元 1093 年）买地券。这些墓的壁画保存状况好坏程度不一，壁画内容、布局、风格类似，多在南壁墓门两侧各画一人，有男仆、女婢、门卫等题材。西壁以车马出行为主，间或有饮宴场面，包括跪驼、轿车、犬、马、马槽、脸盆及盆架、槅扇门等。东壁家庭生活图中有宴饮、备膳、散乐等内容，以及侍者、衣架、槅扇门等，大量描绘蒸笼、漆奁、灯、剪刀、熨斗、香炉、罐、錾子等生活用品。北壁绘卷起的帷幔、花草山石围屏和侍女、侍童。四隅影作木建筑，室顶绘天象。

1991 年，山西省考古研究所平朔考古队在大同以南的朔州发现有辽末期的壁画墓（市府街 21 号墓）[61]。墓为正方形单室砖墓，东向，东壁在墓门两侧分别画墓主骑马出行、驼车归来，西壁绘供奉，南北壁画备宴、侍奉饮食和散乐等内容。壁画内容丰富，绘画比较精细而生动，人物眼窝、脸颊皆染成粉红色。

大同地区发现的辽墓，包括资料尚未发表的壁画墓，如大同市城南纸箱厂、经济管理干部学校、铁十七局院、煤气公司气源厂等地的辽墓在内，已达到二十座左右。它们的共同点是砖券圆形单室墓，穹隆顶，均采用火葬，绝大多数直径都在1.5 米左右。1986 年新添堡发现的景宗乾亨四年（公元 982年）辽大同军节度使许从赟夫妇合葬墓[62]规模最大，底径也不足 5 米。墓道、甬道不作画，仅大同市经济干部管理学校 2号墓在墓道上用土红色画出立柱、阑额和斗栱等。壁画可分为上、中、下三层，上层为星象，中层影作木构建筑，下层为壁画的主体，构图特点是利用立柱划分壁画。研究者将大同辽墓分为早晚两期，早期仅许从赟夫妇合葬墓一例，比较简单，少有多人组成的画面。兴宗重熙（公元1032～1055年）以后的晚期墓形成固定格局，内容、布局程式化。其中，正壁的开芳宴场面只画帷幔屏风，绝不出现墓主人，可能是山西一带的地域特色。这一特点还延续到大同的金墓中。在契丹与宋文化的双重影响下，加之本地文化、习俗的传统，大同辽代壁画墓有自己的特点和演变规律。比起东北、内蒙古的辽墓来，它侧重于居室生活；比起宋墓来，它又出现了髡发人物形象，墓室形似毡帐，棺床上绘有彩色地毯等图案[63]。

辽西京道境内壁画墓最重要的发现当数河北张家口市宣化区下八里辽晚期张氏贵族墓群。另在张家口以南的涿鹿、以北的张北，以及大同以西的内蒙古也有零星发现。

宣化属于西京归化州，下八里村位于宣化城西北约4公里处。1974年发掘的张世卿墓[64]，壁画内容丰富，保存基本完好，轰动一时（图三五）。其中由十二身乐伎组成的散乐图最为人称道，人物大小近真人，神色各殊，姿态自然，宛然如生，精妙准确地再现了当时的乐舞表演场面。完整无缺，极其珍贵。天井有壁画四层，绘有人物、花卉、鹤竹、荷塘，布置和选材与库伦旗1号墓相类，有人比之为四季景观变化的写生。其后，1993年又发现七座晚期汉族张氏墓和韩师训墓，并钻探确定了11～15号墓的位置。下八里辽墓时代集中在辽末的大安、天庆年间[65]，均采用砖砌仿木结构，以真人偶像实以骨灰埋葬，系佛教的荼毗礼结合中国传统土葬的葬制（表二）。

图三五　河北宣化张世卿墓壁画出行图

　　宣化辽墓群壁画的题材分布是在通道两侧（前后墓室的南壁与前室的北壁）画执杖门吏或武士；顶部绘天象图；影作建筑构件上有花卉彩画装饰；墓室侧壁和后室北壁这些墓室内最主要的壁面则表现日常生活。画师将极其丰富的生活内容提炼为若干固定的题材，普遍应用于各墓壁画中，包括幞头男乐、男装女乐、备食、备茶、备酒，女侍启箱、妇人挑灯等等。各墓除家具之外，还点缀盆花、湖石、仙鹤画面或屏风，进一步加强了墓主家居生活的安逸情趣。1、2、4号墓的备经画面与3、6号墓置经卷的交几等陈设，应与佛教的流行和墓主的信仰有直接关系。

表二　　　　　　河北宣化下八里辽墓基本情况表

| 编号 | 墓主 | 家族关系 | 生卒年 | 下葬年代 | 墓室结构 |
|---|---|---|---|---|---|
| 1 号墓 | 张世卿 | 张文藻侄辈 | 公元 1042 ~ 1116 年 | 公元 1116 年 | 双室，前室方形、后室方形 |
| 2 号墓[66] | 张恭诱 | 张世古子 | 公元 1069 ~ 1113 年 | 公元 1117 年 | 单室，墓室六角形 |
| 3 号墓[67] | 张世本 | 张文藻侄辈 | 公元? ~ 1088 年 | 公元 1093 ~ 1144 年 | 单室，墓室圆形 |
| 5 号墓[68] | 张世古 | 张文藻子 | 公元 1050 ~ 1108 年 | 公元 1117 年 | 双室，前室方形、后室六角形 |
| 6 号墓[69] | 张氏（名不详） | 张文藻兄长?[70] | | | 双室，前室方形、后室八角形 |
| 7 号墓[71] | 张文藻 | 张匡正子 | 公元 1029 ~ 1074 年 | 公元 1093 年 | 双室，前室方形、后室圆形 |
| 9 号墓[72] | 张氏（名不详） | 张文藻兄长?[73] | | | 双室，前室方形、后室圆形 |
| 10 号墓[74] | 张匡正 | | 公元 984 ~ 1058 年 | 公元 1093 年 | 双室，前室方形、后室圆形 |
| 4 号墓[75] | 韩师训 | | 公元 1042 ~ 1110 年 | 公元 1111 年 | 双室，前室方形、后室圆形 |

　　下八里辽墓群的张姓墓可分西北和东南两组。东南组似以张匡正墓为中心，周围有张文藻墓（图三六）和张世本墓，同葬于大安九年。西北组以张世卿墓为中心，周围有张世古墓和张恭诱墓。比较起来，西北组较东南组墓葬形制趋于简单，壁画呈现程式化倾向，仿木构件上不加彩画装饰。具体说来，东北组前室主要绘男装女乐舞，多女侍、侍童，有契丹装男侍；西北组画幞头男乐舞，男侍（吏）驭白马，备主人出行。后室（墓室）中东南组仍多女侍，窗下绘文具桌，两侧为花鹤或盆花；男侍、男吏中

图三六　河北宣化张文藻墓壁画散乐图

有着契丹装者，流行花石屏风。时代较晚的西北组出现的这些变化和简化的趋势，除时风移易的原因外，还应与辽自道宗末年以后，社会生产日趋衰落的形势有关[76]。关于契丹装人物的民族成分，稍有争议，一般认为是契丹族，也有学者认为是汉族，是在长期的民族融合之后形成的风俗[77]。

张、韩两姓墓地虽然相距不远，但各有特点。韩师训墓以下题材不见于张氏墓：一、前后室前后壁券门两侧皆绘门吏或门卫，其中前室前壁门吏挂骨朵髡顶垂鬓装，后壁门卫作门神样，后室后壁门吏着幞头；二、前室西壁增加了为女墓主所备的驼车和驭手；三、后室侧壁似表现内室，东南壁挑灯备饮食，相对的西南壁绘主妇进食同时听奏乐，东北壁绘准备经卷，而西北壁清理财物的图像，论者认为应与韩氏贩运发家的经历相对应。而前、后室都出现契丹装人物，门吏作门神状，前室西壁马与驼车并备的场面等特点均常见于当时契丹族墓。这些现象或与韩氏子辈热心仕途有关，故而家居生活的契丹化程度较张氏墓显著[78]。

除 9 号墓情况不明外，其余各墓均绘有天象图。其共同之处是正中绘莲花，中嵌铜镜，周围环绕日月二十八宿。张世卿墓穹隆顶彩绘星象图以多瓣莲花为核心，内区绘九曜二十八宿，外区画黄道十二宫图像，是迄今为止将中国传统的二十八宿与起源于巴比伦的黄道十二宫相对照的最完整的画面，无疑是研究辽代天文历法的来源和我国古代天文史的珍贵资料[79]。北宋墓中天象图已难得一见，下八里辽墓的天象图可视为唐文化遗存的又一例证。

张文藻墓甬道门上方的半圆形堵头上绘一束髻老者与一僧人弈棋，中间有一戴硬角幞头、穿袍服者观棋，另有三名侍童。原报告将之称为《三老对弈图》，有学者考证应是寓意儒、释、道三教合流，或取"棋"、"齐"谐音示意"三教会齐"，因而定名为《三教会棋图》。历史上出现过多次三教辩论，隋唐以降基本确立了同归儒家正统的意识。而从绘画的创作看，自唐、五代以来会棋图非常流行，以三教会棋为题材的画作见诸《宣和画谱》著录的就有孙位、王齐翰、高克明等画家的作品，可知张文藻墓的这幅会棋图的画题与样式均来自汉地[80]。1998 年，宣化区文物保管所在下八里村北抢救发掘了一座单室八角形辽墓，其中东南壁的击鞠图保存相对完好[81]。

下八里辽壁画墓群的重要意义，还在于它对研究公元11～12 世纪北方民间画工的风格和赞助情况将起到重要的参考作用。

河北省除宣化以外，在涿鹿和张北地区也有辽墓发现。1982 年在涿鹿发现辽晚期石砌砖券顶单室墓[82]，墓葬遭到破坏，壁画损毁过半。经清理，推知墓主可能是僧侣。穹顶绘星图，下绘宅院建筑，建筑中似有宾客和欢庆场面。四壁中东壁壁画尚存，开阔的庭院中有散乐与宴饮场面。墓门两侧绘出行车马和执戟武士。河北张北公会镇贲汗庙村辽墓[83]发现于1984年，是一座不规则八角形的石椁石棺墓，墓顶、墓壁、墓底和石棺外均绘水墨山水，惜已遭破坏。

汉人壁画墓在内蒙古也有发现。如清水河县山跳峁墓地[84]曾因水土流失造成墓葬暴露，遭到盗掘。1994年，内蒙古文物考古研究所、乌兰察布博物馆与县文物管理所联合发掘，共清理七座墓。墓葬形制为穹隆顶仿木结构砖雕单室墓。壁画由于白灰面、黄泥层抹得很粗糙而剥落或漫漶，仅7号墓和未遭盗掘的4、6号墓有部分保存。壁画风格十分潦草简率，内容大抵为武戏、劳作、吹奏、侍应等内容，出现了僧人、四神之类的内容，也有带草原气息的飞禽走兽，墓主当是受北方游牧文化影响的汉人。发掘者推测，该墓地年代可能属五代时期。翁牛特旗北大庙木棺墓[85]为石砌圆形券顶砖室墓，白灰壁面上画牡丹插花与翻飞的彩蝶。木棺按方位画四神，棺盖上画缠枝牡丹。木棺正面小木门两侧分画捧奁、抱镜的女侍，平头短发，身着长袍，腰系带，脚穿黑毡靴。根据当时掌握的考古资料，一种意见认为辽墓中凡用棺者，时间大体在辽中期之后，墓主当为汉族官僚地主抑或是宋朝使臣。

## （四）白沙宋墓及宋墓壁画的特征

目前发现的宋代壁画墓主要分布在河南、山东、河北、山西、陕西和甘肃等地，尤以邻近北宋东京汴梁（今河南开封）

的黄河中下游地区最多，江苏、福建和江西也有少量发现。由于南方的地理气候条件原因，宋室南渡并没有使壁画墓的做法在南方得以延续，因此本节所述的宋墓年代主要是与辽对峙时期的北宋。宋代壁画墓的典型形制是仿木建筑砖室墓，从晚唐、五代简单的仿木构砖室墓发展而来。这种形式的墓室从北宋中期，特别是神宗（公元1068～1085年在位）以后，在中原普遍流行，趋向精细、复杂、繁密、真实。随葬品很少，主要用雕绘来安排墓主的身后生活。砖雕与彩绘互相结合，围绕墓主夫妇开芳宴这个核心展开[86]。

## 1. 北方地区——以河南为中心

宋代帝后陵墓中，目前仅在河南巩县（今巩义）境内洛河南岸的太宗李后陵[87]中发现有壁画。元德李后是太宗贤妃、真宗生母，卒于太平兴国二年（公元977年）。真宗即位后于咸平三年（公元1000年）按皇太后礼仪，祔葬于太宗永熙陵之西北隅。该陵屡遭盗掘，20世纪40年代初、50年代末又遭扰乱，1981年更因连降暴雨而致塌陷。1984年至1985年，河南省文物研究所、巩县文物保管所组织联合发掘，这是正式发掘的第一座北宋皇室陵墓。墓内采取了砖雕、线刻、斗栱彩画和壁画四种装饰方式，但壁画大多损毁，发掘时反而不如1964年南京工学院建筑系调查和实测北宋帝陵[88]时看得清楚。穹顶至影作屋檐以上有彩绘痕迹，上有星象，下有宫室楼阁，栱眼壁墨勾盆花。石墓门上线刻高大的武士形象，这一装饰题材在五代十国陵墓中已经见到，宋辽时期渐渐风行。

北宋定都东京汴梁（今河南开封），以京畿以西的洛阳为西京。自河阴之变北魏东西分裂之后，除武则天以洛阳为实际都城的短暂时期外，这里已久别了政治核心地位。唐亡后，政治、文化中心终于重新回到中原的河南。宋代北方的壁画墓以洛阳、郑州一带的豫中最为集中，自在情理之中。保存完整的白沙宋墓，无疑具有代表性。

1951年至1952年，为配合白沙水库工程，河南省文物保管委员会、科学院考古所及文化部文物局等单位，先后在河南禹县发掘大量遗址和战国至唐宋时期的墓葬。其中最主要的是位于颍水东墓区中部偏北的1～3号宋墓[89]。因发掘报告题名为《白沙宋墓》，后即习称这三座墓为白沙宋墓。墓为砖室仿木结构，彩色壁画内容包括室内家具陈设与梳妆等用器、人物衣饰、马匹等。固然，仿木构建筑的砖雕壁画墓在北宋末年流行于中原和北方地区，然纪年明确、保存状况良好如白沙宋墓者却毕竟罕见，兼之研究者旁征博引，辟析精深，遂使白沙宋墓成为研究同类宋墓时不能不参考的重要资料，为宋代壁画墓的研究奠定了坚实的基础（图三七）。

元符二年（公元1099年）赵大翁墓分前后两室，前室平面呈扁方形，后室呈六角形，为砖砌仿木建筑，斗栱、檐椽、瓦脊、梁柱一丝不苟。斗栱为单抄单昂重栱五铺作，室顶宝盖式，有盝顶藻井和截头六瓣攒尖顶两种。结构精致复杂，兼之彩画繁复缤纷，营造出雕梁画栋的富丽效果。墓室中的壁画更增添了浓郁而真实的生活气氛。甬道两壁画侍从，他们或身背钱串，或手持筒囊酒瓶，或牵马欲行。前室墓门两侧画持骨朵的护卫，东壁画女乐十一人，西壁雕画墓主人夫妇对坐宴饮像。男女墓主宴饮、观赏散乐杂剧演出的场面，宿白考证为"开芳宴"[90]（图三八），这是宋墓壁画中最流行的题材。后室表现墓主人内宅的生活情景，北壁砌妇女作启板门状，西北、东北两壁砌破子棂窗，西南壁画对镜着冠的妇人，东南壁画持

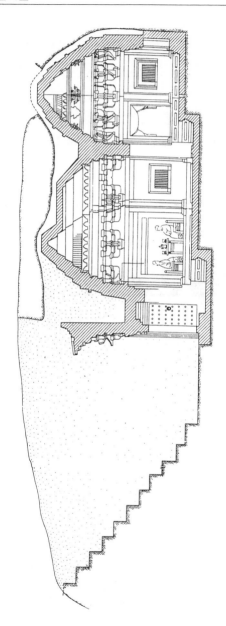

图三七　河南禹县白沙宋墓纵剖面图

图三八　河南禹县白沙宋墓壁画开芳宴图

物侍奉的男女婢仆。2、3 号墓并列于赵大翁墓北,都是平面六角形的仿木结构单室墓,夫妇合葬。壁画题材与赵大翁墓相同而略简化,时代则较赵大翁墓稍晚。2 号墓估计为宋徽宗时期。3 号墓较晚,不超过徽宗宣和六年(公元 1124 年)。

　　60 年代以前在北方发现的有纪年的砖雕壁画宋墓,有河南郑州旧城南关外仁宗至和三年(公元 1056 年)墓[91]、安阳天禧镇神宗熙宁十年(公元 1077 年)王用墓[92]、山东济南青龙桥英宗治平年间(公元 1064～1067 年)墓和熙宁八年(公元 1075

年）1号墓[93]、河北武安哲宗绍圣二年（公元1095年）墓[94]，年代最晚的是甘肃陇西南宋高宗建炎二年（公元1128年）李泽夫妇合葬墓[95]。没有明确纪年材料的如河南郑州二里岗宋墓[96]、豫北林县董家村宋墓[97]及山西侯马宋墓[98]等。题材不出门吏侍从、炊事奉食、妇人启门、开芳宴、出行之类和建筑彩画。其中，有人对安阳天禧镇宋墓散乐图做过考证[99]。

70年代以前，宋墓发现数量不多，仅有1971年在林县城关清理发掘的一座仿木结构彩绘雕砖宋墓[100]。壁画和砖雕内容极丰富，时间在熙宁、政和间（公元1068～1118年）。除建筑彩画和零星幅面外，较大的画幅是东壁的宴饮图。南壁门左右两侧分别画备马图和散乐图。北壁假窗上绘悬幔，窗下角卧花猫，增添了真实的生活情趣。林县一地的宋壁画墓除上述董家村和城关宋墓外，还有林县一中墓和李家池村墓。林县一中宋墓[101]1979年发现，年代上限为哲宗元祐（公元1086～1094年）年间，下限为政和元年（公元1111年）前后。壁画题材可分为享乐、孝行、装饰图案三类，孝行图计有十二幅。李家池村宋墓[102]平面呈六边形，绘二十四幅孝行图和宴饮图。城关宋墓中以砖雕表现的孝子故事在林县一中和李家池村墓中以绘画形式表现，值得注意。

70年代末、80年代初发现的宋代砖室壁画墓，还有1980年发掘的河南登封大金店宋墓。此后，河南几乎年年都有新发现，分布于荥阳、登封、新安、安阳、嵩县、洛阳、新密等地。

1981年，郑州市博物馆清理了荥阳司村宋徽宗初期（公元1107～1111年）墓[103]。它坐落在邙山岭上，为仿木结构六角攒尖顶砖室墓。周壁描绘孝行故事画十九幅，均有榜题，其中十二位见于元人郭居业所编《二十四孝》，事迹也颇吻合。以人物动态和极简单的布景来表现情节，人物线描简洁却也不失生动。每壁孝行图上方均绘二文官形象，可能是完全人化的十二生肖。

　　自 1984 年起，河南新安石寺公社李村大队砖厂先后发现三座宋墓，其中宣和八年（即靖康元年，公元 1126 年）1 号（宋四郎墓）[104]、3 号[105]均为砖雕壁画墓。1986 年，河南安阳市机床厂基建工地发现两座宣和初年的壁画墓[106]。1989 年，洛阳市文物工作队发掘、清理并搬迁了新安古村北宋壁画墓[107]，年代为北宋中期神宗、哲宗朝（公元 1068～1100 年）。1994 年，该队发掘了新安县城关镇宋村的北宋墓[108]。这几座墓皆绘宋代流行的开芳宴、寝妆之类题材的壁画，以及厨作、乐舞、牡丹花等（图三九）。

图三九　河南新安李村 1 号墓壁画宴饮与厨作

1987年，洛阳市第二文物工作队清理发掘了嵩县城关镇北元村壁画墓[109]。此墓曾经被盗，但结构保存完好，是典型的宋代仿木建筑砖雕八角形单室墓。从四壁到墓顶乃至甬道都满绘壁画，色彩鲜艳明快，画技熟练，内容丰富。甬道画牡丹及武士形门神，墓室北壁正门两侧的槅扇门下部画男女墓主对坐。此外绘十五幅孝子故事画，无榜题。甬道内壁门额上绘韩伯俞行孝，东壁为刘殷、丁兰、汉文帝、董永、曹娥、舜子六幅孝行故事，北壁为王祥和田真，西壁六幅表现的是睒子、元觉、郭巨、老莱子、孟宗和赵孝宗。墓顶正中绘莲花，下绘流云、飞鹤及牡丹插花。发掘者推断，墓主是有相当财力的地方绅士，年代属徽宗时期。

1990年，洛阳市第二文物工作队在邙山发掘了一座壁画墓[110]。据推断，其下限不会晚于钦宗靖康年（公元1126～1127年）。该墓为仿木结构砖室墓，墓室内砖雕、建筑彩画、壁画相互映衬。墓主为女性，壁画所绘十六位人物亦均为女性。墓室东西壁对称绘四幅挂轴画，题材为竹石花草，为研究中国绘画及其装裱、悬挂布置情况提供了难得的资料。

1991年，在河南安阳小南海水库除险加固工程中发现一座宋代壁画墓[111]，后搬迁到安阳东北韩陵山定国寺旧址。该墓为方形单室盝顶砖室墓，仿木结构建筑，有繁复的彩画，外涂桐油封护，保存完好。壁画共八幅。南壁左侧为杂剧图，发掘者考证所演剧目为编于宣和四年（公元1122年）之《三十六髻》；右侧为备马。东壁以夫妇对坐为中心表现家庭生活场景。北壁在左右两侧的直棂窗下绘猫、衣箱和放衣物的案，中间绘妇人启门。西壁在假门两旁分别画庖厨和乘轿出游。这是豫北地区发现的建筑彩画和壁画最为丰富的壁画墓。该墓应建

图四〇 河南新密平陌宋墓壁画探病图

于北宋末徽宗时期。

　　河南宋代壁画墓最晚的发现地之一是新密市。1998 年，新密市博物馆、郑州市文物考古研究所联合清理发掘了平陌大观二年（公元 1108 年）墓[112]（图四〇）。该墓为仿木结构八角形单室砖墓，墓顶、栱眼壁和建筑构件上彩绘装饰图案。除开门的南壁无壁画外，以南北为轴线，对称绘制壁画。北壁为悬幔、垂帐、假门，东北和西北壁画书写图，西壁家居与东壁备宴相对，西南和东南壁绘梳妆图。顶部共八幅画，西南和南部壁画已脱落，东南绘"行孝赵孝宗"，东壁绘"行孝鲍山"和"王相（祥）"，西壁应为闵子骞行孝，西北壁为"四（泗）洲大圣度翁婆"，东北为仙人行列，北壁绘祥云楼阁。1999 年发掘的新密牛店乡下庄河村宋墓[113]，是一座八角形单室砖券墓。上部绘祥云、佛僧一类内容，中间斗栱涂彩，栱眼壁彩画花卉。下部除南壁开门、北壁设假门外，均有绘画，简报推测为备马出行、伶人收徒、孝顺高堂、锦帐花卉和伶人供奉祖师爷等内容。

总的看来，河南宋墓以仿木结构砖室墓最有特色。唐末至五代时构造最简单，后日趋复杂，如从板门直棂窗发展到雕花槅扇门窗，从象征性的角柱、栌斗等发展到繁复的单抄单昂五铺作垂栱计心造，从叠涩顶发展到宝盖式盝顶藻井等。彩绘壁画多开芳宴、梳妆、散乐、孝子故事等，与李后陵迥然不同。通常少见随葬品，可能是由于已用砖雕壁画表示用具什物之故[114]。

山西是当时宋辽对峙之地，雁北地区辽壁画墓已积累了比较丰厚的资料，但中南部的宋壁画墓却罕有发现，自侯马宋墓发现后沉寂了三十二年之久。1991年，在平定城关镇姜家沟村清理一座北宋砖砌单室墓[115]，壁画揭取后保存于县文物管理所。墓室平面呈六边形，现存南、东南、东北、北四壁。穹隆墓顶绘星象。东南壁绘乐舞，绘制精美。东北壁残存财帛之类零星画面。北壁绘一持柄香炉的侍女。栱眼壁彩画朱雀、花卉、青龙、玄武。当地还收集到另一座被毁墓葬的壁画残块三十余件，年代和内容应与前墓相同。

陕北不断发现宋金元明砖雕仿木结构和砖雕人物故事墓，但壁画墓却相当罕见，1983年清理的洛川土基镇北宋墓[116]起到了填补空白的作用。前室墓门内壁两侧以写意手法分别绘白鹤，一俯首觅食，一仰颈长喉。后壁通后室甬道门两侧彩绘相向而立的女侍，体态端庄，额头和鼻梁敷粉。这种北宋特有的化妆方式亦见于清宫南薰殿旧藏宋画《真宗章懿李皇后像》。另外，在陕西延川还发现过崇宁三年（公元1104年）壁画墓[117]。

继发现李泽夫妇合葬墓之后，1995年于甘肃会宁又发现宋壁画墓[118]。其为单室砖墓，在仿木结构屋檐上部有壁画，主要内容为二十四孝。

**2．南方地区——闽赣宋壁画墓**

南方地区的宋壁画墓资料不及北方丰富，如四川地区的石室墓装饰题材也以开芳宴为中心，辅以武士、四神、妇人启门、孝子故事等，然而采取的却是浮雕的形式[119]。在80年代之前，江苏淮安发现的壁画墓几乎是公布有材料的南方宋壁画墓的孤例。1959年江苏省文物管理委员会在文物普查时，于淮安县杨庙镇发现杨氏墓群，依次编为1～5号。其中嘉祐五年（公元1060年）1号墓、绍圣元年（公元1094年）2号墓（殿直杨公佐墓）[120]绘有壁画。省文物管理委员会和县文化馆联合组织工作组进行了清理发掘，对壁画进行了临摹、摄影和搬迁、复原工作。1号墓为长方形砖室券顶合葬墓，顶部用朱黑二色绘卷草、云纹装饰图案，后壁绘床帷摆设。东、西壁正中均绘桌子，上置果品和杯盘壶盒之类，旁侧众奴婢侍童提罐、捧壶、捧镜等。发掘者疑为墓主死后其家属哀悼设祭的情景，看来表现家居生活的可能性更大。2号墓为长方形砖砌平顶砖木混合结构，共有三室，壁画仅画在葬杨公佐的东室中，东西壁均表现女伎散乐，后壁在帷幔之下有捧唾壶、捧托盏的男女侍。比较起来，1号墓人物清秀，线条柔顺；2号墓人物丰满，线条劲健。

80年代之前，福建建瓯曾出土北宋真宗咸平六年（公元1003年）砖室壁画墓[121]。据说，邵武也发现过壁画墓，但情况不详。进入80年代以来，南方的宋代壁画墓发现有很大的突破，在闽北的将乐、尤溪、三明、南平等地陆续发现宋元壁画墓。目前发掘清理了十三座[122]，有些资料已经发表，拓展了对宋代壁画墓分布的认识，其中以尤溪一地收获最大[123]。尤溪是北宋著名理学家朱熹诞生和早年成长之地，当地原有较深厚的文化基础。在福建之外的江西，也发现有宋墓，数量虽不及福建，但两地壁画墓却表现出明显的相似性。

1983 年，在尤溪林业科学研究所潘山苗圃基建工地发现古墓[124]。该墓为长方形券顶砖室墓，墓室两侧壁和顶部抹白灰后绘壁画，为墨笔勾勒，不加彩绘。左右两侧壁原各绘六人，束冠，着宽袖长袍，双手于胸前捧笏，半侧而立，神情恭敬。墓顶中央一人，正面捧笏，着官袍，戴乌纱，推测可能为墓主形象。此后，在尤溪又发掘清理了多座宋代壁画墓。1986 年，在城关公山发现一座长方形券顶双室壁画砖墓[125]。1987 年发掘清理了团结乡麻洋宋墓[126]。该墓为双室券顶，前后室两壁均有壁画。后室东西壁除青龙、白虎外，共绘代表十二生肖的十二名头戴动物冠的人物形象。此外，根据残片判断，还应有表现墓主起居生活的画面。1990 年，尤溪城关第一中学基建工程中发现宋墓[127]。1991 年，发现城关镇埔头村靖康元年（公元 1126 年）墓[128]。已知的还有 1988 年发掘的梅仙乡坪寨 1、2 号北宋墓[129]和拥口村宋墓[130]等，尤溪共计已发现十座宋壁画墓。

1989 年，在南平来舟镇游地村发现了宋墓[131]，市博物馆对其进行了清理。其为单圹双室券顶砖墓，形制、绘画风格类似于麻洋宋墓，年代约在北宋中晚期。前室左右二壁影作立柱、斗栱、梁枋，右壁绘亭子、盆景、侍吏、家仆，左壁为牵马图。后室壁画破坏严重，左右隐约可见着红袍、立于彩云之上的人物，后壁画"入库官"。

1993 年，清理了三明岩前 1 号南宋墓[132]。该墓为双室墓，面东，左室四壁白灰面上绘壁画。从剥落处看，壁画重层。此墓将四灵分绘四壁，而福建宋元壁画墓中常常仅绘出青龙、白虎。墓门的东壁绘雄鸡、卧犬，这与宋代崇信鸡犬守门的神煞意识相符合，在壁画上表现出的则是当地特色。西壁绘卧室，这一题材在两宋时流行于福建。

此外，经专业人员进行过勘查、但未做科学清理或发掘时已遭破坏的宋壁画墓，有南平西芹宋墓[133]、尤溪水库淹没区宋墓群[134]、将乐城郊宋墓[135]等，而且在尤溪和将乐等地时有发现、损坏壁画墓的消息传闻。在这些丰富材料的基础上，已有条件对福建宋代壁画墓做初步探讨[136]。研究者指出，就目前的考古收获看，壁画墓主要集中在闽中和闽西北地区。尤溪是这种丧葬习俗的盛行地区，南平等地应受到尤溪的影响，这种风气延续到元代。福建宋元壁画墓的结构布局可分为五型、四期。第一期为北宋中期至后期，包括尤溪麻洋宋墓、梅仙镇坪寨 1 号宋墓和南平来舟宋墓；第二期为北宋晚期至末年，包括尤溪潘山墓、公山墓、坪寨 2 号墓、一中墓和埔头村墓；第三期为南宋时期，以尤溪拥口村墓和三名岩前村墓为例；第四期是元代前期。壁画题材中，四灵及以头戴生肖动物冠、身着宋代文吏服饰的人物形象表现的十二生辰是福建宋墓的地方特色。

1987 年，在江西乐平礼林乡九林村石榴花尖山北麓发现一座石室古墓[137]，江西省文物工作队会同乐平县文物陈列室进行了清理。发掘者推断，墓主有可能是南宋孝宗乾道（公元1165~1173 年）初年去世的乐平人王刚中。此人孝宗年间（公元 1163~1189 年）官至同知枢密院事。江西地区 50 年代前后曾在萍乡发现过一座以四神为题材的壁画墓，早已圮塌，无纪年资料，似为宋墓。九林村宋墓壁画保护尚好，颇为难得。墓室南壁为牡丹屏风、交椅，两侧为侍女，东西两壁对称安排武官、文官及侍从，恭谨伫立，秩序井然。壁画表现的是等待墓主升堂的情景，气氛凝重森严，这一题材在宋墓壁画中颇为独特。由于江苏淮安、湖北荆门、江西，尤其是福建相继发现宋壁画墓，使得南方地区逐渐引起了研究者的重视。综合以上资料，研究者得出结论，无论是从内容题材、表现方式还是绘画风格看，闽赣两地颇多一致或相似，反映出两地当时文化交流之密切，审美、艺术思潮之相同[138]。

## （五）宋辽壁画墓的研究

到了宋辽时期，墓室壁画表现日常生活场景的画面明显增多，营造的居住生活环境愈益逼真。砖砌墓室仿木结构日趋复杂繁丽，甚至在墓壁上雕出门窗、桌椅、屏风、衣架、灯檠、柜子、镜台和刀尺等形象，并在其上或其间进行彩绘，形成砖雕与彩绘相结合的面貌。壁画不以独立的画面形式出现，而是在唐墓壁画表现内宅的基础上，进一步与墓室结构共同拟构了一个隔绝于外部世界、自给自足的生活空间。壁画对家居生活的描写极为具体、真实、周到、细致。画面上从屏风桌椅、箱柜帐幔等家具陈设，到杯盘碗盏等日用什物，以及两旁恭立的男侍女婢，一应俱全。此外，主人的梳洗妆扮，女侍的端茶送水，庖厨散乐等，同样细入毫微。这一切，都反映出生活重心的变化。宋辽墓壁画表现出时人对现实人世生活格外迷恋，不但汉代那种浓厚的神仙天界的气息已经非常淡薄，就是唐代那种卤簿仪仗所体现的礼教色彩，也消退殆尽，完全是琐碎而平淡的日常家居生活的真实写照。

研究者认为，两宋社会经济大发展，但外患严重，人们普遍具有一种吉凶莫测的不安定感，阴阳五行和风水迷信大为流行，以生者的吉凶为标准的丧葬观念已超过对死者的关心，自然影响到宋代墓室的营建，进而影响到墓室壁画的创作。迄今为止发现的宋代壁画墓，大多属于无官品的"乡村上户"和富商之家，因此墓葬形制显得简陋，而绘者自也应属寻常的民间画工。墓主和画工的身份，都决定了在选材、手法、趣味诸多方面，出现了明显的世俗化倾向。"从某种意义上说，宋代的墓室壁画可以看作是贵族绘画扩展到民间绘画的一个开端"[139]。

就壁画内容、题材而言，北宋晚期墓葬中再度盛行孝子列女，这类题材在南宋、辽、金、元时代的壁画墓中也常见。宋墓壁画中妇人启门和开芳宴一样，是出现最频繁、格式最固定的题材之一，辽墓中亦有表现[140]。至于"妇人启门"的具体含义，研究者们见仁见智。有人以为表现妇人启门是因为古代中国妇女大门不出二门不迈，要看看吸引她们的大千世界，又怕触犯封建社会的规矩，只好半开门朝外看一看[141]。诸如此类的说法可能有些幼稚。宿白先生指出，妇人启门表示假门后尚有庭院、厅堂，意即墓室至此并未到尽头[142]。梁白泉提出，这一母题同古代与门有关的保护生命财产传统观念和门神护卫的传统形象完全相悖，含义可推测为两点：一是对神仙道术的追求，二是民俗信仰的表现[143]。刘毅补充认为，也可能表现世俗生活，青年女子代表墓主生前的侍女姬妾，并从社会学角度着眼，推测姬妾启门而入，表示墓室外还有外宅，也是希望别葬的妾能够来到丈夫的归宿地[144]。

辽代壁画墓的发现以庆陵为开端，20世纪50年代开始不断有新的发现,壁画墓的资料积累十分丰富。契丹族最初并无筑墓埋葬的习俗,后来逐步吸收汉文化。辽政权建立后,开始仿照唐制修筑墓室,厚葬风气急剧蔓延。墓室规模之大,随葬物品之丰富豪华,已超过了同时的中原地区。除常见的在壁面上作画外,契丹族还流行在石室墓内安放柏木护墙板,将壁画直接绘在木板上的做法。另有在石棺、木棺内壁施绘的做法,这些“棺画”的意义与壁画类似。辽墓结构和陈设的基本特点是外形作穹庐状,顶部有圆形或八角形孔洞,门作半圆形券顶,床多设在北壁,随葬器物中饮具多在墓室右侧,生活用具多在左侧,与现代蒙古包内的布局陈设大体相同。辽墓壁画的题材同样具有与其游牧生活和传统习俗相适应的特点,如早期辽墓多以游牧生活和草原风光为主,布局简单,用色单纯,装饰意味较浓。中晚期以后,大量出现仪卫、伎乐、侍宴、神兽等内容,在受汉族文化影响的同时仍部分保持着契丹民族的特色[145]。

由于辽对境内的游牧民族和农耕民族采取“因俗而治”的方针,尊重各自的文化传统和民族习俗,“以国制治契丹,以汉制待汉人”(《辽史·百官制》)。因此,辽代壁画墓明显呈现出两种不同的面貌,即契丹贵族陵墓与汉族官吏或地主墓。辽墓的考古学研究首先针对契丹和汉人墓葬进行年代学的分期。徐苹芳将辽墓分为三期,早期自穆宗应历八年(公元958年)至圣宗太平十一年(公元1031年),中期为兴宗重熙时期(公元1032~1055年),晚期自道宗清宁元年(公元1055年)至辽亡(公元1125年)。同时,他归纳了各期墓壁画的特色。早期的契丹贵族墓墓室壁面多无壁画,有的仅在石棺的内壁画放牧毡帐等图画。早期辽墓中的汉人壁画墓以赵德钧墓年代为最

早，另有韩佚墓。中期仅二十三年，是早晚期之间的过渡阶
段，实际上应属早期的范畴，墓室内仿木建筑和壁画增多，王
泽墓属于这一时期。晚期契丹贵族墓壁画的布局，多在墓道两
壁画出行仪仗，墓门两侧绘门神，天井和墓室四壁画男女仆
侍。契丹贵族墓的壁画中，有属于契丹衣冠习俗的髡发、架
鹰、毡车等形象，也有模仿自北宋墓中的宴饮、伎乐等场面。
除墓室壁画外，仍流行在木椁内描绘各种生活情景。晚期特别
是道宗咸雍（公元 1065～1074 年）以后的汉人墓葬，数量较
前大为增加，多发现在北京、辽阳、宁城、大同等地。它们多
是一些地主和中级官吏的墓葬，与中原地区北宋末年雕砖壁画
墓的形制相同，四壁砌雕砖仿木建筑和桌椅，并绘有彩色壁
画。壁画中的衣冠服饰和起居器用也类似北宋墓壁画，题材同
样是墓主人夫妇"开芳宴"[146]。

李逸友提出过辽墓分期的修正意见，他认为虽未发现早期
太祖、太宗、世宗三朝的纪年墓，但从已发现的纪年墓看，圣
宗、兴宗朝是个转折点，因此他将景宗及以前划为早期，圣
宗、兴宗朝划为中期，道宗和天祚帝两朝为晚期[147]。杨晶的
分期与之相同，主要依据随葬陶瓷器的类型分期标准，所举的
早期例子包括叶茂台 7 号墓。属于中期的壁画墓有耿氏墓。对
辽墓壁画题材的种类及各种题材在墓葬建筑中所处的位置和出
现的时间段，也做了一些分析归纳，并认为早期壁画墓数量较
少，且多用于上层统治者墓葬，晚期增多，且可用于一般地
主。另外，早期契丹人和汉人墓的壁画题材区别较大，中、晚
期不同族属的墓葬装饰题材日趋接近，反映了民族文化间的交
流与融合[148]。

上述观点在分期时并非专门针对壁画墓进行研究。王秋华

对辽代契丹族墓葬壁饰（包括墓壁和棺壁的绘画、雕刻等）进行了综合比较，选取内蒙古和辽宁发现的典型契丹墓葬，比较壁画的布局和内容，辅以墓葬形制和出土遗物，将其划分为两个阶段。第一阶段的壁画墓包括叶茂台 7 号墓、建平张家营子墓、二八地 1 号墓、陈国公主与驸马合葬墓，墓壁装饰简单但葬具大多有复杂的装饰。第二阶段包括库伦旗 1 号墓、萧义墓、解放营子墓、北三家 1 号和 3 号墓、库伦旗 7 号和 8 号墓，装饰部位增多，布局复杂。内容有了很大发展，墓道是规模很大的出行、归来图，其中出现墓主形象；备饮备食图占有显著位置；北国风景和契丹民族的狩猎习尚颇富特色；出现佛教内容和与室内生活关系密切的画面。第一阶段的下限是兴宗朝（公元 1031～1055 年），第二阶段从道宗朝到辽代灭亡（公元 1055～1125 年）[149]。

　　以上的分期研究所依据的资料限于 80 年代的考古发现，这以后又有不少重要的辽代壁画墓的新发现，尤其是宝山辽墓这样年代明确、规模宏大、绘画精美的辽早期壁画墓的发掘，必然会对上述有关辽墓的年代学分期做出修正，使壁画墓的分析更接近历史的真实，辽文化丰富的内涵也将得到进一步揭示。对辽代这样一个长期被排斥在"中原正朔"之外的政权，对契丹这样一个今人不够熟悉的民族，对其认识还存在许多盲点和误区。辽墓壁画对于丰富中国美术史，尽可能真实地重构辽代的历史与文化，其意义和价值都不容低估。

　　在传世的绘画作品中，能够确认为辽代的作品不多，关于辽或契丹族画家的文献记载也因为缺少足够的实物印证，从而影响了对辽代美术成就的准确评价。现在由于辽代壁画墓的发掘清理不断有振奋人心的消息传出，而且其中相当一批绘画具有很高的艺术造诣，对于辽代艺术的认识就有补充和完善的可能，因此辽墓壁画渐渐引起了美术史家的重视。杨仁恺认为辽代壁画较之传世绘画能更多地显示出契丹族绘画的民族特色。同时指出河北因地处汉文化发达地区，其境内的辽墓壁画艺术水平较高，虽多出自汉族画师之手，仍应属辽代绘画之列[150]。在法库叶茂台7号辽墓清理出两件绢画后，杨仁恺结合已出土的辽墓壁画，对绢画的题材内容、笔法风格、作品年代、画家族属等方面做过仔细辨析，认为《深山会棋图》的创作年代为公元936～983年间，作者为辽南京地区的汉人画师。《竹雀双兔图》的创作年代不晚于公元979年，出自契丹画师之手[151]。对辽墓壁画的艺术成就，研究者给予了充分肯定和高度赞扬[152]。临摹过库伦旗壁画的画家从自己工作中的亲身感受入手，认为辽墓壁画在创作思想上与中原一脉相承，但有民族特点，不全尚汉地画风，亦追求北方民族的雄健粗犷。在绘画技法上，线条简洁洗练，轻重婉转，自由流畅，粗细顿挫，富于变化，气脉贯通。线条造型能力很强，能很好地表现对象的质感、情态和内涵。壁画所用的矿物颜料，色调明朗，浑厚朴实，基调倾向于单纯、古朴[153]。

要取得详实、深入的个案研究成果尚需期以时日，不过目前对于一些具体问题已有了初步的看法和认识，为更全面地把握辽代绘画开启了一道大门。例如契丹的人物肖像画，据史籍记载，辽代的帝王陵及谒拜之所均设御容殿，内塑绘帝后和近臣肖像以供祭拜。而就已发掘的庆东陵来看，墓道和墓室内所存七十六身人物技法写实，面貌、表情栩栩如生。人物上方有契丹小字榜题，一般认为是契丹、汉官仪卫群臣和后妃的影像，表现皇帝生前捺钵、侍臣拱卫的情景。五代、宋初写真艺术已有长足的进步，当辽获燕云十六州后，原活动在并、汾、幽、燕地区的汉族画家待诏于辽廷，无疑带动了辽肖像画技艺的发展，因此这些墓中的肖像壁画表现出很高的艺术水准。另外，辽墓壁画与唐代美术的传承关系也引人注目，就画科而言，如人马画；就题材而言，如高逸图、钟馗打鬼图等，均与传世唐代名迹有显而易见的联系[154]。对宝山辽墓壁画，如织锦回文图、杨贵妃教鹦鹉图等，也表明唐代图本在辽代的流传和继承。辽墓壁画对于印证画史流传的序列，探讨辽代美术的真实水平及其发展的历程，研究辽代美术的特质，均具有重要的意义[155]。近年，辽墓壁画受到海内外学术界的高度关注，围绕辽墓壁画的博士论文分别在个案研究和比较研究方面展开。如 R. A. Rorex 将辽墓壁画与有关蔡文姬题材的卷轴画进行比较，说明文姬故事在游牧民族中流传变化的线索[156]。曹星原的论文也是建立在壁画与卷轴画比较研究的基础上，探讨的范围更多地涉及创作者与赞助人的文化身份问题[157]。李清泉的研究集中讨论的是河北宣化张氏家族壁画墓所反映的辽地汉人的图像观念和丧葬习俗，通过个案研究来揭示辽地汉人的文化态度[158]。张鹏的研究在一个更加广泛的范围内展开，分别选取庆东陵、库伦辽墓和宣化辽墓壁画作为研究对象，这三类辽墓分别代表了辽皇室、契丹贵族以及辽地汉人三种身份和文化类型，可在更广大的背景上来看待辽代各民族之间文化的交流与互动[159]。

辽墓壁画还是观察当时风俗习惯与物质文化的可靠资料，如契丹少女髡发的风习[160]、点茶作法与茶具[161]、马种[162]、车具[163]、服饰[164]等等。孙机曾撰专文，对人物众多、器用纷繁、画风写实、轮廓准确的宣化下八里辽墓壁画中出现的一些装束与器物，包括蹋鸥巾、浑裹簪花、茶碾与风炉、莲花鹊尾炉、荷叶反光灯等，进行了专门探讨[165]。这些对生活习俗和物质文化的细致讨论，于点滴积累中，使辽代的社会习俗、礼仪制度与审美风尚渐渐显明而充实，对今天的学术界来说，辽文化已不再是个陌生的话题。

由于宋辽墓壁画十分贴近生活，画面含义浅显易懂，因此无需在题材考证上耗费太多精力。相形之下，通过将墓室壁画与传世作品相比较，将墓室壁画与画史记载相印证，掌握北宋民间绘画的特点，掌握辽绘画的风格技法与渊源流变，复原当时宋辽文化交流辉映的景象，再现两个政权画坛的历史真实，仍然是有待深入的课题。对宋辽时期壁画墓集中的内蒙古、河南、福建和大同等地，虽已有学者着手进行区域性的研究，但仍有挖掘的潜力，以深化宋辽壁画墓的研究。

## 注　释

[1] 参见〔法〕闵宣化著，冯承钧译《东蒙古辽代旧城探考记》，中华书局，1956年版。原著"Les Anciennes Villes de l'empire des grands Leao au royaume Mongol de Baren" T'oung Pao, 1922。

[2] 〔日〕鳥居龍藏、鳥居きみ子《滿蒙を再び探る·遼陵の壁画》，六文館，1932年版；〔日〕鳥居龍藏《考古學上より見たる遼之文化》第4册，東方文化學院東京研究所，1936年版。

[3] 关于鳥居龍藏氏在东北对辽文化遗迹进行调查的事迹与收获，可参见他的《蒙古旅行》，博文館，1911年版；〔日〕鳥居龍藏《満蒙の探查》，萬里閣書房，1928年版；〔日〕鳥居龍藏、鳥居きみ子《遼蒙を再び探る》，六文館，1932年版；〔日〕鸟居龙藏著、陈念本译《满蒙古迹考》，商务印书馆，1933年版；〔日〕鸟居龙藏著、芥舟译《契丹文化探访记》，《新蒙古》第1卷第4期，1934年；魏建猷《日本鸟居龙藏氏调查热河省境契丹文化的经过》，《燕

京学报》1934 年第 15 期；〔日〕鳥居龍藏《満蒙其他の思ひ出》，岡倉書房，
1936 年版。

［4］相关著作如：〔日〕鳥居龍藏《考古學上より見たる遼之文化》（4 册图譜），
東方文化學院東京研究所，1936 年版；〔日〕鳥居龍藏《遼の文化を探る》，
章華社，1937 年版。

［5］例见金毓黻《辽金旧墓记》，《东北丛刊》1930 年第 7 期；卞宗孟《关于辽
陵》，《黑白》第 2 卷第 4 期（1934 年 8 月）。

［6］刘振鹭《辽圣宗永庆陵被掘纪略》，《艺林月刊》第 32 期（1932 年 8 月）。

［7］〔日〕田村実造、小林行雄《慶陵：東モンゴリアにおける遼代帝王陵とそ
の壁画に関する考古學的調査報告》（1、2），座右實刊行會，1953 年版；田
村実造《慶陵の壁画：繪画・雕飾・陶磁》，同朋舎，1977 年版；田村実造
《慶陵調査紀行》，平凡社，1994 年版。

［8］王秋华《辽代墓葬分区与分期的初探》，《辽宁大学学报》（哲社版）1982 年
第 3 期。

［9］李文信《义县清河门辽墓发掘报告》，《考古学报》第 8 册（1954 年）。

［10］万鼎烽《义县出土契丹文墓志铭考释》，《考古学报》第 8 册（1954 年），第
206 页。

［11］张平一《平泉县发现辽代壁画墓》，《文物参考资料》1956 年第 10 期。《文物
参考资料》1956 年第 12 期发表读者曾凌来信，对该墓壁画情形做了更正。

［12］冯永谦《辽宁省建平、新民的三座辽墓》，《考古》1960 年第 2 期。

［13］刘谦《辽宁法库县叶茂台辽墓调查》，《考古通讯》1956 年第 3 期。

［14］辽宁省博物馆、辽宁铁岭地区文物组发掘小组《法库叶茂台辽墓纪略》，《文
物》1975 年第 12 期。

［15］杨仁恺《叶茂台辽墓出土古画的时代及其它》，《文物》1975 年第 12 期。

［16］温丽和《辽宁法库县叶茂台辽肖义墓》，《考古》1989 年第 4 期。

［17］于俊玉、韩国祥《朝阳发掘辽代大型壁画墓》，《中国文物报》1993 年 7 月
18 日第 1 版。

［18］辽宁省文物考古研究所《近几年辽宁考古新收获》，《辽海文物学刊》1996
年第 1 期。

［19］辽宁省文物考古研究所、阜新市文物管理委员会办公室、彰武县文物管理所
《辽宁彰武的三座辽墓》，《考古与文物》1999 年第 6 期。

［20］王玉芳《岫岩新甸乡发现辽代壁画墓》，《辽海文物学刊》1994 年第 1 期。

［21］朝阳地区博物馆《辽宁朝阳姑营子辽耿氏墓发掘报告》，《考古学集刊》第 3

集,中国社会科学出版社,1983年版。

[22] 韩宝兴《北票季杖子辽代壁画墓》,《辽海文物学刊》1995年第1期。

[23] 李宏伟《辽宁北票莲花山辽墓壁画的揭取》,《考古》1988年第7期。

[24] 辽宁省文物考古研究所、朝阳县文物管理所《辽宁朝阳木头城子辽代壁画墓》,《北方文物》1995年第4期。

[25] 梨树县文物管理所《吉林梨树胡家屯辽代壁画墓》,《博物馆研究》1996年第3期。

[26] 李逸友《阿鲁科尔沁旗水泉沟的辽壁画墓》,《文物参考资料》1958年第4期。

[27] 翁牛特旗文化馆、昭乌达盟文物工作站《内蒙古解放营子辽墓发掘简报》,《考古》1979年第4期;项春松《辽宁昭乌达地区发现的辽墓绘画资料》,《文物》1979年第6期。

[28] 项春松《辽宁昭乌达地区发现的辽墓绘画资料》,《文物》1979年第6期;项春松编《辽代壁画选》,上海人民美术出版社,1984年版。

[29] 敖汉旗文化馆《敖汉旗白塔子辽墓》,《考古》1978年第2期。

[30] 项春松《克什克腾旗二八地一、二号辽墓》,《内蒙古文物考古》第3期,1984年。

[31] 李逸友《略论辽代契丹与汉人墓葬的特征和分期》,《中国考古学会第六次年会论文集》,文物出版社,1990年版,第190页。

[32] 项春松《辽宁昭乌达地区发现的辽墓绘画资料》,《文物》1979年第6期;敖汉旗文物管理所《内蒙古昭乌达盟敖汉旗北三家辽墓》,《考古》1984年第11期。

[33] 项春松编《辽代壁画选》,上海人民美术出版社,1984年版,图版三七。

[34] 王健群、陈相伟《库伦辽代壁画墓》,文物出版社,1989年版。

[35] 哲里木盟博物馆、内蒙古文物工作队《库伦旗第五、六号辽墓》,《内蒙古文物考古》总第2期,1982年;金申《库伦旗六号辽墓壁画墓零证》,《内蒙古文物考古》总第2期,1982年;冯恩学《内蒙库伦六、七号墓壁画的人物身份》,《北方文物》1999年第3期。

[36] 内蒙古文物考古研究所、哲里木盟博物馆《内蒙古库伦旗七、八号辽墓》,《文物》1987年第7期。

[37] 吉林省博物馆、哲里木盟文化局《吉林哲里木盟库伦旗一号辽墓发掘简报》,《文物》1973年第8期(哲里木盟原属内蒙古自治区,1976年7月划归吉林省,1979年重归内蒙古);王泽庆《库伦旗一号辽墓壁画初探》,《文物》1973年第8期。

［38］王健群《库伦旗二号辽墓发掘散记》，《社会科学战线》1978 年创刊号。

［39］内蒙古文物工作队《内蒙古哲里木盟奈林稿辽代壁画墓》，《考古学集刊》第 1 集，中国社会科学出版社，1981 年版。

［40］内蒙古文物考古研究所《辽陈国公主驸马合葬墓发掘简报》，《文物》1987 年第 11 期；内蒙古自治区文物考古研究所、哲里木盟博物馆《辽陈国公主墓》，文物出版社，1993 年版。

［41］内蒙古赤峰市敖汉旗博物馆《内蒙古敖汉旗皮匠沟 1、2 号辽墓》，《文物》1998 年第 9 期。

［42］邵国田、吴谖《敖汉辽墓发现马球图壁画》，《中国文物报》1990 年 10 月 25 日第一版。

［43］巴林左旗博物馆《内蒙古巴林左旗滴水壶辽代壁画墓》，《考古》1999 年第 8 期。

［44］内蒙古文物考古研究所、赤峰市博物馆、阿鲁科尔沁旗文物管理所《辽耶律羽之墓发掘简报》，《文物》1996 年第 1 期；盖之庸《耶律羽之墓发掘亲历记》，《文物天地》1994 年第 2 期。

［45］巴林右旗博物馆《内蒙古巴林右旗友爱辽墓》，《文物》1996 年第 11 期。

［46］齐晓光《内蒙古发掘宝山辽初壁画墓》，《中国文物报》1995 年 1 月 1 日；内蒙古文物考古研究所、阿鲁科尔沁旗文物管理处《内蒙古赤峰宝山辽壁画墓发掘简报》，《文物》1998 年第 1 期。

［47］关于宝山辽墓壁画题材的考证，参见吴玉贵《内蒙古赤峰宝山辽壁画墓"颂经图"略考》，《文物》1999 年第 2 期；《内蒙古赤峰宝山辽墓壁画"寄锦图"考》，《文物》2001 年第 3 期。

［48］王大方、邵国田《契丹烹饪图——令人回味的草原画卷》，《文物季刊》1996 年第 4 期。

［49］王大方《敖汉旗辽壁画墓抢救工作取得重大成果》，《中国文物报》1995 年 10 月 22 日第 1 版。

［50］北京市文物管理处《近年来北京发现的几座辽墓》，《考古》1977 年第 4 期。

［51］北京市文物工作队《北京南郊辽赵德钧墓》，《考古》1962 年第 5 期。

［52］《北京市八宝山发现一座辽代壁画墓》，《中国历史学年鉴》1982 年；北京市文物工作队《北京西郊辽壁画墓发掘》，《北京文物与考古》第一辑，1983 年；北京市文物工作队《辽韩佚墓发掘报告》，《考古学报》1984 年第 3 期。

［53］北京市文物事业管理局、门头沟区文化办公室发掘小组《北京市斋堂辽壁画墓发掘简报》，《文物》1980 年第 7 期。

［54］冯恩学《北京斋堂壁画墓的时代》，《北方文物》1997 年第 4 期。

[55] 山西省文物管理委员会《山西大同郊区五座辽壁画墓》,《考古》1960 年第 10 期。

[56] 边成修《大同西南郊发现三座辽代壁画墓》,《文物》1959 年第 7 期;山西省文物管理委员会《山西大同郊区五座辽壁画墓》,《考古》1960 年第 10 期。

[57] 同〔56〕。

[58] 张秉仁《大同城东马家堡发现一座辽壁画墓》,《文物》1962 年第 2 期。

[59] 大同市文物陈列馆《山西大同卧虎湾四座辽代壁画墓》,《考古》1963 年第 8 期。

[60] 同〔59〕。

[61] 山西省考古研究所平朔考古队《朔州辽代壁画墓发掘简报》,《文物季刊》1995 年第 2 期。

[62] 谢廷琦《大同新添堡辽代许从赟壁画墓》,《大同文史资料》第 14 期。

[63] 王银田《大同辽代壁画墓刍议》,《北方文物》1994 年第 2 期。

[64] 河北省文物管理处、河北省博物馆《河北宣化辽壁画墓发掘简报》,《文物》1975 年第 8 期。

[65] 3 号墓于金初皇统四年(公元 1144 年)开启葬入墓主之妻,发掘简报以为是金墓。但其壁画题材、风格均与 7、10 号墓相似,三墓为同时所建,纪年当以张世本葬入的辽大安九年(公元 1093 年)为妥。参见宿白《宣化考古三题·下八里辽墓群》,《文物》1998 年第 1 期,第 54 页。

[66] 张家口市文物事业管理所、张家口市宣化区文物保管所《河北宣化下八里辽金壁画墓》,《文物》1990 年第 10 期。

[67] 同〔66〕。

[68] 河北省文物研究所、张家口市文物管理处宣化区文管所《宣化辽代壁画墓群》,《文物春秋》1995 年第 2 期;张家口市宣化区文物保管所《河北宣化辽代壁画墓》,《文物》1995 年第 2 期。

[69] 张家口市宣化区文物保管所《河北宣化辽代壁画墓》,《文物》1995 年第 2 期。

[70] 河北省文物研究所、张家口市文物管理处宣化区文管所《宣化辽代壁画墓群》,《文物春秋》1995 年第 2 期。

[71] 河北省文物研究所《河北宣化辽张文藻壁画墓发掘简报》,《文物》1996 年第 9 期。

[72] 同〔70〕。

[73] 同〔70〕。

[74] 同〔70〕。

[75] 张家口市宣化区文物保管所《河北宣化下八里辽韩师训墓》,《文物》1992年第6期。

[76] 宿白《宣化考古三题·下八里辽墓群》,《文物》1998年第1期。

[77] 徐苹芳《看〈河北古代墓葬壁画精粹展〉札记》,《文物》1996年第9期,第66页。

[78] 同 [76]。

[79] 河北省文物管理处、河北省博物馆《辽代彩绘星图是我国天文史上的重要发现》,《文物》1975年第8期;夏鼐《从宣化辽墓的星图论二十八宿与黄道十二宫》,《考古学报》1976年第2期;伊世同《河北宣化辽金墓天文图简析——兼及邢台铁钟黄道十二宫图像》,《文物》1990年第10期;郑绍宗《宣化辽壁画墓彩绘星图之研究》,《辽海文物学刊》1996年第2期。

[80] 罗世平《辽墓壁画试读》,《文物》1999年第1期。

[81] 王晓民《从一幅辽墓壁画看古代的击鞠运动》,《文物天地》1999年第3期。

[82] 张家口地区博物馆《河北涿鹿县辽代壁画墓发掘简报》,《考古》1987年第3期。

[83] 张家口地区文化局《河北张北县清理一座辽壁画墓》,《考古》1987年第1期。

[84] 内蒙古文物考古研究所、乌兰察布博物馆、清水河县文物管理所《内蒙古清水河县山跳峁墓地》,《文物》1997年第1期。

[85] 项春松《内蒙古翁牛特旗辽代广德公墓》,《北方文物》1989年第4期。

[86] 徐苹芳《宋代墓葬和窖藏的发掘》,《新中国的考古发现和研究》,第598页。

[87] 孙新民《巩县宋太宗李后陵考古发掘结束》,《文物报》1985年9月18日第1版;河南省文物研究所、巩县文物保管所《宋太宗元德李后陵发掘报告》,《华夏考古》1988年第3期。

[88] 郭湖生、戚德耀、李容淦《河南巩县宋陵调查》,《考古》1964年第11期。

[89] 宿白《白沙宋墓》,文物出版社,1957年版。

[90] 同 [89],附注五三。

[91] 河南省文化局文物工作队第一队《郑州南关外北宋砖室墓》,《文物参考资料》1958年第5期。

[92] 寇金昌《河南文化局调查安阳天禧镇宋墓》,《文物参考资料》1954年第8期。

[93] 《济南发现带壁画的宋墓》,《文物》1960年第2期。

[94] 罗平《武安西土山发现宋绍圣二年壁画墓》,《文物》1963年第10期。

[95] 陈贤儒《甘肃陇西县的宋墓》,《文物参考资料》1955年第9期。

[96] 裴明相《郑州二里岗宋墓发掘记》,《文物参考资料》1954年第6期。

[97] 周到《河南安阳专署调查林县董家村宋墓》,《文物参考资料》1954年第5期。

[98] 万新民《侯马的一座带壁画宋墓》,《文物》1959 年第 6 期。

[99] 周到《安阳天禧镇宋墓壁画散乐图跋》,《中原文物》1984 年第 1 期。

[100] 张增午《河南林县城关宋墓清理简报》,《考古与文物》1982 年第 5 期。

[101] 林县文物管理所《林县一中宋墓清理简报》,《中原文物》1990 年第 4 期。

[102]《林县发现北宋彩绘壁画墓》,《郑州晚报》1982 年 5 月 27 日。

[103] 郑州市博物馆《荥阳司村宋代壁画墓发掘简报》,《中原文物》1982 年第 4 期。

[104] 叶万松等《洛阳市石寺宋壁画墓》,《中国考古学年鉴》(1984),文物出版社,1984 年版。

[105] 赵跟喜《豫西发掘宋代壁画墓》,《文汇报》1984 年 2 月 13 日第 2 版;叶万松等《新安县石寺李村的两座宋墓》,《中国考古学年鉴》(1985),文物出版社,1985 年版。

[106] 魏峻、张道森《安阳宋代壁画墓考》,《华夏考古》1997 年第 2 期。

[107] 洛阳市文物工作队《河南新安县古村北宋壁画墓》,《华夏考古》1992 年第 2 期。

[108] 廖子中、曹岳森《新安县城关镇北宋壁画墓》,《中国考古学年鉴》(1995),文物出版社,1997 年版。

[109] 洛阳市第二文物工作队《嵩县北元村宋代壁画墓》,《中原文物》1987 年第 3 期。

[110] 洛阳市第二文物工作队《河南洛阳邙山宋代壁画墓》,《文物》1992 年第 12 期。

[111] 李明德、郭艺田《安阳小南海宋代壁画墓》,《中原文物》1993 年第 2 期。

[112] 郑州市文物考古研究所、新密市博物馆《河南新密市平陌宋代壁画墓》,《文物》1998 年第 12 期。

[113] 郑州市文物考古研究所、新密市文物保管所《新密下庄河宋代壁画墓》,《中原文物》1999 年第 4 期。

[114] 孙广清《河南宋墓综述》,《中原文物》1990 年第 4 期。

[115] 山西省考古研究所、阳泉市文物管理委员会、平定县文物管理所《山西平定宋、金壁画墓简报》,《文物》1996 年第 5 期。

[116] 靳之林、左登正《陕西洛川土基镇发现北宋壁画墓》,《考古与文物》1988 年第 1 期。

[117] 樊俊成《延川发现北宋壁画墓》,《中国文物报》1992 年 6 月 14 日第 1 版。

[118] 甘肃省文物考古研究所《甘肃省文物考古工作五十年》,《新中国考古五十年》,第 451 页。

[119] 徐苹芳《宋代墓葬和窖藏的发掘》,《新中国的考古发现和研究》,第 600 页。

[120] 江苏省文物管理委员会、南京博物院《江苏淮安宋代壁画墓》，《文物》1960 年第 8、9 期。

[121] 福建省博物馆、尤溪县文管会《福建尤溪宋代壁画墓》，1985 年第 6 期，第 54 页。

[122] 福建省博物馆《五十年来福建省文物考古的主要收获》，《新中国考古五十年》，第 211 页。

[123] 杨琮等《尤溪宋代壁画墓综述》，《福建文博》1991 年第 1、2 期。

[124] 同 [121]。

[125] 福建省博物馆、尤溪县文管会、尤溪县博物馆《福建尤溪城关宋代壁画墓》，《文物》1988 年第 4 期。

[126] 福建省博物馆、三明市博物馆、尤溪县博物馆《福建尤溪麻洋宋壁画墓清理简报》，《考古》1989 年第 7 期。

[127] 福建省博物馆、尤溪县博物馆《福建尤溪发现宋代壁画墓》，《考古》1991 年第 4 期。

[128] 陈长根《福建尤溪县城关镇埔头村发现北宋纪年壁画墓》，《考古》1995 年第 7 期。

[129] 杨琮《尤溪县梅仙宋代壁画墓》，《中国考古学年鉴》(1990)，文物出版社，1991 年版。

[130] 尤溪县博物馆《福建尤溪拥口村宋代壁画墓》，待刊。此据杨琮《福建宋元壁画墓初步研究》，《考古》1996 年第 1 期。

[131] 张文崟《福建南平宋代壁画墓》，《文物》1998 年第 12 期。

[132] 福建省博物馆、三明市文管会《福建三明市岩前村宋代壁画墓》，《考古》1995 年第 10 期。

[133] 张文崟《南平市发现大型宋代铜镜》，《福建文博》1988 年第 1 期。

[134] 王祥堆《尤溪发现宋代墓群》，《中国文物报》1990 年 12 月 27 日。

[135] 杨琮《福建宋元壁画墓初步研究》，《考古》1996 年第 1 期。

[136] 同 [135]。

[137] 江西省文物考古研究所、乐平县文物陈列室《江西乐平宋代壁画墓》，《文物》1990 年第 3 期。

[138] 杨琮、林玉芯《闽赣宋墓壁画比较研究》，《南方文物》1993 年第 4 期。

[139] 李红《宋辽金元时期的墓室壁画》，《中国美术全集·绘画编 12·墓室壁画》，文物出版社，1989 年版。

[140] 郑滦明《宣化辽墓"妇人启门"壁画小考》，《文物春秋》1995 年第 2 期。

[141] 钟炜《世界第一座古墓群博物馆——洛阳古墓博物馆》,《文物天地》1989年第 3 期,第 20 页。

[142] 同 [89]。

[143] 梁白泉《墓饰"妇人启门"含义揣测》,《中国文物报》1992 年 11 月 8 日第 3 版。

[144] 刘毅《"妇人启门"墓饰含义管见》,《中国文物报》1993 年 5 月 16 日第 3 版。

[145] 项春松《辽宁昭乌达地区发现的辽墓绘画资料》,《文物》1979 年第 6 期;李逸友《论辽墓壁画的题材和内容》,《内蒙古文物考古》第 1、2 期,1993 年。

[146] 徐苹芳"辽代墓葬",《中国大百科全书·考古学》,中国大百科全书出版社,1986 年版。

[147] 同 [31]。

[148] 杨晶《辽墓初探》,《北方文物》1985 年第 4 期。

[149] 王秋华《近十年问刊的辽代墓葬壁饰研究》,《辽宁大学学报》(哲社版)1993 年第 1 期;王秋华《辽代契丹族墓葬壁面装饰分期》,《北方文物》1994 年第 1 期。

[150] 杨仁恺"辽金壁画"条目,《中国大百科全书·美术 I》,中国大百科全书出版社,1990 年版。

[151] 杨仁恺《叶茂台辽墓出土古画的时代及其它》,《文物》1975 年第 12 期;《叶茂台第七号辽墓出土古画综合研究》,《杨仁恺书画鉴定集》,河南美术出版社,1998 年版。

[152] 例如陈兆复《论契丹的壁画》,《中国画研究》1983 年第 3 期;郑绍宗《辽代绘画艺术和辽墓壁画的发现与研究》,《文物春秋》1995 年第 2 期。

[153] 马树林《试谈辽墓壁画的创作与审美》,《故宫博物院院刊》1988 年第 4 期。

[154] 同 [80]。

[155] 吴玉贵《内蒙古赤峰宝山辽壁画墓"颂经图"略考》,《文物》1999 年第 2 期;《内蒙古赤峰宝山辽墓壁画"寄锦图"考》,《文物》2001 年第 3 期;罗世平《织锦回文——宝山辽墓壁画与唐画对读》,《文物天地》2003 年第 3 期。

[156] Robert Albright Rorex, Some Liao Tomb Murals and Images of Nomads in Chinese Painting of the Wen－Chi Story, Artibus Asiae, Vol. xlv, 1984.

[157] Hsingyuan Tsao（曹星原）, From Appropriation to Possession: A Study of the Cultural Identity of the Liao through Their Pictorial Art, UMI Company,

1997.

[158] 李清泉《辽代汉人壁画墓研究——以宣化张氏家族壁画墓群为中心》，中山大学博士论文，2003 年，全文未发表，已发表的部分论文章节有《绘画题材中意义和内涵的演变——以宣化辽墓壁画中的车马出行图为例》，《中山大学学报》2003 年第 2 期；《墓葬中的会棋图——以辽墓中的〈三教会棋图〉和〈深山会棋图〉为例》，《艺术史研究》第 5 辑，中山大学出版社，广州，2003 年。

[159] 张鹏《辽墓壁画研究》，中央美术学院博士论文，2004 年。论文暂未发表。

[160] 林沄《辽墓壁画研究两则》，吉林大学考古系编《青果集——吉林大学考古专业成立二十周年考古论文集》，知识出版社，1993 年版；孙遇安《宣化辽金墓壁画中的服饰》，《文物天地》，1996 年第 1 期。

[161] 杨泓《辽墓壁画点茶图》，《文物天地》1989 年第 2 期。

[162] 冯恩学《辽墓壁画所见马的类型》，《考古》1999 年第 6 期。

[163] 冯恩学《辽墓壁画中的车》，《青果集——吉林大学考古系建系十周年纪念文集》，知识出版社，1993 年版。

[164] 薛江《辽墓壁画所反映的契丹服饰》，1993 年吉林大学考古系硕士学位论文。

[165] 孙机《宣化辽金墓壁画拾零》，《寻常的精致》，辽宁教育出版社，1996 年版。

五

西夏金元壁画墓

# （一）　西夏王陵的调查与试掘

迄今发现的古代墓葬中，可以确定为西夏墓葬的并不多。西夏帝陵及其周边的陪葬墓，这一已知最集中的西夏墓葬群，自然是人们关注的焦点。西夏王陵[1]位于国都兴庆府（今宁夏银川）。银川西郊 35 公里处的贺兰山东麓下，散布着一座座有"东方金字塔"盛誉的西夏王陵。陵区南起榆树沟，北自泉齐沟，东至西干渠，西抵贺兰山下，东西宽约 4.5 公里，南北长约 10 公里，总面积近 50 平方公里。根据 1972 年起宁夏回族自治区博物馆对其进行的全面调查的结果，现存帝陵九座，陪葬墓二百零七座，多已遭到严重破坏。已清理一座帝陵即 8号陵，四座陪葬墓，以及七座帝陵碑亭、三座窑址及北端建筑遗址的一部分。2000 年已批准正式发掘西夏帝陵，其中能否发现壁画，大家翘首以待。

1972 年至 1976 年发掘的 8 号陵[2]可能是第八代皇帝神宗嵬名遵顼（公元 1211～1223 年在位）的陵墓，亦有学者认为是崇宗嵬名乾顺（公元 1086～1139 年在位）的显陵[3]。遵顼公元 1211 年即位，公元 1223 年禅位，葬于乾定三年（公元 1225 年）。由于早年曾遭破坏，墓室结构已不清楚，清理时甬道门及前墙坍塌殆尽，仅靠近东西墓道壁处有少许保留，墓门外甬道两侧各画武士像一幅。简报称："西侧的武士像脸朝甬道口，头顶绘火焰，身着战袍，手叉腰，佩剑，着护臂甲，臂后绘飘带，下部漫漶不清。轮廓线条用蓝色，以赭红和绿色作为晕染。东侧的武士像大致和西侧相同，但更为漫漶不清。"

可能推断为西夏壁画墓者，目前非常罕见。内蒙古准格尔旗石窑子村壁画墓[4]，发掘者推断其年代在唐末、西夏初。另外，1977年在甘肃武威西郊林场发现了两座西夏汉人火葬墓[5]，其中天庆七年（公元1200年）西经略司都案刘德仁墓出土二十九块木板画，今藏武威博物馆。木板画原摆放位置已被扰乱，不过基本上可以复原出来[6]。另3号墓也出土二男侍木板画一块[7]。由于墓室太小，画工难以进入绘制壁画，这些排放在墓壁下的木板画实际上起到了替代壁画的作用，对了解西夏墓壁画，不失为较好的辅助资料。这些木板画画面较小，最大的一幅不过长28、宽10.5厘米，侧面墨书"蒿里老人"，被认为是墓主人肖像，一说为土地神。多数木板画描绘的是现实人物，包括男侍、女侍、武士、童子和驭马场面等，也有太阳（中画三足乌）、星（剥蚀不清，侧面墨书二十八宿之"天关"）、龙、金鸡、狗、猪等图像。衣纹线条用折芦描，起笔粗重，转折陡直。

## （二）金代壁画墓

金代习俗薄葬，壁画墓数量及规模均不及辽代，但墓葬类型与宋辽壁画墓有极密切的承继关系。山西是金墓发现最多的省份，并以晋南最为密集。豫西北亦有一定数量的发现。由于墓葬资料相对集中，为学术界考察和研究金代壁画墓提供了便利。

### 1. 晋南、豫西北的金墓与孝悌故事画

山西在金代时大致分属三个行政区，从北至南分别为西京路、河东北路与河东南路，均发现有金代壁画墓。20 世纪 50 年代发现、清理了两座，即绛县裴家堡金墓和沁源正中村大定八年（公元 1168 年）墓。裴家堡金墓[8]于 1955 年清理，未做全面发掘，摹绘墓内壁画成为清理工作的重点。其为仿木结构的正方形单室砖墓，北壁雕四扇槅扇门，左右下画男女侍仆，上分画郭巨行孝和孟宗行孝；东壁正中雕桌椅，绘墓主人夫妇对坐；西壁正中雕门，绘妇人作启门状，北侧雕窗上绘韩氏节孝；南壁墓门上画董永行孝以及炊事、挑水等杂役活动。正中村金墓[9]为 1957 年发现，资料现存山西省考古研究所，据称有孝悌故事壁画二十四幅。

80 年代，山西金代考古屡见新的发现，其中不乏壁画墓方面的重要资料，如 1981 年清理发掘的新绛南范庄金墓[10]，1981 年清理并临摹的长治故漳村金墓，1983 年发掘清理的闻喜县小罗庄正隆年间（公元 1156～1161 年）1 号墓[11]和下阳村金墓、长子石哲金墓，1985 年清理的长治北郊安昌村金墓，1986 年清理的寺底村金墓等。

闻喜县下阳村明昌二年（公元 1191 年）1 号墓是晋南地区发现的第一座有纪年的金代壁画墓[12]。墓壁彩画影作普柏枋、阑额、斗栱等建筑部件，栱眼壁装饰牡丹。墓顶中央绘宝莲华盖，四面栱坡绘化生童子。北壁在壁画帐幔卷帘下砖砌桌椅，墓主夫妇袖手端坐椅上，身后绘男女侍童。西壁题材和技法相类。东壁在卷帘下砌门窗，板门间有一红衫妇女启门欲进，门上墨书提及砌匠、画匠人名。左右两窗之上绘孝子故事图各两幅，表现的是孟宗哭竹、曾母啮指痛心、董永卖身葬父、

图四一　山西闻喜下阳村 1 号墓壁画孝子故事图

郭巨埋儿（图四一）。南壁亦绘老莱子娱亲、赵孝舍己救弟
（一说蔡顺拾椹奉亲）故事。1987 年，在此墓东北仅 17 米处
又发现一座宋金时期的砖雕壁画墓[13]，年代或早于 1 号墓，
由县博物馆清理发掘。长方形砖券单室墓，墓室四壁皆为仿木
构建筑外檐形式，栱眼壁绘红色花卉。北壁砌板门，普柏枋下
绘帐幔，中间绘山水一幅。板门两侧均前绘桌椅，后绘三名男
子，背景衬以山水、飞鸟。东西两壁砌门窗，其间绘红牡丹。
南壁彩绘已脱落。

闻喜寺底金代砖雕壁画墓[14]为砖室仿木结构，有建筑彩
画。墓内四壁及墓顶四披均有彩绘壁画，北壁配合砖雕桌椅绘
墓主夫妇对坐，桌下绘二瓮，桌上摆放花草、汤盆、包子、石
榴、梨、桃等。南壁在墓门两侧各绘一持骨朵的门神，绘画水

平在该墓中当属最高。墓室四壁普柏枋下绘孝子故事共十一幅，用缠枝牡丹或花草图案间隔，并均有孝子姓名榜题。

长治故漳村大定二十九年（公元1189年）墓[15]系砖室仿木结构，平面近方形，墓主为从八品职的敦武校尉。券顶部分绘星象图，栱眼壁绘缠枝牡丹等花草图案。南壁门两侧绘文吏装扮的门神，其余二壁均绘门窗，在门畔、窗上下绘孝悌故事十二幅，在主要人物之外还简单交代出必要的环境，情节明晰，手法熟练，但水平不及门神。

长治北郊安昌村明昌六年（公元1195年）墓[16]为仿木结构砖室墓，建筑彩画中的旋子彩画具有重要的参考价值。墓顶四披彩绘云鹤，此题材在这一地区尚属首见。东、西、北三壁栱眼壁绘牡丹花，并彩绘二十四孝故事图。现存壁画剥落严重，多数模糊不清，北壁绘十四幅，东西壁各绘五幅，画面上方榜题孝子、孝女姓名。

长子石哲正隆三年（公元1158年）墓[17]为砖室墓，墓室作仿木结构并有彩画（图四二）。东壁中间为朱门，门窗之间绘女侍，直棂窗下有画匠崔琼、程经的墨书题记。窗侧及上部画孝子，自右到左为刘殷、丁兰、王祥、郭巨、王武子妻、韩伯瑜、田真兄弟、孟宗、曹娥、老莱子等，共计十幅。西壁布局同于东壁，亦画舜子、刘明达、董永、鲍山、赵孝宗、杨昌（香）、元觉、姜师、鲁义姑、曾参等孝子故事十幅。南壁在墓门两侧各画一树旁武士，外侧为孝子蔡顺、闵子骞、睒子、陆绩，与两侧壁合为二十四孝。北壁明间绘墓主生活图，幔帐之下有三男二女坐于长桌旁。墓顶绘画上部已残，现存部分画日月彩云。此墓壁画中以二十四孝最值得注意，与沁源正中村金墓所绘相同，画法较粗疏，但内容完整，保存较好，而且榜题

图四二　山西长子石哲墓仿木构建筑与孝子故事图

清楚，是很重要的研究资料。

除金壁画墓最为密集的晋南地区而外，在晋中的太原、靠东的平定、靠南的汾阳和雁北的大同也有金代壁画墓发现。

太原壁画金墓有义井村大定十五年（公元 1176 年）墓[18]和小井峪金墓[19]。平定西关村金墓[20]有两座，1994 年清理。1 号墓是八角形单室砖墓，清理后墓室就地保存。栱眼壁彩绘没骨折枝花卉，周壁皆有人物壁画（图四三、四四）。以南北为轴线安排画面，南壁画门吏，北壁画内宅，东南壁驼运与西南壁马厩相关，东壁杂剧图与西壁进奉图相对，东北壁尚宝与西北壁尚物相呼应。其中杂剧图保存完整，描画细腻，生动传神，不仅就表现能力和艺术水平而言具有代表性，而且题材也引人关注。画面共五人，其中一人在旁伴奏，四人化装演出，

图四三　山西平定西关村1号墓壁画尚物图

表现的是杂剧中的滑稽表演。2号墓壁画漫漶斑驳，马厩、鞍
具等残迹及西北壁墓主宴饮场景依稀可辨。

　　1990年，山西省考古研究所与汾阳县博物馆联合在汾阳
高级护理学校发掘八座金早期墓[21]，其中4、6号墓为壁画
墓。二墓东向，为长方形单室墓。4号墓绘出仿木构件，西壁
绘帏幔、绣球和花卉墙围；南北壁构图相同，上为卷起的竹
帘，两旁为槅扇门，中间立托盘或持帚妇人。4号墓主为小
孩，6号墓夫妇合葬，因此选材有所不同，西壁绘开芳宴，南
北壁表现侍宴和备食场景。

　　1988年，大同市博物馆先后在大同城南云中大学食堂施
工中清理金壁画墓两座[22]，二者形制相同，均为砖券单室墓。
1号墓墓室壁画大致可分为三层，顶部中心绘莲花，四周围绕
着各种折枝花卉，中层影作立柱铺作。下层北壁主体幅面绘帐

图四四　山西平定姜家沟村金墓壁画乐舞图

幔，东壁绘女婢和男侍，西壁有仆侍和伎乐。2 号墓为正隆四年（公元 1159 年）西京大同府定霸军左副兵马使、进义校尉陈庆夫妇合葬墓。壁画残损严重，东壁和墓顶壁画全部脱落，墓顶、北壁与 1 号墓相同，南壁画男侍，西壁画男侍八人。云大壁画墓是大同首次发现的金代壁画墓，据发掘者透露，此后又在大同城北发掘正隆六年（公元 1161 年）壁画墓。

　　山西金墓从时代上可分为三期，早期为金兵进入中原到完颜亮迁都燕京时期，目前尚无发现；中期大体从海陵王晚期正隆到章宗泰和年间（公元 1156～1208 年）；晚期在卫绍王大安年间（公元 1209～1211 年）以后。山西地区金文化应该是宋文化的发展和继续，宋代砖雕和壁画互相补充的做法、开芳宴和妇人启门等壁画题材等在金墓中仍作为定制流传[23]。

晋南在金代隶属河东南路，紧邻晋南、同属河东南路的豫西北也有金壁画墓发现。1973 年，在焦作郊区清理了老万庄 1 号墓[24]。该墓为平面八角形砖砌单室墓，仿木结构建筑。墓室的北、西北、西南三壁砌出假门和假窗，额上、两侧皆彩绘花卉。壁面均涂白灰，但南、北、西南、东南壁无画，其余四壁中各绘二男女侍仆，分别提罐、捧茶托、执长颈瓶、抱瓶、捧炉、执皂靴、持拂尘等。人物面容端正，比例匀称，姿态自然，线条方折，证明金代人物画具有很高的水平。1978 年在修整 1 号墓的同时，在其两侧又发现 2、3 号墓[25]。3 号墓（冯三翁墓）正中绘墓主像，其余壁画各画一身男侍或女侍。从线描、用色、人物形象和服饰来看，尤其是持巾侍女、拿鞋侍女与 1 号墓十分相似。因此，发掘者推测有可能出自同一位画师之手。同时，依据所出铜契券上的"戊午年"款，认为系金墓，年代在公元 1138～1198 年间，但亦有学者将其年代定在下一个戊午年即元宪宗八年（公元 1258 年）[26]。

1986 年，在距离白沙宋墓约 12 公里的文殊乡坡街村，清理了一座八角形仿木结构砖室墓[27]。其建筑精巧，装饰繁缛，壁画布局对称，色彩鲜艳，保存完整。除南壁外均有彩色壁画或砖雕门窗，在建筑部件上有装饰彩画。靠北的三壁均在中部砖雕格子门，两侧分别绘狮子滚绣球、中年女侍和青年女侍，表现墓主所居的深宅大院。西南壁绘庭院备马，东南壁绘客厅设宴。

1993 年，河南登封大金店乡王上村发现砖室墓一座[28]，并对其进行了抢救性发掘，墓室壁画保存完整。甬道东西两侧壁各画一男侍，八边形墓室的各壁分绘梅竹双禽、鹤、论道、升仙、侍女等内容，顶部绘祥云瑞鹤，表现了墓主的日常生活与思想情操。

孝悌故事图像在宋、辽、金和元代早期的墓葬中屡见不鲜，艺术形式包括石棺线刻或浮雕、画像石、砖雕和壁画，分布的地点遍及豫西、豫北、晋南、江南以及甘肃、四川等地，在社会下层已广泛传播。有学者研究认为，孝行图以豫西、晋南最丰富，面貌大体一致，可以看作一个系统。当时完整的一组孝子图，应就是由壁画墓中出现的最高数额二十四幅组成的，但有少数选取的情节、事迹不完全相同，至少可以提出三种组合类型。研究者进一步推断，二十四孝悌故事必形成于北宋徽宗崇宁（公元 1102　1106 年）以前，很可能最早出现在洛阳。刻绘孝悌故事的元代早期墓多出现在富于此传统的晋南地区，与长子石哲金墓一脉相承[29]。

至宣和年间（公元 1119～1125 年）孝子题材才在北宋墓中出现，出现于辽墓中的时间大体相仿，但当时还不多见。金元墓壁画中孝行题材更为流行，据认为受到自金熙宗（公元 1135～1149 年在位）时起尊孔崇儒的政策推动，既有理学思想影响，又与全真教有关[30]。全真教兴起于平阳地区（治今山西临汾），在女真贵族统治下的北方发展起来，先后得到金、元统治者的支持。其创始人王喆（重阳）宣扬节孝，倡读孝经，弟子邱处机建议铁木真利用孝道来建立统治秩序。1960年，山西芮城全真教重要人物宋德方和潘德冲墓[31]中所出石棺上就有二十四孝线画，有力地证明孝行题材的流行与全真教的倡导有极大关系。山西众多金墓在墓门顶、窗顶、格子门障水板等次要部位雕绘孝行故事图，从四五幅到二十余幅不等，画法程式化，后世流行的二十四孝条屏当与之有些渊源。

## 2．其他地区发现的金墓

在金中都大兴府（今北京大兴）周围、张家口地区、冀晋相交的太行山区、山东济南地区，乃至东北到朝阳，西到甘肃东部，也发现有金壁画墓，只是尚难成体系。

河北发现的金代壁画墓有 1958 年省文物队发掘的新城北场村皇统三年（公元 1143 年）钜鹿郡王时立爱墓及天会五年（公元 1127 年）其第四子时丰墓[32]，1960 年省文化局文物工作队与石家庄市文化局共同发掘的井陉柿庄尹氏家族墓群，兴隆梓木林子天德二年（公元 1150 年）萧仲恭墓[33]及 1987 年张家口地区文管所清理的怀安下王屯金墓等。

柿庄尹氏家族墓群[34]因雨季路面坍塌造成墓顶暴露，1949 年前即已发现。1957 年，石家庄市文化局曾派人做过调查，后列为市重点文物保护单位。其中柿庄区十座，北孤台区四座，绝大部分为仿木结构建筑的砖砌单室墓。柿庄 2、4、5、6 号墓墓内壁画保存较好，其他墓因淤土过多导致彩绘隐约不清或遭破坏。对壁画进行了临摹和照相，将 4 号墓迁至正定隆兴寺内，6 号墓壁画由中国国家博物馆临摹复制。

柿庄墓群发现很早，但其年代问题仍未得到完满的解决。此地金时属威州，据墓前元至大元年（公元 1308 年）《师氏族谱记》碑载，尹氏因避金章宗（公元 1190～1208 年在位）父亲之讳而改姓师。发掘者判断柿庄 6 号墓位置最北、年代也较早，其建筑和彩画与 1958 年石家庄一座有墨书"政和二年（公元 1112 年）三月"题记的墓相似，年代或略晚。8 号墓时代相近，1 号墓稍晚，年代在徽宗重和（公元 1118～1119 年）或宣和年间（公元 1119～1125 年）。2、3、7、9 号墓的时间在徽宗大观年间（公元 1107～1110 年）至金初。5 号墓较晚。4、10 号墓与北孤台 1～3 号墓年代属北宋徽宗至金代。北孤台 4 号墓年代最晚，不会早过金天会年间（公元 1123～1137

**表三　河北井陉尹氏家族墓群（柿庄 6 号墓除外）壁画内容简表**

| 编号 | | 墓室 | 壁画 |
|---|---|---|---|
| 柿庄区 | 1 | 八角形 | 在砖砌的桌椅后绘人物 |
| | 2 | 方形 | 墓室南壁墓门两侧墨绘守卫武士像各一。北壁阑额下墨绘悬幔，幔下绘番莲，东侧窗下画卧马。东壁以假门为界，北侧绘悬幔、组绶、红番莲，南侧绘墓主人供养图。西壁布置与东壁对称，假门南侧绘宴饮 |
| | 3 | 六角形 | 守卫、牡丹、羊群、粮仓、人物 |
| | 5 | 圆形 | 残损，绘妇人启门、悬幔、金盆、银锭和女子 |
| | 7 | 方形 | 多漫漶不清，保存有妇人启门等人物画 |
| | 10 | 八角形 | 桌椅、熨斗、剪刀等及男女人物 |
| 北孤台区 | 2 | 六边形 | 几乎全部脱落 |
| | 4 | 方形 | 芦雁、剪刀、桌椅、碗勺等 |

年）前后。或以为其中九座墓的年代在金初至金末，包括金初的 6 号墓和 2 号墓[35]。另有一种意见着眼于尹氏改姓师之事，认为 2 号墓的年代下限不应晚于金章宗明昌元年（公元 1190年），6 号墓的年代似乎只能在北宋末至金初，墓地靠南的有些墓已晚至元代[36]。

柿庄诸墓壁画大多与砖砌的桌椅、柜子门和砖雕的剪刀、熨斗等相配合，仿木结构均有建筑彩画。其中柿庄区 4 号墓全用砖雕、泥塑来再现室内陈设和墓主生活（表三）。在诸墓中，金代初年的柿庄区 6 号墓最受瞩目。墓室方形，北壁砖砌假门窗，门上墨绘卷帘。东壁的"捣练图"壁画[37]保存最完整，由担水、熨帛、晒衣三部分构成，场面真实，生活气息浓郁（图四五）。画面很容易令人与唐代以绮罗人物画闻名的大画家张萱的传世名作《捣练图》（宋摹本，现藏波士顿美术博物馆）联系起来。此图曾经金章宗完颜璟收藏并题签，或许民间也会

图四五　河北井陉柿庄6号墓壁画捣练图

流传张萱画风的作品，甚至作为粉本来绘制墓室壁画。在临仿的同时，据当时妆扮对人物服饰的面相也做了修改。南壁牧放马骡牛羊的画面亦颇生动（图四六），西壁为开芳宴内容。

　　怀安王虎屯下王屯村壁画墓[38]为长方形弧角券拱砖砌单室墓（窑洞式）。墓室周壁有彩绘壁画，系先在墓壁上涂抹黄泥，再覆盖白灰面后勾廓敷彩。墓室四周分为上、中、下三栏，上栏绘云气，中栏绘梅花（南壁无），下栏北壁未施绘。西壁男侍和东壁女侍相对，南壁在墓门东西两侧分绘一男侍和女侍。怀安地处河北、山西和内蒙古交界地带，墓主可能是信仰佛教的汉族下级官吏。该墓的时代应为北宋徽宗以后，很可能是金元时期的壁画墓。人物形象端庄，造型准确生动，衣纹线条多粗细变化和转折，有跳动的感觉，绘画水平较高。

图四六　河北井陉柿庄 6 号墓壁画牧放图

东北地区发现的金代壁画墓目前仅限于辽宁朝阳一地，金时这里是兴中府的治所。1961 年，辽宁省博物馆文物工作队在朝阳师范学院清理了大定二十四年（公元 1184 年）马令墓[39]。此为砖砌方形单室墓，壁画有些剥落。西壁备膳画面比较完整，措置得当。东壁为备马出行内容。南壁墓门左右各绘一人，门左一人有须，戴黑色方巾，身着窄袖长袍、长裤，双手合于胸前，身后墨书"马合得写来"。门右一人短衣及膝，穿束口裤、皮靴，墨书"扶风马令妻……"。北壁绘侍女立像两身。扶风马氏可能是改易汉姓的汪古部（白鞑靼或称阴山鞑靼）人。朝阳最近的考古收获还有 1991 年辽宁省文物考古研究所与朝阳市博物馆在城南七道泉子发掘的砖砌圆形单室金墓[40]，砖雕仿木构件，壁画采用黑、红二色。除影作外，后部绘寝室，西部画宴饮，门东侧为架衣女侍，三组壁画之间以菊花屏风相隔。在墓门、甬道两侧、墓室周壁上部绘人物、花卉。

仿木结构砖雕壁画金墓在山东济南[41]亦有发现。1964 年至 1965 年，在济南商阜三十五中学建筑工地发现 1 号墓。墓室平面为六边形，为明昌三年（公元 1192 年）赞皇郡李公之墓，墓室壁面装饰砖雕，桌椅后绘男女人物形象。1979 年，在山东高唐谷官屯发掘清理了承安二年（公元 1197 年）信武将军骑都尉虞寅墓[42]，内有较完整的壁画十二幅。壁画随墓壁呈环形展开，以甬道至门为中线，左右各分为三组。后室描绘墓主及其妻妾生前的日常生活，前室主要表现出行等活动。

1972 年，在甘肃武山郭槐乡文家村西旱坪清理了金泰和六年（公元 1206 年）墓[43]，内有彩绘男女侍从十一人。1983年，平凉地区博物馆在静宁县文化馆的协同下清理张家湾金初墓[44]，其中也有墓葬绘画资料。此墓为仿木结构，单室带壁龛，饰以砖雕和砖画。砖画除花草图案外，主要表现大舜耕田、孟宗哭竹、江革行佣、曾子采樵、郭巨埋儿等孝子故事。

1990 年，在北京门头沟大峪育新小学建筑基地发掘一座金代壁画墓[45]，砖结构、圆形单室，西壁、北壁影作屋宇，西壁屋宇北侧绘一男侍形象，南侧壁画脱落，东壁配合影作桌椅描绘墓主夫妇宴饮场面。

## （三） 元代壁画墓

元代的仿木结构砖雕壁画墓继承了宋金遗风，主要集中在山西和内蒙古地区。山西元墓早有发现[46]，仿木结构日趋简单，有些仅初具其意而已。这说明从五代以来流行的仿木结构砖雕壁画墓，至此接近尾声。至于装饰方面的特点，晋南多为砖雕墓，晋中和内蒙古发现的多为壁画墓，当然就绝对数量而言，壁画墓仍然可观。元代的壁画墓按地域明显可见汉人墓和蒙古贵族墓的区别，汉人墓壁画中沿用前代墓主夫妇开芳宴的内容，更突出了墓主形象，省略了伎乐场面，增加金银钱帛斗库和饲养六畜的画面[47]。蒙古贵族墓一方面吸收汉地壁画的题材内容，另一方面又描绘骑从狩猎等塞外风俗民情和宗教信仰。

### 1．汉人墓

元代的汉人壁画墓自 50 年代开始就有陆续发现。撷其著者，如 1954 年清理的平定东回村元墓，1957 年清理的太原瓦窑村元墓，1959 年发掘的孝义下吐京元墓，1958 年在大同发掘的冯道真墓，1960 年发现的文水北峪口元墓，1981 年发掘的新绛吴岭庄至元十六年（公元 1279 年）墓[48]，1983 年清理的长治捉马村元墓，1984 年发现的长治郝家庄元墓，1986 年清理的运城西里庄元墓，1986 年和 1992 年先后在大同城西近郊齿轮厂清理的两座元墓，1987 年发掘的垣曲上王村常德义墓[49]，以及 1993 年在长治南郊司马乡发现的元墓（图四七）。

平定东回村元墓[50]为砖砌八角形单室墓。墓室后壁雕门，门上方彩绘龟蛇（玄武）。东西两壁各雕门形，门上方各画一条龙（按：当分别为青龙、白虎）。东南壁画卷帘之下男女墓主对饮，身后六仆婢拱手侍立。西北壁画厨房，西南壁画马厩，东南壁画牛、羊、猪、鸡群，后二壁上部雕窗户。栱眼壁有建筑彩画。此墓虽然窄小，但壁画题材很典型。

图四七　山西新绛吴岭庄元墓壁画杂剧图

太原西南郊瓦窑村元延祐七年（公元 1320 年）墓[51]为八角形仿木结构砖墓，有建筑彩画。墓内有两幅壁画，东南壁绘库房，有管库人和"库房"、"□斛库"、"什物库"、"金银财帛家产钱物库"等字样。西南壁绘"厨舍"和男女侍。

孝义梁家庄大德元年（公元 1297 年）墓[52]影作槏扇门等。下吐京元墓[53]应与梁家庄元墓属同一时期，为砖砌六边形仿木结构单室墓，六壁均用红、黄、绿色作画，北壁为卷帘帐子内画墓主夫妇及仆侍；东北、西北壁在条几上画饮食用具；东南、西南两壁作盆花武士；南壁有飞天及鸟。

文水北峪口元墓[54]是石砌八角形仿木结构建筑单室墓。甬道两壁线刻武士。墓室北壁为一男二女对坐，服饰似非汉服，中间设"祖父之位"。东北、西北壁均设桌，男女侍者奉酒、奉茶。东、西壁均画墓主一男一女出行。东南、西南为两束大莲花。

长治捉马村 1 号和 2 号墓[55]均绘壁画，1 号墓壁画损坏严重，仅存斗栱、阑额、普柏枋等部位的建筑彩画，对于研究《营造法式》彩画之制及元代建筑彩画有一定参考价值。大德十一年（公元 1307 年）2 号墓壁画保存状态完好，南壁似画帐架垂幔，其余二壁除西壁左侧有男侍、东壁右侧相对画女侍形象外，还有孟宗哭竹、丁兰行孝、韩伯俞行孝和王祥卧冰四幅孝子故事画。画法较粗疏，具有民间风格。

长治郝家庄元墓[56]平面呈方形，穹隆顶。壁画以墨线勾勒，人物服饰似有淡黄色，此外无敷彩痕迹。南壁在墓门两侧各绘一侍仆。东壁左侧在双线边框中绘山水，丛丛树木掩映着独木桥，桥下溪流飞溅。右侧画门，一男童启门探身张望。西壁左侧绘屏风，右侧绘一山水立轴，装裱样式尚很清楚。北壁绘厅堂陈设，包括幔帐、床、毯、水墨山水围屏等，屏风画水渚坡岸，点簇树木，平远构图。此墓壁画当为民间画师绘制，水墨山水仍反映了当时画坛时尚，意境幽远，颇有文人画韵味。水墨山水屏风和立轴、竹雀影屏在元墓壁画中比较少见。其对于探讨元代民间绘画与文人画的关系，具有一定的价值。

长治南郊司马乡北一砖窑厂古墓[57]早遭破坏，暴露在外，但壁画尚存。其为仿木结构砖砌单室墓，墓室顶部绘覆莲藻井，四坡装饰缠枝花卉。南壁绘帐架，东壁画置放着酒具的长条桌、侍童和孝子王祥，西壁对称地布置桌子、侍女和曹娥，北壁画董永和孟宗。长治一带仿木结构墓壁画大多选用二十四孝题材，宋金时代表现的故事内容较多，此墓明显减少，应是元代特征。

运城西里庄元晚期墓[58]是长方形单室砖券墓，四壁白灰面上均彩绘壁画。西壁绘杂剧表演，左侧第一人双手持戏折展开于胸前，有副末开场之意。戏折上楷书"风雪奇"三字，当为剧名。其中有女演员扮演旦角，反映了元杂剧的演员构成和演出体制。与西壁演出场面相呼应的是东壁的乐队和舞儿，当是表演时的伴奏乐队。南壁在墓门两侧绘童子，北壁为宴享图，幔下设桌，桌上陈列果品，两侧各立一侍者，桌后所坐二人严重残损。券顶彩绘祥云、野草、竹子、乌龟、兔子等。

大同西郊宋家庄冯道真墓[59]年代较早，是至元二年（公元1265年）的砖砌单室墓。冯道真是龙翔大同万寿宫宗主，系全真教道官。墓中水墨壁画意在颂扬墓主山林隐逸的高尚生活。墓顶绘云鹤。东壁《观鱼图》画墓主人临流独坐，凝神观鱼。西壁北端《论道图》画墓主人与宾客论道。北壁通壁作水墨山水（91×270厘米），画面右上方题"疏林晚照"（图四八）。据认为近似于墓主的故乡——大同玉龙洞七峰山的秀丽景色。在墓葬中用山水画烘托墓主的生活情趣的，在60年代以前的考古发现中尚属仅见。东壁南端有一幅白描道童捧茶侍奉的画面，道童身旁有一方桌，背景双勾修竹，前景画湖石牡丹。论者认为，壁画中人物意态生动，景致优美，笔法流畅而苍劲，有南宋人遗风。章法结构则体现出北宋和金代画法的影响，并具有文人画的某些特色。其中的山水画面还引发了美术史家讨论墓室壁画在鉴定学上的价值。众所周知，中国画的布局、构图、笔法、笔意，往往被临摹仿制，从而给古画鉴定带来了不少的麻烦。学者认为，山水画的内在结构关系最能透露时代气息，因此可以作为判断真伪和年代的可靠依据。墓室壁画在技法水准上或许逊于传世作品，但它无疑真实地体现出时代特征，传达了时代精神，是值得认真领会揣摩的。

图四八　山西大同宋家庄冯道真墓壁画山水

　　大德二年（公元 1298 年）的大同齿轮厂 1 号墓[60]，为方形单室仿木结构砖雕壁画墓，南壁拱券上有影作横枋、柱、斗栱，并绘对飞凤凰、折枝花蝶等。其余三壁各绘壁画两幅，构成屏风状，主要以水墨表现山水、树木和人物，山峦峻峭，技法水平不高。东西壁南端的壁画内容呼应，表现的是侍茶与侍酒的场面，其余壁画表现汉族士大夫理想中的隐逸生活，四幅分别描绘的是山溪泛舟、松下策杖、茅庐山居以及骑驴行旅。2 号墓[61]为砖券单室墓，以线描为主，用笔迅捷、方折劲硬，偶见红、绿色。南壁甬道口上方墨书"明堂"，两侧分画一男侍、一女侍，仅高 32 厘米。东西两壁绘备茶、备酒的情景，其中东壁桌旁怀抱二弦琴的女伎背影描绘准确生动，比较出色。

　　70 年代后期以来，在北京、山东济南地区、河南洛阳以至福建等地发现了元代汉族壁画墓葬。

　　1977 年，清理了密云西田各庄太子务村元代初期墓[62]。此墓早年曾被盗掘，部分壁画残损。其为方形单室砖墓，墓室内壁抹泥灰和白灰各一层，上绘壁画。墓室所绘屏风、帷幕等都是元代贵族习用的陈设。栱眼壁画水墨写生花卉。墓室四壁砖牙以下绘帷幕走水一周，四隅绘垂幕。北壁绘三开屏风，画心为水墨梅花竹石图。东壁绘单扇屏风，部分漫漶，似为男女侍，以竹石花卉补景。西壁三开屏风画画面严重剥落。南壁墓门两侧彩绘牡丹，门上方绘横匾，墨书"乐安之堂"四字。造型娴熟，线条洗练，尤其是梅花竹石作为独立题材出现，且采用水墨技法，在前代极为罕见，对于研究元代早期绘画技法和风格有重要价值。

1990 年，在密云瞳里村发掘的元墓[63]为方形穹隆顶单室砖墓，东西两侧壁的南端各绘两名手托盘盏、面向墓室北半部棺床的侍女。北端和北壁表现四扇山水屏风，用水墨大写意手法绘制，技法高超，被认为是北京当时发现的墓室壁画之最。随葬陶碗上有"至大二年"（公元 1309 年）年款，可供断代参考。

山东济南千佛山元墓[64]1985 年发掘。此墓为仿木结构砖砌双室墓，前室东西两壁绘四时山水人物画，共四幅。门洞两侧分绘身着甲胄、手持兵器的天王状门卫一人，威风凛凛（图四九）。当时实施封闭式就地保护措施，1992 年整体迁移到济南市博物馆[65]。

1986 年至 1991 年，济南市抢救性清理了几座元代砖雕壁画墓[66]。其中 1 号墓有明确纪年，系元至正十年（公元 1350年）。它坐落在济南历城区郭店镇省地质局第一地质大队郭店工区院内，为砖砌仿木结构单室墓，平面呈圆形。墓室内壁画保存基本完好，由四周砖砌的凸棱分为上下五层。下数第一层绘六根柱子，柱子分隔出的画面中表现女侍、墓主夫妇、粮囤、布匹、公鸡、牡丹不等，皆上有幔帐流苏，设置灯檠、桌案、屏风、床具等用品。以上第二层绘斗栱，第三层绘卷云纹，

图四九　山东济南千佛山元墓壁画门卫

第四、五层绘莲花藻井。以墨线勾勒轮廓，敷彩以红色为主，
具有浓重的民间特点。2号墓位于济南市历城区港沟乡大官
庄，东壁画夫妇对坐。4号墓在章丘县旭升乡西酒坞村南，为
仿木结构单室砖墓，平面呈圆形。东壁为夫妇对坐，北壁绘妇
人启门，西壁似绘一女子为墓主人铺设卧具。3号墓位于章丘
刁镇茹庄，为仿木结构单室砖墓，墓室正方。砖雕和壁画均残

损较严重，壁画形式和技法与 2 号墓基本相同，但不像以上三座墓那样以夫妻对坐、宴饮为主要内容。就艺术水平而言普遍不高，4 号墓造型相对准确。

1988 年发现的济南柴油机厂元代砖雕壁画墓[67]，为仿木结构单室砖墓，墓室平面呈方形。墓门、甬道、墓壁、墓顶都满绘壁画，基本保存完好。既有建筑砖雕彩绘、图案装饰这样的内容，也有表现家居生活和孝行义妇故事的题材。甬道东壁绘牵马图，西壁有一人。墓室西壁南侧下部和东壁下部绘男女侍及家具陈设。墓壁上部和墓室顶部绘孝子、义妇故事共计十三幅，选材与宋辽金墓壁画的孝子图有重合，但并不完全雷同。构图充实，措景丰富，安排紧凑，笔墨熟练，体现了当时民间画师的绘画风格和技艺水平。1998 年，章丘文祖镇青野村还清理了一座元代壁画墓[68]。

1992 年，洛阳伊川元东村发现一座壁画墓[69]。该墓为长方形砖券单室墓，北壁墓主夫妇对坐图的布局、人物服饰、坐姿等与内蒙古赤峰市元宝山和三眼井元墓壁画相似。墓室周壁及顶部白灰面上均绘壁画。北壁幔帐之下绘墓主夫妇对坐，东西壁均绘伎乐，南壁绘门吏，墓顶绘牡丹、祥云、飞鹤。

南方地区的元代壁画墓十分罕见，目前还仅局限于福建。1990 年，在将乐光明乡发掘一座双室券顶砖墓[70]，方向 20 度。壁画内容相当丰富而饱满。左室壁画保存较好，顶部在云彩中绘日月形象，左壁绘花瓶、引吭的雄鸡、青龙和人物轿舆，右壁绘犬、白虎和人物鞍马。内壁凸出的矮墙台上还有一些谷仓、花瓶之类的图像，其中台上边的内壁所绘福、禄、寿形象较为独特。此前传世最早的寿星画是明代的彩印木版画，学术界一直将"福、禄、寿"出现的时间定在明代晚期，将乐墓壁画中的三星图无疑将这个时间大大提前[71]。右室有盗洞，致使壁画损毁。左壁残存轿舆、人物和房屋形象痕迹，并题"出入方便"四字，右壁有犬、马鞍架、白虎、女侍及庖厨场面，墓顶和矮墙台部分内容与左室同。墓中蒙古装束和汉装截然不同，大致年代在元初，墓的建筑形制、壁画内容和形式等明显继承了宋墓遗风，是南方地区罕见的元代壁画墓。福建南平三官堂还发现有元大德二年（公元1298年）墓，为砖砌仿木构殿堂建筑，壁面彩绘建筑内部结构。

**2. 蒙古贵族墓**

元代蒙古及其他少数民族的壁画墓在内蒙古赤峰地区已发现多座。此外，在内蒙古凉城、辽宁凌源、甘肃漳县、陕西蒲城和北京也有例子。这类元墓对于展现沙漠马背上"只识弯弓射大雕"的天之骄子的生活习俗[72]，展示其传统与汉族文化交汇融合的过程，无疑十分珍贵。

1965年、1972年分别清理了赤峰三眼井的两座元墓[73]。1号墓早期被盗，画迹多被破坏。2号墓保存完好，营造出三间歇山顶建筑模拟墓主生前的住宅，以壁画再现生活场景。正面北壁画墓主夫妇宴饮，厨房中男女仆侍备办酒食；西壁画男墓主小酌后与侍从骑马驱驰出猎；东壁画出猎归来，男主人凯旋，仪仗捧食、奏乐迎接；南壁门内侧各画一门将和牡丹，穹隆券顶四角各画一凤凰。壁画多用白描，很少华丽装饰和浓艳渲染。

1982年，赤峰元宝山宁家营子发现元墓[74]。墓北壁绘紫色帷帐下男女主人正面而坐（图五〇），旁边有侍者恭立；东西两壁画侍奉童子，并有行旅、山居两幅小画（或可视为棺床板上的彩绘），类似大同冯道真墓，颇具汉族文人士大夫的意

图五〇　内蒙古赤峰元宝山元墓壁画墓主对坐图

趣。墓主应为蒙古贵族,六品官员,受汉族封建文化影响较明
显,壁画的内容、布局、情趣等与汉族地主墓无异。1989 年
在距离此墓仅 5 米处又清理一座元墓[75],二者结构、大小接
近。墓室四壁及顶部壁画共九幅。墓顶以莲花为中心彩绘瑞
鹤、祥云、日月,墓门两侧画武士,南北两壁的东段各画一幅
布宴图。墓室后半部分描绘现实生活,为春归、闲居、乐舞和
出行四幅。画面疏密得体,宾主分明,笔法洒脱。人物、山
水、树石融为一体,或曲栏芭蕉,或牡丹湖石,或茅屋桃柳,
颇具闲情逸致。

　　翁牛特旗梧桐花乡元墓[76]是赤峰地区的又一座元代壁画
墓,为穹隆顶方形石室墓,墓向正东。正面的西壁分上下两列

在缠枝莲台上画伞盖、牡丹（花罐）、火轮（轮罗）、佛钟、法器、双鱼、净瓶、八宝、花蕊，类似民间所谓八吉祥。北壁和南壁均以横卷形式画山水画，布景单一，技法简略，内容似与仙佛有关。东壁在墓门两侧绘几案、钵、盅等生活用品。墓室四角转角处并影作斗栱。据说，此墓可能是元代名臣张应瑞家族墓，而壁画内容则与元代信奉的喇嘛教有关。虽然壁画技巧不高，却也不乏自身的价值。

1990 年秋，凉城崞县窑乡后德胜村元墓[77]因暴雨冲出，1991 年完成抢救清理工作，壁画由内蒙古博物馆与赤峰市博物馆合作揭取[78]。这是在内蒙古西部地区首次发现的元代壁画墓。墓室四壁、仿木结构及墓顶绘壁画，包括北壁的墓主人家居图，绘墓主及妻妾侍从人众；东西两壁北侧的牡丹图、中部的二十四孝行图、南侧的神怪图；南壁墓门两侧的壁画均残；墓顶绘祥云和招魂图。

1969 年，发现辽宁凌源富家屯 1 号墓[79]。这是辽宁首次发现元代壁画墓。壁画绘画水平较高，线条流畅，构图完整，造型准确，人物生动，能表现出一定的生活情趣。墓室由泥板岩和条砖筑成，壁画位于墓外门上方的额墙和翼墙上及墓室中。额墙绘启关图，朱门开启后有三名女侍正向外张望。东西翼墙上各画仕女图一幅。墓门内装饰荷花蔓草图案。墓室东壁南部及东南壁上画柳荫别墅。东壁为游乐图，右侧画备马，左侧画墓主端坐太师椅上，后有仆人，侧坐琴师，前有一人当是演唱者。此图的人物形象和构图与元宝山元墓墓主对坐图基本相同。西壁与西南壁壁画已脱落损坏，大约为行猎、放牧题材。正面北壁画面上有一雕工精细的木床，原简报认为似有人用红被蒙住全身躺在床上，可能即男主人抱病卧床，女主人等在床前探问的场面。另有人提出床上并非墓主蜷曲侧卧于红被之内，乃是空被褥。因此表现的应是女侍侍奉女主人晚寝的情景[80]。此说较为可取。

1972 年至 1979 年，甘肃漳县徐家坪汪氏家族墓坟区清理了二十七座墓葬[81]。其中甘肃省博物馆清理的 11、16 号墓（汪源昌墓）局部抹白灰，绘彩云、仙鹤及墓主生前生活诸图像[82]。汪氏系出汪古族，在金、元、明时为陇西、漳县望族。

1998 年，陕西蒲城东阳乡洞耳村发现元代壁画墓[83]。陕西省考古研究所做了保护性考古清理。壁画保存状况良好，色泽鲜艳如新，布局规整讲究，是陕西境内目前所知唯一一座有艺术价值的元代壁画墓。其为八角形穹隆顶砖室墓，甬道西壁绘牧牛和卧驼场面，东壁为停舆图。墓室西壁和西南壁绘行别献酒，东壁和东南壁相应绘醉归乐舞。西北、北、东北三壁表现蒙古族服饰的男女主人堂中对坐，身后置山水座屏，屏风上方悬挂牌子墨书墓主名讳及下葬年月，两侧的条桌上放置各种起居所用之物。穹隆顶上描绘幔帐、梁枋彩画、婴戏莲二方连续图案和火焰珠、如意云头四层图案。据墓葬北壁墨书，入葬时间为"大朝国至元六年岁次己巳"。发掘者判断为世祖至元六年（公元 1269 年），属蒙古时期。夫为蒙古人张按答不花，妻为汉人李云线。陕西元墓不以壁画为特色，而山西元壁画墓较多，因而此墓出现壁画可能与女墓主原籍河中府（今山西永济）接受晋俗有关。此墓壁画中的各种发冠、服饰、器皿、用具描绘得准确、具体，对研究蒙宋对峙时期蒙古统治区的物质文化和社会面貌提供了丰富的形象资料[84]。有研究者对陈设器、饮器、家具、人物发式服饰进行了探讨，有助于全面掌握各种器物的形态演变，了解造型、风格的时代特点，是在文物鉴定中断代的主要参考标尺[85]。

　　1998 年北京颐和园发现元至元二十二年（公元 1285 年）耶律铸夫妇墓[86]。耶律铸（公元 1221～1285 年）系元初中书令、契丹人耶律楚材次子，其墓葬也是北京地区近年来保存最完好、规模最大、级别最高的元墓。该墓为多室砖墓，东侧室内壁绘云朵、花草、鸟兽类壁画，详细资料有待刊布。

**注　释**

[1] 牛达生《西夏陵园》,《考古与文物》1982 年第 6 期；宁夏回族自治区文物考古研究所《西夏陵》, 东方出版社, 1995 年版。

[2] 宁夏回族自治区博物馆《西夏八号陵发掘简报》,《文物》1978 年第 8 期。1989 年宁夏文物考古研究所调查后重新编号为 6 号。

[3] 韩兆民、李志清《关于西夏八号陵墓主人问题的商榷》,《考古学集刊》第 5 集, 中国社会科学出版社, 1987 年版。

[4] 郑隆《准格尔旗西夏壁画墓》, 伊克昭盟文物工作站编《鄂尔多斯考古文集》, 1981 年版。

[5] 宁笃学、钟长发《甘肃武威西郊林场西夏墓清理简报》,《考古与文物》1980 年第 3 期。

[6] 陈炳应《西夏文物研究》, 宁夏人民出版社, 1985 年版, 第 200 页。

[7] 宁笃学《武威西郊发现西夏墓》,《考古与文物》1984 年第 4 期。

[8] 张德光《山西绛县裴家堡古墓清理简报》,《考古通讯》1955 年第 4 期。

[9] 据山西省考古研究所晋东南工作站《山西长子县石哲金代壁画墓》,《文物》1985 年第 6 期。

[10] 山西省考古研究所《山西新绛南范庄、吴岭庄金元墓发掘简报》,《文物》1983 年第 1 期。

[11] 山西省考古研究所、山西省闻喜县博物馆《山西省闻喜县金代砖雕、壁画墓》,《文物》1986 年第 12 期。文中称为 1963 年发掘, 今改。

[12] 同 [11]。

[13] 闻喜县博物馆《山西闻喜下阳宋金时期墓》,《文物》1990 年第 5 期。

［14］闻喜县博物馆《山西闻喜寺底金墓》,《文物》1988 年第 7 期。

［15］长治市博物馆《山西长治市故漳金代纪年墓》,《考古》1984 年第 8 期。

［16］王进先、朱晓芳《山西长治安昌金墓》,《文物》1990 年第 5 期。

［17］山西省考古研究所晋东南工作站《山西长子县石哲金代壁画墓》,《文物》
1985 年第 6 期。

［18］代尊德《山西太原郊区宋、金、元代砖墓》,《考古》1965 年第 1 期。

［19］同〔18〕。

［20］山西省考古研究所、阳泉市文物管理委员会、平定县文物管理所《山西平定
宋、金壁画墓简报》,《文物》1996 年第 5 期。

［21］山西省考古研究所、汾阳县博物馆《山西汾阳金墓发掘简报》,《文物》1991
年第 12 期。

［22］大同市博物馆《大同市南郊金代壁画墓》,《考古学报》1992 年第 4 期。

［23］史学谦《试论山西地区的金墓》,《考古与文物》1988 年第 3 期。

［24］河南省博物馆、焦作市博物馆《河南焦作金墓发掘简报》,《文物》1979 年
第 8 期。

［25］河南省博物馆、焦作市博物馆《焦作金代壁画墓发掘简报》,《河南文博通
讯》1980 年第 4 期。

［26］徐苹芳《金元墓葬的发掘》,《新中国的考古发现和研究》,文物出版社,
1984 年版,第 607 页。

［27］河南省文物研究所、禹州市文管会《禹州市坡街宋壁画墓清理简报》,《中原
文物》1990 年第 4 期。

［28］郑州市文物工作队《登封王上壁画墓发掘简报》,《文物》1994 年第 10 期。

［29］段鹏琦《我国古墓葬中发现的孝悌图像》,《中国考古学论丛——中国社会科
学院考古研究所建所 40 年纪念》,科学出版社,1993 年版。

［30］参见徐苹芳《关于宋德方和潘德冲墓的几个问题》,《考古》1960 年第 8 期。

［31］山西省文物管理委员会、山西省考古研究所《山西芮城永乐宫旧址宋德方、
潘德冲和"吕祖"墓发掘简报》,《考古》1960 年第 8 期。

［32］河北省文化局文物工作队《河北新城县北场村金时立爱和时丰墓发掘记》,
《考古》1962 年第 12 期。

［33］郑绍宗《兴隆县梓木林子发现的契丹文墓志铭》,《考古》1973 年第 5 期;
王静如《兴隆县出土金代契丹文墓志铭解》,《考古》1973 年第 5 期。

［34］河北省文化局文物工作队《河北井陉县柿庄宋墓发掘报告》,《考古学报》
1962 年第 2 期。

[35] 李红《宋辽金元时期的墓室壁画》,《中国美术全集·绘画编 12·墓室壁画》, 文物出版社, 1989 年版, 第 45 页。

[36] 徐苹芳《看〈河北古代墓葬壁画精粹展〉札记》,《文物》1996 年第 9 期。

[37] 杨泓《记柿庄金墓壁画 "捣练图"》,《文物天地》1997 年第 6 期。

[38] 张家口地区文管所《河北怀安下王屯壁画墓发掘简报》,《考古》1990 年第 3 期。

[39] 辽宁省博物馆《辽宁朝阳金代壁画墓》,《考古》1962 年第 4 期。

[40] 朱达《朝阳七道泉子金代壁画墓》,《中国考古学年鉴》(1992), 文物出版社, 1994 年版。

[41] 济南市博物馆《济南市区发现金墓》,《考古》1979 年第 6 期。

[42] 聊城地区博物馆《山东高唐金代虞寅发掘简报》,《文物》1982 年第 1 期; 李方玉、龙宝章《金代虞寅墓室壁画》,《文物》1982 年第 1 期; 关天相《对〈金代虞寅墓室壁画〉一文的商榷》,《文物》1983 年第 7 期。

[43] 《中国美术全集·绘画编 12·墓室壁画》, 文物出版社, 1989 年版, 图版一八三。

[44] 平凉地区博物馆《甘肃静宁发现金代墓葬》,《考古》1985 年第 9 期。

[45] 祁庆国《门头沟区金代壁画墓》,《中国考古学年鉴》(1991), 文物出版社, 1992 年版。

[46] 柴泽俊《略谈山西壁画》,《山西文物》1982 年第 3 期。

[47] 同 [26], 第 608 页。

[48] 山西省考古研究所《山西新绛南范庄、吴岭庄金元墓发掘简报》,《文物》1983 年第 1 期。

[49] 同 [43], 图版一九三。

[50] 山西省文物管理委员会《山西平定县东回村古墓中的彩画》,《文物参考资料》1954 年第 12 期。

[51] 同 [18]。

[52] 山西省文物管理委员会、山西省考古研究所《山西孝义下土京和梁家庄金、元墓发掘简报》,《考古》1960 年第 7 期。

[53] 同 [52]。

[54] 山西省文物管理委员会、山西省考古研究所《山西文水北峪口的一座古墓》,《考古》1961 年第 3 期。

[55] 王进先《山西长治市捉马村元代壁画墓》,《文物》1985 年第 6 期。

[56] 长治市博物馆《山西省长治县郝家庄元墓》,《文物》1987 年第 7 期。

[57] 朱晓芳、王进先《山西长治市南郊元代壁画墓》,《考古》1996 年第 6 期。

[58] 山西省考古研究所《山西运城西里庄元代壁画墓》,《文物》1988 年第 4 期。

[59] 大同市文物陈列馆、山西云冈文物管理所《山西省大同市元代冯道真、王青墓清理简报》,《文物》1962 年第 10 期。

[60] 大同市博物馆《大同元代壁画墓》,《文物季刊》1993 年第 2 期。

[61] 王银田、李树云《大同市西郊元墓发掘简报》,《文物季刊》1995 年第 2 期。

[62] 张先得、袁进京《北京市密云县元代壁画墓》,《文物》1984 年第 6 期。

[63] 祁庆国《密云县瞳里村元代壁画墓》,《中国考古学年鉴》(1991),文物出版社,1992 年版。

[64] 同 [43],图版一九四至一九六。

[65] 何洪源《济南市一座元代壁画墓整体迁移成功》,《中国文物报》1992 年 7 月 19 日第 2 版;何洪源、普伍正、史云《试谈壁画墓整体迁移保护及若干问题》,《北方文物》1999 年第 4 期。

[66] 济南市文化局、章丘县博物馆《济南近年发现的元代砖雕壁画墓》,《文物》1992 年第 2 期。

[67] 济南市文化局文物处《济南柴油机厂元代砖雕壁画墓》,《文物》1992 年第 2 期。

[68] 章丘市博物馆《山东章丘青野元代壁画墓清理简报》,《华夏考古》1999 年第 4 期。

[69] 洛阳市第二文物工作队《洛阳伊川元墓发掘简报》,《文物》1993 年第 5 期。

[70] 福建省博物馆、将乐县文化局、将乐县博物馆《福建将乐元代壁画墓》,《考古》1995 年第 1 期。

[71] 杨琮《福建宋元壁画墓初步研究》,《考古》1996 年第 1 期,第 80~81 页。

[72] 张艳秋、杨淑敏《浅析赤峰元墓壁画所揭示的蒙古贵族生活习俗》,《中国北方古代文化国际研讨会论文集》,1995 年版。

[73] 项春松、王建国《内蒙昭盟赤峰三眼井元代壁画墓》,《文物》1982 年第 1 期。

[74] 项春松《内蒙古赤峰市宝山元代壁画墓》,《文物》1983 年第 4 期。

[75] 刘冰《内蒙古赤峰沙子山元代壁画墓》,《文物》1992 年第 2 期。

[76] 项春松、贾洪恩《内蒙古翁牛特旗梧桐花元代壁画墓》,《北方文物》1992 年第 3 期。

[77] 内蒙古自治区文化厅文化处、乌兰察布盟文物工作站《内蒙古凉城县后德胜元墓清理简报》,《文物》1994 年第 10 期。

[78] 张恒金、恩和《元代蒙古贵族墓葬壁画的揭取》,《北方文物》1995 年第 2 期。

[79] 辽宁省博物馆、凌源县文化馆《凌源富家屯元墓》,《文物》1985 年第 6 期。

[80] 宇峰《关于凌源富家屯元墓壁画〈探病图〉》,《文物》1986 年第 1 期。

[81] 甘肃省博物馆、漳县文化馆《甘肃省漳县元代汪世显家族墓葬·简报之一》,

《文物》1982 年第 2 期。

[82] 漳县文化馆《甘肃省漳县元代汪世显家族墓葬·简报之二》,《文物》1982 年第 2 期, 第 13 页。

[83] 呼林贵、刘合心、徐涛《蒲城发现的元墓壁画及其对文物鉴定的意义》,《文博》1998 年第 5 期; 陕西省考古研究所《陕西蒲城洞耳村元代壁画墓》, 《考古与文物》2000 年第 1 期。

[84] 杨哲峰《从薄城元墓壁画看元代匜的用途》,《中原文物》1999 年第 4 期; 刘恒武《蒲城元墓壁画琐议》,《考古与文物》2000 年第 1 期。

[85] 呼林贵、刘合心、徐涛《蒲城发现的元墓壁画及其对文物鉴定的意义》,《文博》1998 年第 5 期。

[86] 北京市文物考古研究所《耶律铸夫妇合葬墓出土珍贵文物》,《中国文物报》1999 年 1 月 31 日第 1 版。

# 六 明清壁画墓

　　明清两代由于葬俗葬制的演变和社会风气的移易，使得以壁画装饰墓壁的做法渐渐被人们所遗忘。在考古调查中，这时的壁画墓数量急遽减少，壁画的艺术水平也大不如前。与大量传世的明清书画卷轴名作巨迹相比，墓室壁画只不过是枝节末流，难以引起人们的注意。在研究工作中，学术界似乎已不需要像了解汉唐那样依据墓室壁画来判断当时的绘画技法与绘画水平，也不需要通过墓室壁画来追溯画史记述的画家风格与样式，更不需要借助出土的墓室壁画来印证传世的纸本、绢本的真伪。因此，明清壁画墓的发现和研究已难与此前的各代相颉颃。下面略举二三例，挂一漏万，以求为中国壁画古墓的发现史画上一个句号。

　　1954 年，在浙江嘉善陶家池的一个土丘上发现平列券顶砖墓四穴[1]，相互可通。除一座损坏太甚外，其余三座内都发现了明代壁画。其中 7 号墓在直径 37 厘米内的红色圆圈内绘男女侍。8 号墓在东壁绘一官员（当是墓主）遇二仙人，衬以墨绘竹石；西壁绘二老者观瀑，衬以松石；后壁绘日月及云彩。第三座在圆圈内画二佛像。

　　在前述甘肃漳县徐家坪汪氏家族墓中，有两座墓[2]为明代墓葬。12 号墓主为"大明故昭勇将军"。南北两壁白描壁画，南壁残毁，北壁画轿子、马、马夫、侍女、仆人和主人形象，似为归游图。15 号墓（可能为汪寿墓）四壁和甬道两侧的石灰墙皮上彩绘壁画，西壁为宴居，南壁似为出游，北壁似为归游，东壁画门卫，甬道两侧画侍女。

1980年，河北石家庄市郊陈村发现明弘治六年（公元1493年）刘福通墓[3]，后清理并临摹了保存的壁画。北壁画墓主人及二妻坐像，身后有侍童、侍女；西壁画训子图和升天图；南壁画持幡女及童子。

1998年，郑州市文物考古研究所在登封市卢店镇清理了明"嘉靖□（七）年岁次□（戊）子（公元1528年）"墓[4]。此为方形单室砖券墓，壁画上砖缝历历可见。墓顶东西绘日月，北壁应表现夫妻、侍妾坐在堂屋中的情景，东西两壁表现仆婢在厢房中侍奉，南壁在墓门两侧画女侍，墓门两壁画蜀葵插花。

明代原武温穆王朱朝㙔（公元1552～1607年）是明太祖第五子周定王的七世孙，他与元配张太妃的合葬墓[5]坐落在河南荥阳二十里铺。此墓早年被盗，初被当地群众挖出，河南省文物工作队曾做过调查。墓内四壁和顶部绘有一套完整的佛教内容壁画，主题可能是以佛法超度亡灵。北壁正中绘释迦牟尼说法图，左右两侧立四只护法灵禽。东壁有佛陀及前来赴会的菩萨、罗汉等，佛头光中有衣冠类似帝王和王妃者，疑即墓主夫妇。西壁的内容和布局均与东壁相近。墓顶彩绘日月星辰、满天云彩和八只仙鹤。这座万历三十五年（公元1607年）墓葬中的壁画，为研究明代中晚期佛教在统治阶层中的流布情况及明代思想史提供了珍贵的实物资料。河南发现明代壁画墓的还有获嘉[6]等地。

山东济南自汉以来，历代多有壁画墓出现。1990年，山东省文物考古研究所在其东的章丘绣惠镇女郎山南麓发掘汉至清代墓葬六十余座[7]，其中有宋、元、明壁画墓共计九座，是一处时间跨度很大的壁画墓地。这九座墓为仿木结构砖室墓，两座宋墓、两座元墓平面为圆形，周壁砖雕砌出桌椅、箱、镜台，绘花卉、动物等图案。两座明墓均为双室、券顶，遍施彩绘，画人物、花卉、仙鹤、衣架、金银铤等，技法娴熟，色彩鲜艳。

1987年，北京门头沟区文物部门调查了门头沟色树坟乡南港村马怀印夫妇合葬墓[8]。墓主马怀印在乾隆三十年（公元1765年）曾为父母立墓碑，其生活年代大致可以推知。墓室内东、西、北三壁白描壁画。北壁画幔帐，帐下四幅条屏式花鸟画，分别为梅花、牡丹、菊花、荷花，各有题诗，当是仿照流行的卷轴四条屏的做法。东西两壁为人物画，画面上都是二男、二女托持物品行进在桥上，界画的桥整齐规范。西壁松树下有一对梅花鹿，和空中飞舞的蝙蝠共同构成"福禄双全"、"六合（鹿鹤）同春"的美好寓意。清墓壁画十分罕见，此墓壁画人物服饰具有明显的戏剧化特点，为民间广泛流传的吉祥图题材。

明清壁画墓因考古发现的数量较少，墓葬形制因地域的不同差别也十分明显，目前尚难以做出系统的归类。壁画的题材内容和表现手法，虽然在前代的基础上有所继承，社会生活和时代风尚在壁画中也得到相应的反映，但画手主要是民间工匠，壁画图像和艺术境界偏离时代艺术的主流，民俗化的倾向十分突出。从现有的明清两代壁画墓资料中，可以获得一个鲜明的印象，即壁画题材的民俗化和艺术表现的民间化。它将中国古代壁画墓的发现和研究线索引向了民间形态，"艺术在民间"则做了墓室壁画的谢幕词。

## 注　释

[1] 朱伯谦《浙江嘉善县发现宋墓及带壁画的明墓》,《文物参考资料》1954 年第 10 期。

[2] 甘肃省博物馆、漳县文化馆《甘肃省漳县元代汪世显家族墓葬·简报之一》,《文物》1982 年第 2 期。

[3] 石家庄文物保管所《石家庄东郊陈村明代壁画墓清理简报》,《考古》1983 年第 10 期。

[4] 郑州市文物考古研究所、登封市文物局《登封卢店明代壁画墓》,《中原文物》1999 年第 4 期。

[5] 郑州市博物馆《荥阳二十里铺明代原武温穆王壁画墓》,《中原文物》1984 年第 4 期。

[6] 汪秀峰、贺惠陆《获嘉县发现明代壁画墓》,《中国文物报》1989 年 9 月 8 日第 2 版。

[7] 邱玉鼎《章丘县女郎山宋、元、明壁画墓》,《中国考古学年鉴》(1991),文物出版社,1992 年版。

[8] 刘义全《北京市门头沟区发现清代墓葬壁画》,《文物》1990 年第 1 期。

# 参 考 书 目

## （一）中文参考书目

1. 宿白主编《中国美术全集·绘画编 12·墓室壁画》，文物出版社，1989 年版。

2. 宿白主编《中华人民共和国重大考古发现》，文物出版社，1999 年版。

3.《文物考古工作三十年》(1949～1979)，文物出版社，1979 年版。

4. 中国社会科学院考古研究所《新中国的考古发现和研究》，文物出版社，1984 年。

5.《中国考古学研究》，科学出版社，1986 年版。

6.《中国文物精华》(1997)，文物出版社，1997 年版。

7.《新中国考古五十年》，文物出版社，1999 年版。

8. 陕西历史博物馆《唐墓壁画真品选粹》，陕西人民美术出版社，1991 年版。

9. 陕西省博物馆、陕西省文物管理委员会《唐李贤墓壁画》，文物出版社，1974 年版。

10. 陕西省博物馆、陕西省文物管理委员会《唐李重润墓壁画》，文物出版社，1974 年版。

11.《唐永泰公主墓壁画集》，人民美术出版社，1963 年版。

12. 陕西历史博物馆《唐墓壁画集锦》，陕西人民美术出版社，1991 年版。

13. 黄明兰、郭引强编《洛阳汉墓壁画》，文物出版社，1996 年版。

14. 陕西省考古研究所《陕西新出土唐墓壁画》，重庆出版社，1998

年版。

15. 朱杰勤《秦汉美术史》，商务印书馆，1936 年版。

16. 常任侠《汉画艺术研究》，上海出版公司，1955 年版。

17. 常任侠《汉代绘画选集》，朝花美术出版社，1955 年版。

18. 赵万里《魏晋南北朝墓志集释》，科学出版社，1956 年版。

19. 王子云《中国古代石刻画选集》，中国古典艺术出版社，1957 年版。

20. 沈从文《中国古代服饰研究》，商务印书馆（香港），1981 年。

21. 王元化《文学沉思录》，上海文艺出版社，1983 年版。

22. 姚迁、古兵《六朝艺术》，文物出版社，1981 年版。

23. 王仲殊《汉代考古概说》，中华书局，1984 年版。

24. 李泽厚《美的历程》，中国社会科学出版社，1984 年版。

25. 俞伟超《先秦两汉考古学论集》，文物出版社，1985 年版。

26. 林剑鸣等《秦汉社会文明》，西北大学出版社，1985 年版。

27. 金维诺《中国美术史论集》，人民美术出版社，1981 年版。

28. 金维诺、罗世平《中国宗教美术史》，江西美术出版社，1995 年版。

29. 段文杰《敦煌石窟艺术论集》，甘肃人民出版社，1988 年版。

30. 吕烈丹《南越王墓与南越王国》，广州文化出版社，1990 年版。

31. 罗宗真《六朝考古》，南京大学出版社，1994 年版。

32. 刘晓路《中国帛画》，中国书店，1994 年版。

33. 祝重寿《中国壁画史纲》，文物出版社，1995 年版。

34. 李如森《汉代丧葬制度》，吉林大学出版社，1995 年版。

35. 孙机《汉代物质文化资料图说》，文物出版社，1991 年版。

36. 孙机《中国古舆服论丛》，文物出版社，1993 年版。

37. 孙机《中国圣火——中国古文物与东西文化交流中的若干问题》，辽宁教育出版社，1996 年版。

38. 杨泓、孙机《寻常的精致》，辽宁教育出版社，1996 年版。

39. 杨泓《美术考古半世纪——中国美术考古发现史》，文物出版社，1997 年版。

40．杨泓《汉唐美术考古和佛教艺术》，科学出版社，2000 年版。

41．杨新、班宗华等《中国绘画三千年》，外文出版社、耶鲁大学出版社，1997 年版。

42．徐吉军《中国丧葬史》，江西高校出版社，1998 年版。

43．王昆吾《中国早期艺术与宗教》，东方出版社，1998 年版。

44．杨宗《闽越国文化》，福建人民出版社，1998 年版。

45．项春松《赤峰古代艺术》，内蒙古大学出版社，1999 年版。

46．李浴《中国古代美术史》，辽宁美术出版社，2000 年。

47．楚启恩《中国壁画史》，北京工艺美术出版社，2000 年版。

48．巫鸿主编《汉唐之间：文化艺术的互动与交融》，文物出版社，2001 年版。

49．张畅耕主编《辽金史论集》（第六辑），社会科学文献出版社，2001 年版。

50．荣新江《中古中国与外来文明》，北京三联书店，2001 年。

51．蒋英矩、杨爱国《汉代画像石与画像砖》，文物出版社，2001 年。

52．贺西林《古墓丹青——汉代墓室壁画的发现与研究》，陕西人民美术出版社，2001 年。

53．刘凤君《美术考古学导论》，山东大学出版社，2002 年版。

54．郑岩《魏晋南北朝壁画墓研究》，文物出版社，2002 年版。

55．中国科学院考古研究所《洛阳烧沟汉墓》，科学出版社，1959 年版。

56．北京历史博物馆、河北省文物管理委员会《望都汉墓壁画》，中国古典艺术出版社，1955 年版。

57．河北省文物局文物工作队《望都二号汉墓》，文物出版社，1959 年版。

58．中国社会科学院考古研究所《杏园东汉墓壁画》，辽宁美术出版社，1995 年版。

59．洛阳古墓博物馆《洛阳古墓博物馆》，朝华出版社，1987 年版。

60．河北省文物研究所《安平东汉壁画墓》，文物出版社，1990 年版。

61．河南省文物研究所《密县打虎亭汉墓》，文物出版社，1993 年版。

62．广州市文物管理委员会、中国社会科学院考古研究所、广东省博物馆《西汉南越王墓》，文物出版社，1991 年版。

63．河南省文物考古研究所《永城西汉梁国王陵与寝园》，中州古籍出版社，1996 年版。

64．河南省商丘市文物管理委员会、河南省文物考古研究所、河南省永城市文物管理委员会《芒砀山西汉梁国王陵》，文物出版社，2001 年版。

65．陕西省考古研究所、西安交通大学《西安交通大学西汉壁画墓》，西安交通大学出版社，1991 年版。

66．内蒙古自治区博物馆文物工作队《和林格尔汉墓壁画》，文物出版社，1978 年版。

67．吉林省文物工作队、集安县文物保管所《集安长川一号壁画墓》（东北考古与历史编辑委员会《东北考古与历史》第 1 辑），文物出版社，1982 年版。

68．甘肃省文物考古研究所《酒泉十六国墓壁画》，文物出版社，1989 年版。

69．甘肃省博物馆《嘉峪关画像砖》，文物出版社，1976 年版。

70．甘肃省文物队等《嘉峪关壁画墓发掘报告》，文物出版社，1985 年版。

71．张朋川、张宝玺编著《嘉峪关魏晋墓室壁画》，人民美术出版社，1985 年版。

72．张军武、高凤山编《嘉峪关魏晋墓彩绘砖画浅识》，甘肃人民出版社，1989 年版。

73．戴春阳、张珑《敦煌祁家湾——西晋十六国墓葬发掘报告》，文物出版社，1994 年版。

74．戴春阳主编《敦煌佛爷庙湾西晋画像砖墓》，文物出版社，1998 年版。

75. 河南省文物局文物工作队《邓县彩色画像砖墓》，文物出版社，1958 年版。

76. 负安志编著《中国北周珍贵文物——北周墓葬发掘报告》，陕西人民美术出版社，1993 年版。

77. 中国社会科学院考古研究所编著《中国考古学论丛——中国社会科学院考古研究所建所 40 周年纪念》，科学出版社，1993 年版。

78. 辽宁省文物考古研究所、〔日〕中国考古学研究会编《东北亚考古学研究——中日合作研究报告书》，文物出版社，1997 年版。

79. 中国科学院考古研究所《西安郊区隋唐墓》，科学出版社，1966 年版。

80. 中国科学院考古研究所《唐长安城郊隋唐墓》，文物出版社，1984 年版。

81. 罗丰编著《固原南郊隋唐墓地》，文物出版社，1996 年版。

82. 刘庆柱、李毓芳《陕西唐陵调查报告》，《考古学集刊》第 5 集，中国社会科学出版社，1987 年版。

83. 赵华编《吐鲁番古墓葬出土艺术品》，新疆美术摄影出版社、霍兰德出版有限公司（新西兰），1992 年版。

84. 河北省文物研究所、保定市文物管理处编著《五代王处直墓》，文物出版社，1998 年版。

85. 冯汉骥《前蜀王建墓发掘报告》，文物出版社，1964 年版。

86. 南京博物院编著《南唐二陵发掘报告》，文物出版社，1957 年版。

87. 朝阳地区博物馆《辽宁朝阳姑营子辽耿氏墓发掘报告》，《考古学集刊》第 3 集，中国社会科学出版社，1983 年版。

88. 项春松编《辽代壁画选》，上海人民美术出版社，1984 年版。

89. 李逸友《略论辽代契丹与汉人墓葬的特征和分期》，《中国考古学会第六次年会论文集》，文物出版社，1990 年版，第 190 页。

90. 王健群、陈相伟《库伦辽代壁画墓》，文物出版社，1989 年版。

91. 中国考古学会《中国考古学会第六次年会论文集》，文物出版社，1990 年版。

92．宁夏回族自治区文物考古研究所《西夏陵》，东方出版社，1995年版。

93．韩兆民、李志清《关于西夏八号陵墓主人问题的商榷》，《考古学集刊》第 5 集，中国社会科学出版社，1987 年版。

94．伊克昭盟文物工作站编《鄂尔多斯考古文集》，1981 年版。

## （二）日文参考书目

1．鳥居龍藏《南滿洲調查報告》，1910 年版。

2．鳥居龍藏《蒙古旅行》，博文館，1911 年版。

3．鳥居龍藏《滿蒙の探查》，萬里閣書房，1928 年版。

4．鳥居龍藏、鳥居きみ子《滿蒙を再び探る・遼陵の壁画》，六文館，1932 年版。

5．鳥居龍藏、鳥居きみ子《滿蒙を再び探る》，六文館，1932 年版。

6．鸟居龙藏著、陈念本译《满蒙古迹考》，商务印书馆，1933 年版。

7．鳥居龍藏《滿蒙其他の思ひ出》，岡倉書房，1936 年版。

8．鳥居龍藏《考古學上より見たる遼之文化》（4 册図譜），東方文化學院東京研究所，1936 年版。

9．鳥居龍藏《遼の文化を探る》，章華社，1937 年版。

10．濱田耕作《遼陽附近の壁画古墳》，《東亞考古學研究》，岡山書院，1930 年版。

11．八木奘三郎《滿洲考古學》，荻原星文館，1944 年增補改訂版。

12．駒井和愛《遼陽発見の漢代墳墓》，東京大學文學部考古學研究室，1950 年 12 月，《考古學研究》第一册。

13．内藤寬、森修《營城子——前牧城驛附近の漢代壁画磚墓》，刀江書院，1934 年版。

14．梅原末治《朝鮮古代の文化》，高桐書院，1946 年版。

15．梅原末治《朝鮮古代の墓制》，座右寶刊行會，1947 年版。

16．梅原末治、藤田亮策編著《朝鮮古文化綜鑒》（4 卷），養德社，1947～1966 年版。

17．三上次男《高句麗の遺蹟》，《歴史地理》第 71 卷第 1 號。

18．三上次男《滿鮮原始墳墓の研究》，吉川弘文館，1961 年版。

19．三宅俊成《安東省輯安県城附近高句麗の遺蹟》，"滿洲文化協會"，1935 年版。

20．池内宏《朝鮮の文化》，岩波書店，1936 年版。

21．池内宏述、錢稲孫訳《滿洲國安東省輯安県高句麗遺蹟》，"滿日文化協會"，1936 年版。

22．池内宏《通溝：滿洲國通化省輯安県高句麗遺蹟》（卷上），"日滿文化協會"，1938 年版。

23．池内宏、梅原末治《通溝：滿洲國通化省輯安県高句麗遺蹟》（卷下），"日滿文化協會"，1940 年版。

24．長廣敏雄《六朝時代美術の研究》，東京美術出版社，1969 年版。

25．岡崎敬《阿斯塔那古墳群研究》，《東西交渉的考古學》，平凡社，1973 年版。

26．田村実造、小林行雄《慶陵：東モンゴリァにおける遼代帝王陵とその壁画に関する考古學的調査報告》（1、2），座右寶刊行會，1953 年版。

27．田村実造《慶陵の壁画：繪画・彫飾・陶磁》，同朋舍，1977 年版。

28．田村実造《慶陵調査紀行》，平凡社，1994 年版。

29．曽布川寛《昆侖山と升仙図》，《東方學報》（京都版）第 51 號，1979 年版。

30．朝鮮民主主義人民共和國朝鮮画報社《德興里高句麗壁画古墳》，東京講談社，1986 年版。

## （三）西文参考书目

1．Chavannes（沙畹），*Mission archéologique en Chine septentrionale*（华北考古图谱），1905～1915.

2．〔法〕闵宣化著、冯承钧译《东蒙古辽代旧城探考记》，中华书局，1956 年版（*Les Anciennes Villes de l'empire des grands Leao au roy-aume Mongol de Barin*，T'oung Pao，1922）。

3．Sir A. Stein，*Innermost Asia*，vol，Ⅲ，Ast. ii. 1. 01 – 03，Oxford. 1928.

4．Jonathan Chave，*A Han Painted Tomb at Loyang*，Artibus Asiae vol. XXX（1968）.

5．Jan Fontein and Wu Tung，*Unearthing China Past Museum of Fine Arts*，Boston，1973.

6．Jan Fontein and Wu Tung，*The Han and T'ang Murals*，Museum of Fine Art Boston，1976.

7．Wu Hung（巫鸿），*The Wu Liang Shrine*：*The Ideology of Early Chinese Pictorial Art*，Stanford，California，Stanford University Press，1989.

8．Wu Hung（巫鸿），*Monumentality in Early Chinese Art and Ar-chitecure*，Stanford，California，Stanford University Press，1995.

9．Andrey Spiro，*Contemplating the Ancients*，Berkeley，University of California Press，1990.

10．Martin J. Powers，*Art and Political Expression in Early China*，Yale University Press，1991.

11．Michael Loewe，*Ways to Paradise*：*The Chinese Quest for Im-mortality*，Allen and Unwin，London，1979.

# 后　记

　　古代壁画墓早就是纳入国家文物局《20 世纪中国文物考古发现与研究丛书》的选题，中途因约稿周折，转到我的手上距离丛书的启动已经有些日子了。接手之前，颇有些犹豫。后经丛书执行主编朱启新先生和《文物》月刊李力女士的再三鼓励，于是壮着胆子接了下来，到今天整理完全书的文字篇目、插图目录和参考书目时，松一口气的感觉才找了回来。如果没有他们的鞭策，我大概会少了一次由负重到轻松的身心体验，这种体验毕竟不是人人都能得到的，所以要特别向他们二位表示感谢。

　　本书的写作，廖旸同志出力尤多。在我拟定出全书的篇目结构之后，主要的内容是经过她的充实，才有了书的模样，写作过程中查找资料、整理线索耗费的时间和精力是可想而知的。当时着手这本书的写作，她刚刚完成博士学位论文，没容得喘口气，就又接手了这本书，到今天书将出版时，她已走上了中国社会科学院的研究岗位。我们虽是这本书的合作者，但我仍要向她表示一份谢意，因为没有她的勤奋和高效的工作，这本书的完成可能还要拖些时日。

　　完成这本书，其实汇集了多人的劳动，中央美术学院美术史系资料室的鲁立嘉同志不顾夏日的炎热为本书制作图片。陈焕彩同志在本书查找资料的过程中，无私地提供一切方便。在编制书目和图版目录时，得到罗天同志的倾力协助。另有时刻关心本书写作的各位同仁，时时给予精神和资讯方面的支持。谨向以上给予支持的单位和个人表示衷心的感谢。

　　近年，全国壁画墓的考古发现成绩斐然，研究也在广度和深度上不断地推进。由于本书篇幅的关系，只能将 20 世纪百年间的发现和研究成果做一概述，加之笔者学力有限，不当之处，敬请批评指正。

罗 世 平
2003 年 7 月于北京

**图书在版编目（CIP）数据**

古代壁画墓／罗世平、廖旸著．――北京：文物出版社，
2005.7（2020.11重印）

（20世纪中国文物考古发现与研究丛书）

ISBN 978-7-5010-1664-8

Ⅰ.古… Ⅱ.①罗…②廖… Ⅲ.壁画墓-研究-中国-古代
Ⅳ.K878.84

中国版本图书馆CIP数据核字（2004）第097459号

20世纪中国文物考古发现与研究丛书

# 古代壁画墓

著　　者　罗世平　廖　旸

封面设计　张希广
责任印制　张道奇
责任编辑　王　戈
出版发行　文物出版社
社　　址　北京市东直门内北小街2号楼
网　　址　http://www.wenwu.com
邮　　箱　web@wenwu.com
印　　刷　文物出版社印刷厂有限公司
开　　本　850mm×1168mm　1/32
印　　张　8.625
版　　次　2005年7月第1版
印　　次　2020年11月第2次印刷
书　　号　ISBN 978-7-5010-1664-8
定　　价　40.00元